Joomla! POUR LES NULS

2e édition

Joomla! POUR LES NULS

2e édition

Seamus Bellamy

FIRST
Interactive

Joomla! pour les Nuls (2e édition)

Titre de l'édition originale : Joomla! For Dummies (2nd Edition)

Publié par Wiley Publishing, Inc.
111 River Street
Hoboken, NJ 07030-5774
USA

Edition française publiée en accord avec Wiley Publishing, Inc.
© 2011 Éditions First
60 rue Mazarine
75006 Paris - France
Tél. 01 45 49 60 00
Fax 01 45 49 60 01
E-mail : firstinfo@efirst.com
Web : www.editionsfirst.fr
ISBN : 978-2-7540-2422-8
Dépôt légal : 1er trimestre 2011

Collection dirigée par Jean-Pierre Cano
Edition : Pierre Chauvot
Traduction : Patricia Moritz et Jean-Louis Gréco

Imprimé en France par Hérissey à Évreux (Eure)

Sommaire

Introduction

Joomla (nous avons supprimé le point d'exclamation final de *Joomla!* afin de rendre ce livre plus lisible) vous permet de contrôler totalement l'aspect, les menus de navigation, le texte et tout ce qui compose votre site Web. Ce livre, quant à lui, vous permet d'acquérir la maîtrise complète de Joomla.

De nos jours, les utilisateurs attendent plus des sites Web. Si vous voulez conserver un flux constant de visiteurs, vous ne pouvez plus vous contenter de textes statiques sur vos pages Web. Il vous faut sans cesse mettre à jour vos pages et rafraîchir votre site pour en proposer un qui soit à la fois convivial et professionnel. Vous allez faire face à des masses d'informations : votes, e-mails, nouvelles de dernière minute, menus, etc.

Qui peut encore trouver le temps de maintenir un tel site tout en écrivant son contenu ?

Maintenant, vous le pouvez. Les systèmes de gestion de contenu (SGC ou CMS en anglais *Content Management System*) comme Joomla permettent de réaliser, avec juste un peu de travail, des sites spectaculaires.

Envie de publier un nouvel article sur votre site ? Aucun problème. Vous voulez que vos utilisateurs puissent évaluer vos articles ? Pas de souci. Vous avez envie d'associer vos articles à un système de menus déroulants ? C'est très simple. Vous désirez permettre aux visiteurs d'accéder à votre site avec des privilèges spéciaux ? C'est prévu. Vous prévoyez de créer un site où toutes les pages sont indexées afin de permettre toutes sortes de recherche à vos utilisateurs ? C'est possible !

De nos jours, les SGC sont très en vogue sur Internet : ils offrent un environnement de travail complet pour réaliser un site Web et permettent de le gérer de manière professionnelle en quelques clics. Tout ce qu'il vous reste à faire est de fournir le contenu tel que le texte, les images et la vidéo que vous souhaitez afficher. Utiliser un SGC n'est pas plus compliqué que d'écrire avec un traitement de texte (en fait, un SGC peut se comparer à un traitement de texte pour le Web) et beaucoup plus sympa.

Le SGC de référence est aujourd'hui Joomla, un logiciel gratuit et incroyablement puissant. Avec Joomla, vous créez un site en peu de temps, gratuitement et sans vous casser la tête.

Jadis, il fallait construire son site en partant de zéro et en utilisant HTML. De nos jours, Joomla règle tous les détails pour vous, vous permettant ainsi de vous concentrer sur le contenu de votre site plutôt que sur les détails de sa construction.

Bienvenue dans une nouvelle ère de la publication Web.

L'organisation de ce livre

Joomla est un vaste sujet. Vous trouvez ci-dessous la description des différentes parties de cet ouvrage.

Première partie : Débuter avec Joomla

Dans la première partie, vous apprenez comment démarrer avec Joomla. Nous vous y faisons découvrir l'emploi de Joomla au travers de sites Web nationaux et internationaux.

Vous y découvrez également comment obtenir Joomla (gratuitement) et comment l'installer. Comme cette étape peut être fastidieuse, le Chapitre 2 lui est dédié.

Enfin, vous apprenez concrètement comment personnaliser la page d'accueil en y associant votre propre logo, en y ajoutant du texte ou encore en modifiant les menus de navigation.

Deuxième partie : Joomla à l'œuvre

Cette partie vous permet d'acquérir les compétences nécessaires à l'utilisation quotidienne de Joomla. Nous commençons cette partie par un chapitre consacré aux opérations les plus simples : créer vos propres pages et les personnaliser avec du texte et des images.

Dans cette partie, vous découvrez également comment travailler avec les menus. Les éléments de menus sont les acteurs principaux de Joomla. Croyez-le ou non, une page Web ne peut pas exister sur un site Joomla sans qu'un élément de menu ne la pointe et les éléments de menu déterminent l'agencement des pages Web auxquelles ils renvoient.

Troisième partie : Travailler avec les modules et les templates dans Joomla

Joomla est fourni avec des douzaines de modules. Ces modules incluent la recherche, les votes, les menus, les nouvelles et les bannières. Vous découvrez, dans cette partie, comment les utiliser.

Cette troisième partie vous indique également comment travailler avec les templates de Joomla. Les templates gèrent l'aspect de vos pages en indiquant comment les modules doivent être disposés, où le contenu des pages doit être affiché, quelle image et quel thème de couleur doivent être employés... Bien que Joomla ne soit fourni qu'avec peu de templates, des milliers d'autres sont disponibles sur Internet.

Quatrième partie : Joomla dans le monde réel

Cette partie vous fait faire un tour dans le monde réel, en vous confrontant à de vrais utilisateurs. Joomla supporte huit niveaux d'utilisateurs et nous vous expliquons, dans cette partie, comment les gérer.

Nous abordons également ici la manière d'obtenir un bon référencement dans les moteurs de recherche. Ce qui représente l'un des points les plus importants de Joomla.

Enfin, vous découvrez comment ajouter des extensions à Joomla. Bien que ce logiciel soit déjà très puissant par lui-même, il est possible de lui ajouter des milliers d'extensions supplémentaires qui vont du simple jeu à la gestion complète d'un panier électronique en passant par des générateurs de carte de site ou des gestionnaires de contenu multilingue.

Cinquième partie : Les dix commandements

Dans cette partie, nous vous présentons les dix meilleures extensions de Joomla, dix liens pour obtenir de l'aide en ligne sur Joomla et les dix meilleures sources de templates.

Folles hypothèses

Nous supposons tout au long de ce livre que vous ne disposez pas d'une grande expérience dans la conception de sites Web. Il ne vous est pas nécessaire pour lire et utiliser cet ouvrage de connaître quoi que ce soit sur le HTML ou sur les CSS.

En revanche, nous supposons aussi que vous possédez un site Web et que vous savez y déposer des fichiers. Cette étape est indispensable pour la création d'un site Joomla. Si vous n'êtes pas familier avec ce processus, demandez de l'aide aux équipes techniques de votre fournisseur de services Internet.

C'est tout ce dont vous avez besoin, Joomla s'occupe du reste.

Convention de ce livre

Certains livres vous persécutent avec des tonnes de conventions avant même de pouvoir commencer leur lecture. Ce n'est pas le cas de celui-ci. La seule chose que vous devez savoir est que les termes nouveaux sont écrits en italique, *comme ceci*, la première fois qu'ils sont rencontrés.

Les icônes utilisées dans ce livre

Vous trouvez un certain nombre d'icônes dans ce livre dont voici la signification :

Cette icône indique la présence d'un conseil supplémentaire pour Joomla.

Cette icône indique un élément à retenir pour tirer le meilleur parti de Joomla.

Cette icône vous indique que le texte qui suit est technique. Il n'est pas indispensable de le lire, cependant si vous souhaitez devenir un pro de Joomla, jetez-y un œil.

Cette icône vous indique qu'il faut être très prudent avec ce qui suit !

Ce qu'il n'est pas nécessaire de lire

Il est inutile de lire certains éléments si vous ne le souhaitez pas, par exemple, les paragraphes techniques. Leur lecture n'est pas indispensable à la compréhension de Joomla. Cependant ils présentent de manière plus approfondie les éléments qui le composent.

Par quoi commencer ?

Vous pouvez dès à présent vous rendre au Chapitre 1, quoiqu' il ne soit pas indispensable de commencer ici. Ce livre est fait justement pour vous permettre de glaner des informations de-ci, de-là, au fil des chapitres. Toutefois, si vous voulez découvrir Joomla en commençant par le début, rendez-vous au Chapitre 1.

Première partie

Débuter avec Joomla

« Nous n'avons pas de problème pour financer votre site Web, Franck. De tous les éleveurs de poulets, vous êtes celui qui pond le plus d'articles. »

Dans cette partie…

Vous allez mettre Joomla au travail. En premier lieu, nous vous présentons un aperçu de l'utilisation de Joomla dans le monde. Nous vous expliquons ensuite comment télécharger et installer Joomla.

Enfin, nous entrons dans le vif du sujet en vous aidant à créer la page d'accueil d'un site Joomla. Vous apprenez ensuite à ajouter votre propre texte, à modifier le logo, à insérer des éléments de menu et bien plus encore.

Chapitre 1

L'essentiel de Joomla

Dans ce chapitre :

- Découvrir Joomla.
- Observer quelques exemples de sites.
- Savoir ce que font les systèmes de gestion de contenu.
- Comprendre pourquoi Joomla est si populaire.
- Se préparer à l'utilisation de Joomla.

Commençons par une petite mise en situation. Le concepteur Web en chef surgit dans votre somptueux bureau et vous annonce : « On a remporté le marché MegaSuperHyper & Co ! ».

- Super, répliquez-vous.

- Ils veulent que vous conceviez leur nouveau site Web.

- Parfait.

- Ils souhaitent utiliser un SGC.

- Ça, c'est pas bon.

- Quel est le problème ? vous demande le concepteur Web.

- Eh bien, répondez-vous mal à l'aise, je ne sais pas ce qu'est un CMS.

Le concepteur Web en chef sourit et dit : « Il s'agit d'un système de gestion de contenu. Vous savez, comme Joomla. »

- « Comme whomla ? »

Le concepteur Web en chef dépose un dossier sur votre bureau. « Jetez un œil à ces sites, vous demande-t-il, Joomla fournit des outils pour gérer le contenu de site Web. Votre travail, c'est d'entrer le contenu et Joomla se charge de l'afficher pour vous. »

Le concepteur en chef vous quitte, vous prenez votre tasse de café et commencez à parcourir les pages du dossier. Certains sites Web sont impressionnants. Vous revenez alors vers votre ordinateur et y entrez des URL. Bienvenue dans Joomla !

Ce que Joomla peut faire pour les concepteurs

Comme le précisait le concepteur Web en chef, Joomla est un système de gestion de contenu, ce qui signifie que lorsque vous aurez défini votre site, vous (ou vos clients) ne ferez qu'entrer textes et images. Joomla, quant à lui, organise le contenu, permet de l'indexer pour la recherche, l'affiche et gère le site Web. Vous n'avez besoin que de peu de bagage technique (voire aucun) pour créer et gérer votre propre site.

Attention, cela ne veut pas dire qu'aucune compétence n'est requise pour assembler un site Joomla, loin de là ! Mais une fois que le site Joomla est défini, la maintenance quotidienne et les mises à jour sont un jeu d'enfant et peuvent se résumer à copier et coller du contenu dans le gestionnaire d'articles de Joomla. Ensuite, quelques clics sur diverses options suffisent pour publier les informations, ni plus, ni moins. Ca paraît plutôt sympa, non ?

Quelques exemples de sites Joomla

L'une des meilleures façons de découvrir Joomla consiste à observer ce qu'il est capable de faire en jetant un œil à des sites créés avec Joomla. La section suivante propose quelques exemples.

Université d'Oklahoma

En premier lieu, regardez le site Web de l'université d'Oklahoma sur `http://osu.okstate.edu/welcome/` (voir la Figure 1.1). La page d'accueil dispose d'un logo personnalisé, d'une barre de navigation composée de menus déroulants situés en haut de la page, d'une galerie de photos basée sur Flash, d'une zone de recherche Google intégrée et d'une seconde barre de navigation avec des options en bas de la page.

Figure 1.1 : Le site Web officiel de l'université d'Oklahoma.

Ce site est bien équilibré et semble très professionnel. Il est réalisé avec Joomla. La simple observation du site ne permet pas de dire que le contenu de la page (texte, photos et menus) est stocké dans une base de données. Joomla gère tout dans les moindres détails.

NZMac.com

Un autre exemple de site réalisé avec Joomla est le site NZMac.com sur `www.nzmac.com` (voir la Figure 1.2), qui s'adresse à la communauté Macintosh de Nouvelle-Zélande.

Ce site est un autre bon exemple. Il possède une barre de menu en haut de page, un questionnaire, un blog de nouvelles, une zone pour les liens hors ligne et même une zone d'aperçu des produits. Ce site est également réalisé avec Joomla, bien qu'il paraisse très différent de celui de l'université d'Oklahoma. Cette différence est l'une des forces de Joomla : il est facilement personnalisable.

Figure 1.2 : Le site Web de la communauté Macintosh de Nouvelle-Zélande.

La bibliothèque publique de Royal Oak

Rendez-vous à présent sur `www.ropl.org`, le site de la bibliothèque publique de Royal Oak (Michigan), illustré dans la Figure 1.3.

Encore un exemple de site bien conçu, facile à naviguer et disposant de contenu récemment mis à jour. Joomla excelle dans la mise à jour de contenu de site et rend l'opération très simple.

Jenerate.com

Le site jenerate.com sur `www.jenerate.com` (voir la Figure 1.4) est un autre exemple intéressant.

Figure 1.3 : Le site de la bibliothèque publique de Royal Oak.

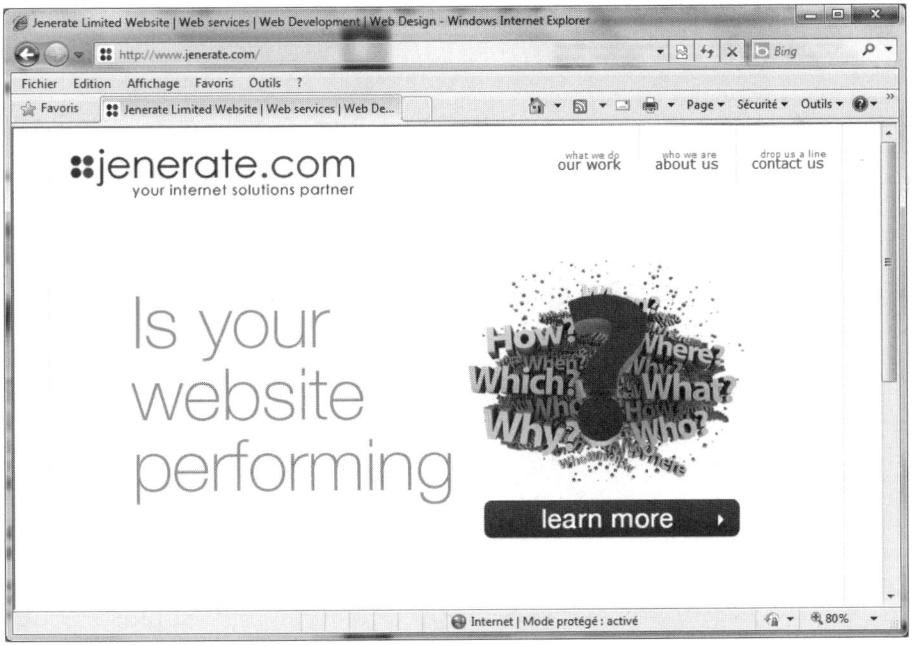

Figure 1.4 : Le site Web jenerate.com.

Tous ces sites Web ont un aspect professionnel, bien qu'ils soient tous différents. Ils utilisent tous Joomla comme système de gestion de contenu. Mais, qu'est-ce qu'un SGC au juste ? Et comment cela fonctionne-t-il ?

Tout sur les systèmes de gestion de contenu

Quand le Web était jeune, les pages statiques étaient amplement suffisantes. Ces pages pouvaient entièrement être codées à la main en HTML pour être affichées ensuite dans un navigateur, comme ceci :

```
------------------------
| HTML |
| |
| |
| |
| |
| |
| |
| |
| |
 ------------------------
 }
 }
 V
 ------------------------
| Navigateur |
| |
| |
| |
| |
| |
| |
| |
 ------------------------
```

Ce type de page était bien adapté pour de petits sites. Cela permettait d'être présent sur le Web et d'afficher quelques images, voire même quelques effets en JavaScript pour donner un peu de vie.

Depuis, le Web a grandi et les pages sont devenues de plus en plus volumineuses. Si le concepteur était de plus en plus fréquemment confronté à un problème inhérent à cette technologie, il devait mélanger le code HTML nécessaire à la présentation de la page dans un navigateur avec les données à afficher. Ce mélange rendait les pages Web difficiles à maintenir et à mettre à jour, car les propriétaires de sites devaient travailler à la fois avec les données textuelles et le HTML.

Les pages Web avec CSS

Pour répondre à ces problèmes, les concepteurs Web ont créé les Cascading Style Sheets ou feuilles de style (CSS). CSS se chargeait de la présentation des données dans une page Web tandis que cette page était toujours écrite en HTML, comme ci-dessous :

```
------------------------ ------------------------
| HTML || CSS |
| || |
| || |
| || |
| || |
| || |
| || |
| || |
| || |
 ------------------------ ------------------------
 } |
 } |
 V V
 ------------------------
 | Navigateur |
 | |
 | |
 | |
 | |
 | |
 | |
 | |
 ------------------------
```

Ensuite, les détails de présentation ont été séparés de la structure formelle HTML constituée de balises telles que `<html>`, `<head>` et `<body>`. Cependant, le contenu de la page était toujours englobé dans le HTML ; le propriétaire du site devait intégrer le contenu dans une balise HTML. En d'autres termes, l'ajout des CSS a permis de séparer les détails de présentation du reste de la page Web mais n'a pas encore séparé le contenu du HTML.

Cette situation était un problème pour les personnes peu versées dans cette technologie, qui ne souhaitaient pas inclure leur texte dans des balises HTML. Après tout, quand on écrit un texte, il est pénible de devoir placer chaque paragraphe entre des éléments <p> </p> ou d'utiliser des éléments <div> ou <span> pour appliquer un style au texte. C'est ici qu'interviennent les SGC.

Des pages Web dynamiques avec les SGC

Les SGC sont bâtis autour de l'idée suivante : séparer autant que possible le contenu des détails de présentation, cela signifie que vous n'avez pas à intégrer des balises HTML dans le contenu que vous voulez afficher. Le SGC s'en charge à votre place. Vous devez juste rédiger le contenu du site Web, comme vous le feriez dans un traitement de texte. Le SGC ajoute le CSS (à partir du modèle de site Web que vous avez choisi) et crée le code HTML destiné aux navigateurs, comme ceci :

```
------------------------ ------------------------
| Contenu || CSS |
| || à partir de modèles |
| || |
| || |
| || |
| || |
| || |
| || |
| || |
| || |
------------------------ ------------------------
} |
} |
V V
------------------------
| SGC |
| génère le HTML |
| |
| |
| |
| |
| |
| |
------------------------
}
```

```
}
V
-----------------------
| Navigateur |
| |
| |
| |
| |
| |
| |
| |
| |
-----------------------
```

Dans ce scénario, vous n'êtes responsable que du contenu de votre site Web ; le SGC prend en charge tous les détails de présentation. C'est ainsi que les choses doivent être. Le contenu est roi.

Ainsi, lorsque vous avez terminé d'écrire et de mettre en forme le futur contenu de votre site Web, en utilisant l'italique, les majuscules, les minuscules ou le gras, comme vous l'auriez fait avec un traitement de texte, le SGC récupère votre travail et l'affiche dans un navigateur. Pour ce faire, il utilise le modèle de page Web que vous avez sélectionné, rendant obsolète l'emploi de HTML et CSS.

Plutôt sympathique, n'est-ce pas ?

Pourquoi choisir Joomla ?

Aujourd'hui, le SGC de référence est Joomla. En 2010, Wikipédia dénombrait 102 SGC libres et gratuits (`http://fr.wikipedia.org/wiki/Liste_de_systèmes_de_gestion_de_contenu` et Joomla était le plus populaire d'entre eux en termes de nombres d'installations. En 2010, une recherche sur Google concernant les systèmes de gestion de contenu renvoyait des liens vers Joomla dès les premières lignes (avec des articles génériques de Wikipédia). Une recherche sur Google avec le mot « Joomla » renvoyait plus de 93,4 millions de résultats, rendant ce SGC plus populaire que les pommes (32,4 millions de réponses) et les oranges (12,8 millions de réponses) réunies.

Pourquoi Joomla est-il si populaire ? Une des raisons est qu'il est gratuit mais il existe des dizaines de SGC gratuits. Une autre raison est qu'il existe depuis des années mais des dizaines d'autres SGC existent aussi depuis plusieurs années. Les sections suivantes décrivent quelques raisons plus convaincantes.

Des utilisateurs fidèles

La popularité de Joomla provient de sa réputation et de sa base d'utilisateurs fidèles, les deux étant bien mérités. De par le monde, il existe une vaste communauté de fans de Joomla qui ont créé des milliers d'extensions pour développer Joomla. Ces extensions, proposées sous forme de modèles, de composants, de modules, de plug-ins, etc. n'attendent que d'être utilisées. Cette communauté florissante s'est également spécialisée dans l'aide aux débutants. Ainsi, quand vous utilisez Joomla, vous n'êtes jamais seul.

La facilité d'utilisation

Joomla est extrêmement puissant et facile à utiliser. Il est fourni avec des tonnes d'extensions (il en existe encore bien plus en téléchargement). Joomla rend la création de sites Web professionnels presque aussi simple que l'impression de documents de traitement de texte.

Un apprentissage minimal

Bien que Joomla nécessite un certain apprentissage, vous n'aurez à acquérir que quelques compétences avant de pouvoir commencer à travailler. L'expertise technique est minimale comparée à celle que demandent d'autres SGC.

Autres avantages

Voici quelques autres avantages de Joomla :

- Une interface et un panneau de gestion intuitifs.
- Un éditeur wysiwyg.
- Des capacités de mise en page avancées.
- Des milliers de modèles téléchargeables.

- Une recherche en texte intégral.
- Des extensions pour des sites commerciaux tels que la gestion de panier électronique.
- Des fonctionnalités d'optimisation pour moteurs de recherche.
- Une publication planifiée.

Se procurer Joomla

Le principal site Joomla est www.joomla.org (voir la Figure 1.5) ou le site www.joomla.fr pour la version française. Vous pouvez obtenir une copie de Joomla sur ces sites. De plus, ils proposent une multitude d'extensions à télécharger et toutes sortes d'aides.

Figure 1.5 : Le site Web officiel de Joomla.

Lorsque vous installez Joomla, vous disposez du site Web par défaut, illustré dans la Figure 1.6. Ce site contient un grand nombre d'exemples de contenu.

Notre but est de vous permettre de comprendre comment personnaliser ce site afin de réaliser des sites Web époustouflants.

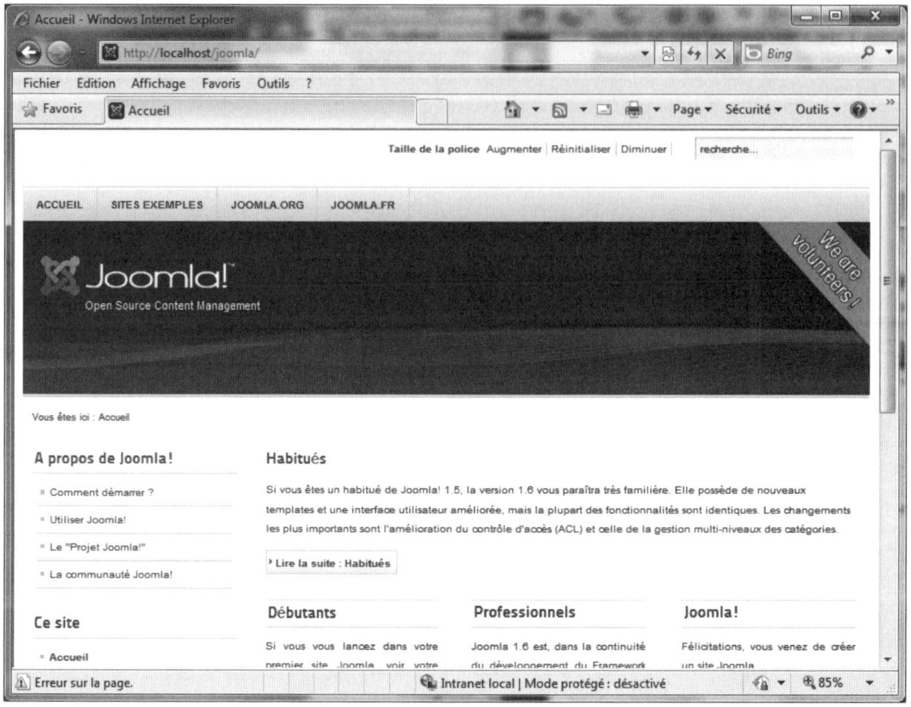

Figure 1.6 : L'apparence par défaut d'un site Joomla.

Chapitre 2

Se procurer et installer Joomla

Dans ce chapitre :

- Télécharger et installer Joomla.
- Déployer Joomla sur un serveur d'hébergement.
- Déployer Joomla sur son propre ordinateur.
- Se familiariser avec son site.

Ce chapitre se concentre sur l'installation de Joomla. Vous pouvez le faire de deux manières : sur un hébergeur distant tel qu'un fournisseur d'accès Internet et sur votre machine locale. Nous décrivons ces deux méthodes dans ce chapitre.

Si vous choisissez d'installer Joomla sur un serveur d'hébergement, vous devez vous assurer que l'hébergeur dispose de la configuration minimale, traitée dans la section « Configuration en ligne ». Vous devez aussi vous familiariser avec un client FTP (en anglais *File Transfert Protocol*) car vous devrez utiliser un client FTP pour copier des fichiers d'un ordinateur sur un autre *via* Internet (nous abordons FTP dans ce chapitre).

Installer Joomla sur votre propre ordinateur est un bon réflexe si vous envisagez de réaliser de nombreux travaux avec Joomla. Ce faisant, vous optimisez le processus de développement et économisez beaucoup de temps car vous n'avez pas à attendre qu'un serveur Web distant réponde au moindre petit changement que vous effectuez sur votre site Joomla.

TRUC

Vous pouvez même installer Joomla localement et sur un serveur distant. Il vous sera plus simple de peaufiner votre site si vous disposez à la fois d'une installation locale de Joomla et d'une installation à distance. Cette possibilité est également traitée dans ce chapitre.

Installation en ligne, sur votre machine locale ou les deux ? À vous de choisir. Quelle que soit votre décision, la première étape consiste à se procurer Joomla.

Se procurer Joomla

Bonne nouvelle ! Vous pouvez vous procurer Joomla gratuitement sur `www.joomla.org`.

Joomla est distribué sous forme de fichier compressé dont le nom indique la version que vous téléchargez. Les numéros de version changent fréquemment pour refléter des petites mises à jour. Vous pouvez, par exemple, télécharger la version 1.6 de Joomla et constater d'ici un mois que le numéro de version a changé (par exemple 1.6.1), indiquant que le logiciel a été modifié, donc amélioré.

N'OUBLIEZ PAS

Les exemples de ce livre nécessitent le téléchargement de la version 1.6 ou ultérieure de Joomla.

Télécharger le logiciel

Pour télécharger le logiciel, respectez ces étapes :

1. **Allez sur la page d'accueil de Joomla (**`www.joomla.org`**) et cliquez sur le bouton Download, dans l'angle supérieur droit de la page pour obtenir le package d'installation. Pour les patches en français, allez sur le site de l'AFUJ (Association Francophone des utilisateurs de Joomla!) à l'adresse** `aide.joomla.fr/telechargements/joomla-1-6-x-package-d-installation-et-patches`.

   La page de téléchargement de Joomla s'ouvre.

2. **Agissez comme suit en fonction de votre système d'exploitation :**

   - **Windows :** si vous téléchargez Joomla sur une machine équipée de Windows XP, Vista ou Windows 7, cliquez sur le lien Full Package.zip. Le navigateur vous demande si vous souhaitez ouvrir ou enregistrer le fichier. Optez pour l'enregistrement et sauvegardez le fichier sur votre disque dur, dans un répertoire au nom évocateur tel que « c:\joomla » pour le retrouver facilement.

   - **Mac OS X et Linux :** si vous utilisez un système d'exploitation autre que Windows, cliquez sur le fichier approprié, tar.bz2 ou tar.gz. Ce choix dépend de votre système d'exploitation. Lorsque votre navigateur vous demande si vous souhaitez enregistrer ou ouvrir le fichier, optez pour l'enregistrement et sauvegardez le fichier compressé sur votre disque dur.

La taille du fichier à télécharger est relativement petite, un peu plus de 8 Mo. De très nombreuses fonctionnalités sont réunies dans ce petit volume. Pour les découvrir, il vous faut décompresser le fichier.

Décompresser le logiciel

Pour extraire tous les fichiers de l'archive téléchargée, utilisez votre outil de décompression favori, par exemple WinZip pour Windows (`www.winzip.com/index.htm`) ou StuffIt pour Mac OS X (`www.stuffit.com/v2/`). Lorsque vous décompressez Joomla, il s'ouvre comme une série de fichiers et de répertoires, comme le montre la Figure 2.1.

Nous n'allons pas décrire les détails du contenu de chacun des répertoires. L'une des forces de Joomla est qu'il se charge de gérer les détails à notre place. D'ailleurs, nous n'aurons pas fréquemment l'occasion dans ce livre de travailler avec la structure des répertoires (et lorsque le cas se présentera, nous vous dirons exactement dans quel répertoire il vous faudra travailler).

Configuration minimale

Vous pouvez installer Joomla en ligne (sur un serveur d'hébergement) ou bien localement (sur votre propre machine). Dans les deux cas,

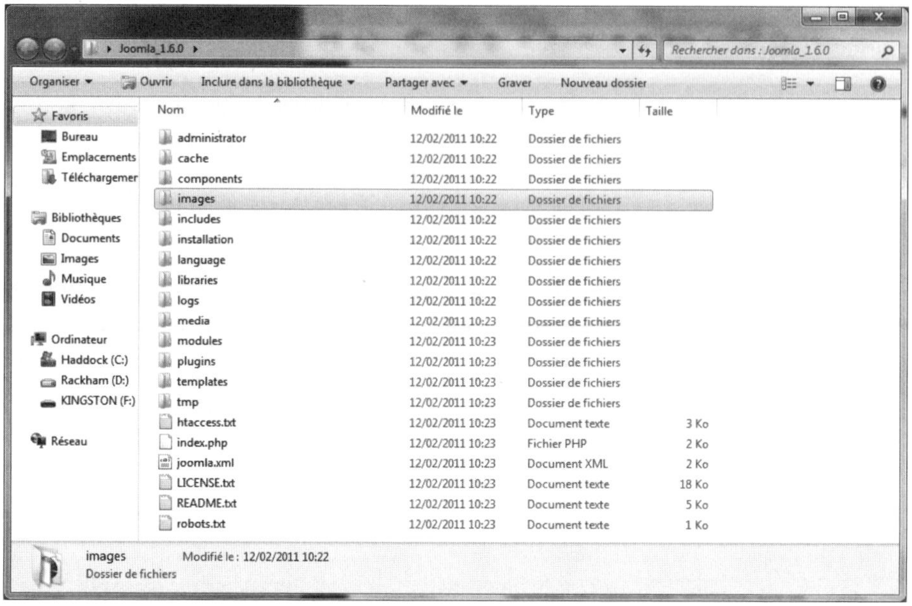

Figure 2.1 : Joomla décompressé.

vous devez vous assurer que vous disposez bien des éléments nécessaires au bon fonctionnement de Joomla.

Configuration en ligne

Si vous installez Joomla sur un serveur en ligne, assurez-vous que vous disposez bien des éléments listés dans le tableau 2.1. Il vous faut un support pour l'exécution de script PHP, pour l'accès à une base MySQL (les futures versions de Joomla devraient supporter d'autres systèmes de bases de données) et un serveur Web comme Apache.

TRUC

Vérifier si votre serveur en ligne offre bien les fonctionnalités minimales requises peut parfois poser problème. En effet, les fournisseurs de services Internet n'indiquent pas toujours la version des logiciels installés sur leurs serveurs. La méthode la plus simple dans ce cas consiste à tenter directement une installation de Joomla ; la seconde étape du processus d'installation (voir la section « Pré-installation » plus loin dans ce chapitre) vous indiquera si votre hôte dispose du minimum requis.

Tableau 2.1 : Minimum requis pour Joomla.

Logiciel	Version minimum	Version recommandée	Site Web
PHP	5.2 ou ultérieur	5.2 +	www.php.net
MySQL	5.0.4. ou ultérieur	5.0.4. +	www.mysql.com
Microsoft IIS	6 ou ultérieur	7	www.iis.net
Apache	1.3 ou ultérieur	2.x +	http://httpd.apache.org

TRUC

Pour bénéficier d'informations à jour sur le minimum requis pour l'installation de Joomla, consultez www.joomla.org/technical-requirements.html.

Configuration locale

Vous pouvez installer Joomla sur des machines fonctionnant sous Linux, Windows et Mac OS X. Bien qu'il soit recommandé d'utiliser Apache comme logiciel de serveur Web, vous pouvez tout aussi bien employer le logiciel Internet Information services (IIS) de Microsoft déjà installé par de nombreux utilisateurs de Windows XP, Vista et Windows 7. Néanmoins, nous nous limiterons dans ce livre à l'utilisation du logiciel Apache.

Maintenant que vous disposez de votre propre copie de Joomla et du minimum requis, vous êtes prêt à l'installer. La prochaine étape consiste à déterminer où l'installation doit être effectuée. Nous commençons par une installation sur un serveur distant puis nous verrons comment installer Joomla sur votre ordinateur.

Installer Joomla sur un serveur hôte

La plupart des fournisseurs de services Internet qui vous donnent accès à PHP et MySQL peuvent exécuter Joomla.

Dans les exemples de cette partie, nous utilisons Go Daddy (www.godaddy.com), qui offre la configuration minimale nécessaire. Nous ne recommandons pas ce fournisseur en particulier mais nous l'avons sélectionné parce que l'ouverture d'un compte ne prend que cinq minutes.

Dans cette section, nous vous expliquons comment installer Joomla sur un fournisseur de services Internet supportant Joomla. La meilleure option consiste à vous procurer votre propre nom de domaine, que vous pouvez obtenir *via* votre fournisseur de services Internet. Pour cet exemple, nous avons choisi le nom de domaine `www.monjoomla123.com`.

Après avoir créé votre compte, connectez-vous avec votre nom d'utilisateur et votre mot de passe. Si vous utilisez Go Daddy, sélectionnez My Hosting Account dans le menu déroulant Hosting & Servers situé en haut de la page, puis choisissez votre compte dans la page My Account.

Un service avec le sourire

En fait, Go Daddy installe Joomla pour vous. Mais cette option présente deux inconvénients :

- La version de Joomla hébergée par Go Daddy n'est pas aussi récente que la version disponible sur `www.joomla.org`.
- Plus ennuyeux, ce fournisseur installe le logiciel dans un répertoire appelé « Joomla ». Par défaut, le répertoire doit figurer dans l'URL de votre site. Vous serez donc contraint d'utiliser une URL telle que `www.monjoomla123.com/joomla` pour votre page principale plutôt que juste `www.monjoomla123.com`. Vous pouvez contourner ce problème avec un script et/ou un compte Go Daddy avancé.

Charger les fichiers Joomla

À présent, chargez les fichiers Joomla décompressés sur votre serveur d'hébergement. Pour ce faire, utilisez une application FTP semblable à celle que vous utilisez pour charger des pages HTML classiques sur un site Web, comme FileZilla ou CuteFTP.

Pour l'exemple de cette section, nous utilisons FileZilla, téléchargeable gratuitement sur `http://filezilla-project.org`.

Pour charger vos fichiers Joomla sur le serveur hôte avec FileZilla, suivez ces étapes :

1. **Sélectionnez Fichier/Gestionnaire de Sites... pour ouvrir la boîte de dialogue Gestionnaire de Sites.**

2. **Cliquez sur le bouton Nouveau Site.**

3. **Indiquez le nom du site.**

   Pour cet exemple, entrez « monjoomla123.com ».

4. **Entrez votre nom d'utilisateur FTP et votre mot de passe, puis cliquez sur Connexion (Figure 2.2).**

   Vous vous connectez à votre site (voir la Figure 2.2).

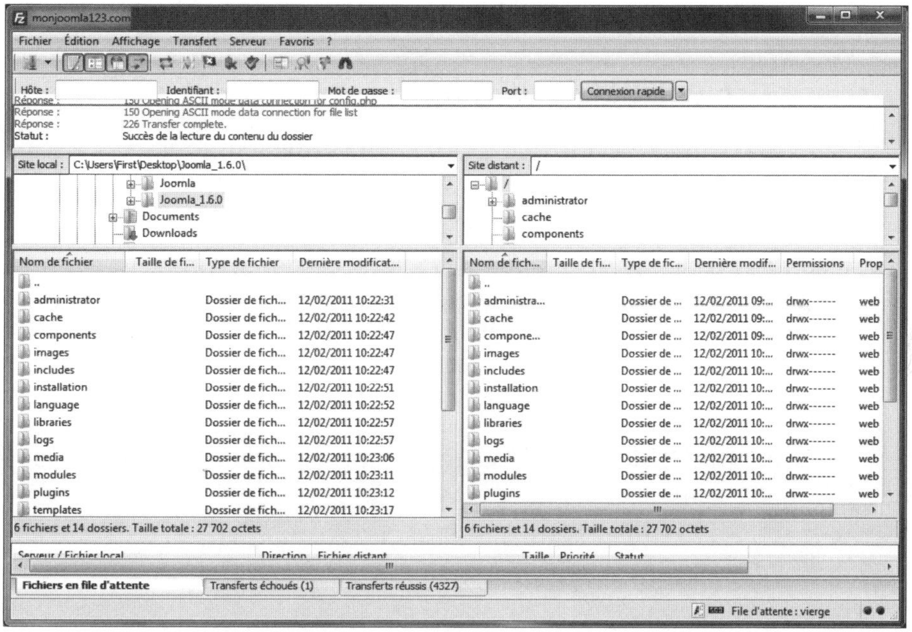

Figure 2.2 : Connexion à votre site via FTP.

5. **Dans le volet de gauche, sélectionnez le répertoire qui contient les fichiers Joomla que vous avez décompressés et assurez-vous que le répertoire racine du serveur est bien sélectionné dans le volet de droite.**

   Le répertoire racine est marqué par une barre oblique (/).

6. **Sélectionnez tous les répertoires et fichiers Joomla dans le volet de gauche puis glissez-les dans le volet de droite pour les charger sur le serveur de votre fournisseur de services Internet.**

Le chargement de tous les fichiers peut prendre un peu de temps.

Une fois l'opération terminée, la prochaine étape consiste à préparer MySQL.

TRUC

Certains fournisseurs de services Internet et sociétés d'hébergement vous permettent de télécharger le fichier Joomla compressé et de le déployer directement sur le serveur. Dans ce cas, il est inutile de recourir à une application FTP, ce qui vous fait gagner beaucoup de temps pendant l'installation. Il est judicieux de demander au support technique de votre hébergeur si ce service est disponible.

Paramétrer MySQL

Lorsque vous installez Joomla, il suppose que MySQL est prêt à l'emploi. Dans cette section, nous allons apprendre à configurer MySQL pour qu'il soit prêt pour Joomla.

N'OUBLIEZ PAS

Les fournisseurs de services Internet ne disposent généralement que d'une installation de MySQL partagée par tous les utilisateurs. Aussi, il vous sera sans doute nécessaire de définir un nom d'utilisateur et un mot de passe afin d'éviter toute interférence avec les autres utilisateurs du serveur. Si vous installez Joomla sur votre propre machine, vous installez également votre propre version de MySQL. Ce processus est beaucoup plus simple, comme nous le verrons plus loin dans ce chapitre.

Créer une base de données

Le paramétrage de MySQL pour Joomla débute par la création d'une base de données. Nous verrons ici comment procéder avec le compte Go Daddy que nous avons créé précédemment dans ce chapitre. Il vous faudra sans doute adapter ce processus à votre propre fournisseur de services Internet.

Agissez comme suit pour créer la base de données dans Go Daddy :

1. **Allez sur** `www.godaddy.com` **et connectez-vous à votre compte en spécifiant votre nom d'utilisateur et votre mot de passe.**

   La page My Account s'ouvre.

2. **Localisez le volet Products situé au milieu de la page My Account. Cliquez sur l'icône Web Hosting. La ligne se développe et indique les domaines dont vous avez les droits. Sous la ligne Control Center, cliquez sur le bouton de lancement vert.**

   La page Hosting Control Center s'ouvre (voir la Figure 2.3).

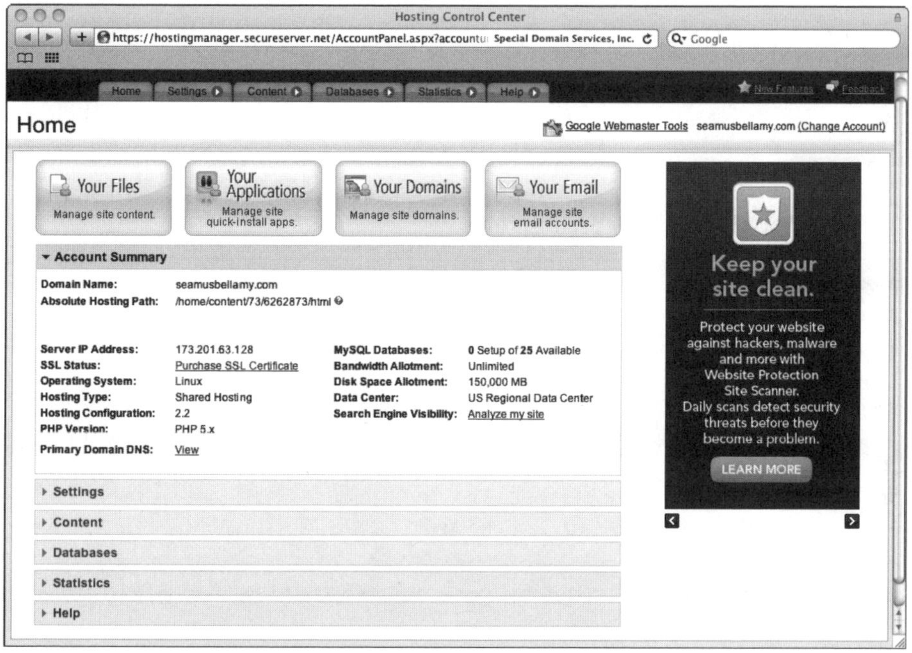

Figure 2.3 : La page Hosting Control Center.

3. **Cliquez sur la barre Databases pour afficher l'icône MySQL (voir la Figure 2.4).**

4. **Cliquez sur l'icône MySQL.**

   La page de sommaire de la base de données s'affiche, comme le montre la Figure 2.5.

5. **Cliquez sur le bouton Create Database, situé dans l'angle supérieur droit de la page.**

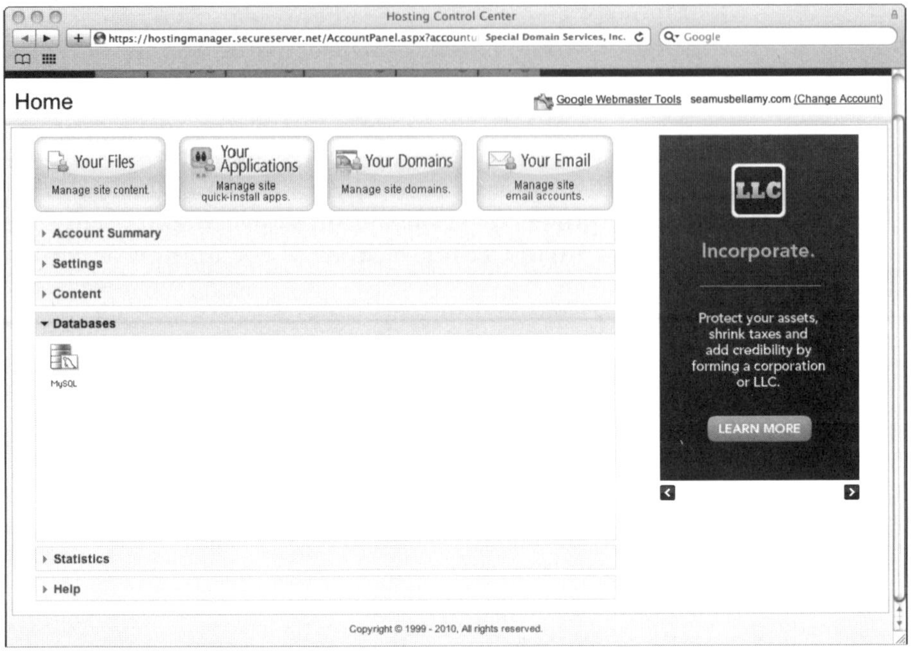

Figure 2.4 : L'icône MySQL.

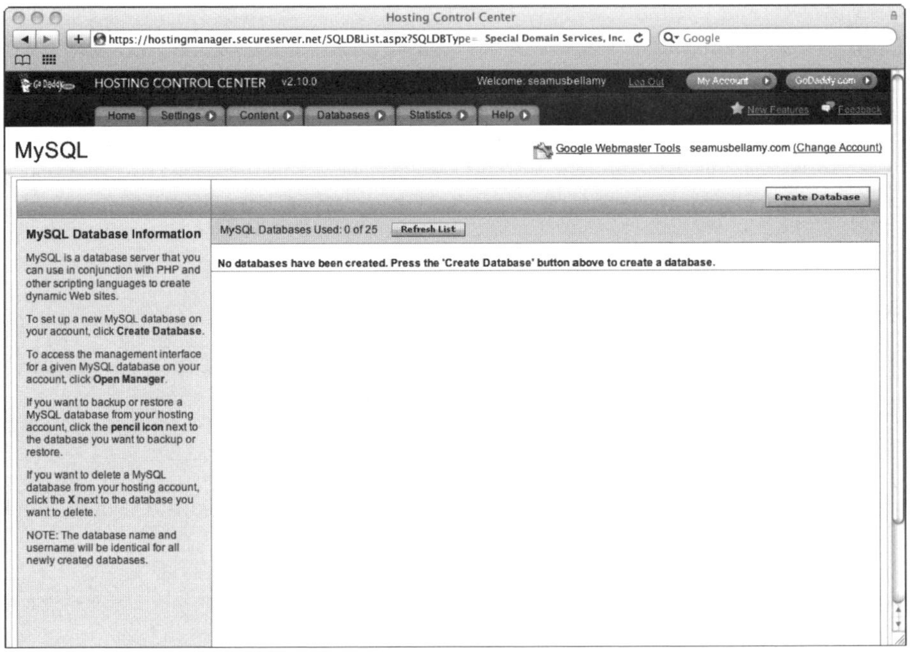

Figure 2.5 : Le sommaire de la base de données.

La page Create Database s'ouvre.

6. **Dans la zone Description, entrez le nom de votre base de données MySQL.**

   Dans cet exemple, nous utilisons JoomlaFDOnline mais vous devez choisir un nom d'utilisateur différent car les noms d'utilisateur MySQL doivent être uniques dans Go Daddy.

7. **Entrez et confirmez le mot de passe à utiliser pour accéder à MySQL, comme dans la Figure 2.6.**

8. **Cliquez sur OK.**

   Une nouvelle page de sommaire de base de données (voir la Figure 2.7) s'affiche.

N'OUBLIEZ PAS

Notez que la colonne Status indique *Pending Setup* (en cours). En effet, il faut attendre que la colonne indique *Setup* pour pouvoir utiliser la base de données. Ce processus dure généralement une dizaine de minutes. Cependant, les jours d'affluence cela peut prendre plusieurs heures. Vérifiez régulièrement le statut en actualisant la page dans votre navigateur.

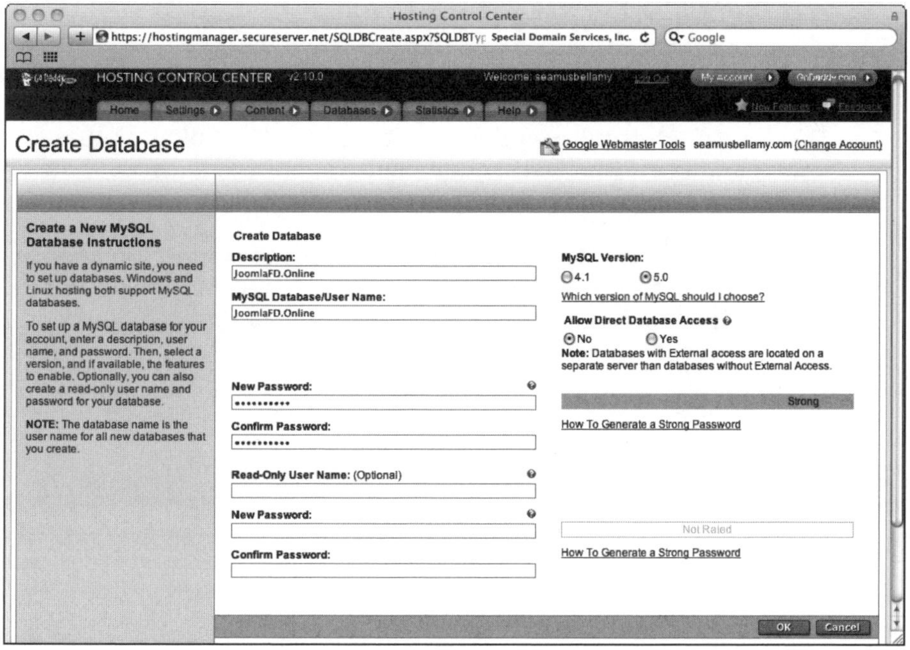

Figure 2.6 : Entrez les informations utilisateurs pour MySQL.

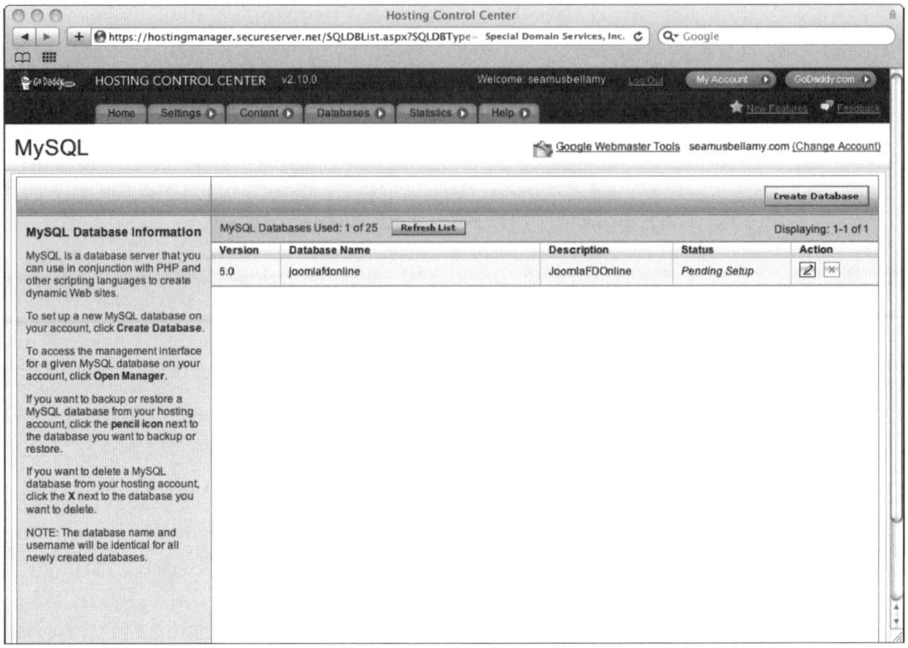

Figure 2.7 : Le sommaire de la base de données Go Daddy lors de la création d'une nouvelle base de données.

Collecter les détails de la base de données

Lorsque votre base de données est fonctionnelle, il ne vous reste plus qu'à collecter quelques détails sur la base de données pour les fournir à Joomla pendant l'installation. Une fois de plus, nous utilisons l'exemple de Go Daddy dans cette section mais vous pouvez adapter la procédure à votre propre fournisseur de services Internet.

Lorsque votre base de données est prête à l'emploi, cliquez sur l'icône en forme de crayon située dans la colonne Action (reportez-vous à la Figure 2.7). La page d'information de la base de données s'affiche, comme le montre la Figure 2.8.

Enregistrez les informations suivantes :

- Host name.
- Database name.
- User name.
- Database password.

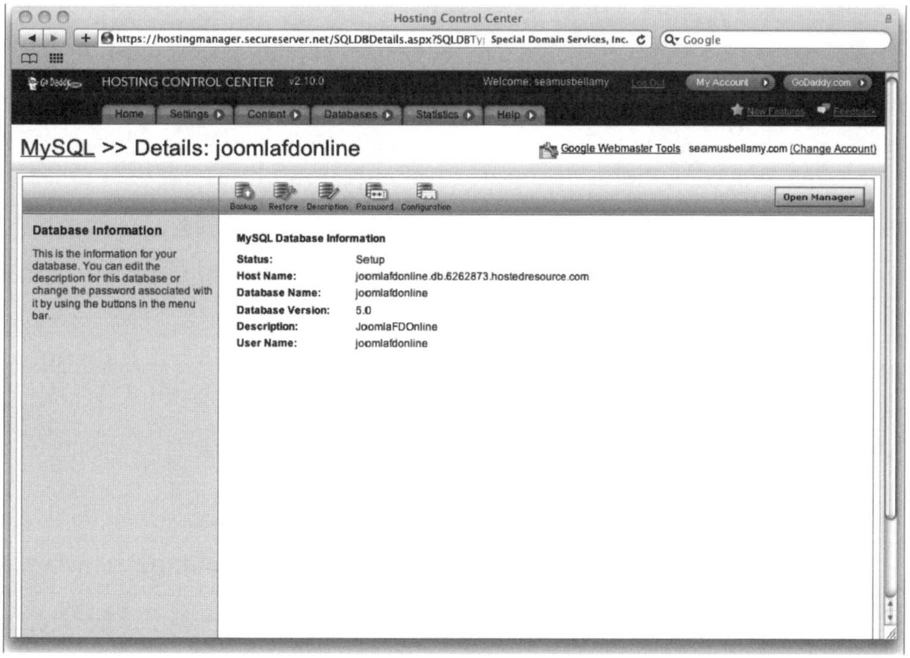

Figure 2.8 : Recherchez les informations sur la nouvelle base de données.

Notez bien le nom d'utilisateur car vous devez l'indiquer à Joomla lors de l'installation.

Il est temps à présent de passer à l'installation de Joomla.

Installer le logiciel Joomla

L'installation de Joomla compte sept étapes :

1. Le choix de la langue.
2. La vérification des pré-requis pour l'installation.
3. L'acceptation du contrat de licence.
4. La connexion à la base de données.
5. La configuration FTP.
6. La configuration générale.
7. La finalisation.

NOTE TECHNIQUE

Voici comment le processus se déroule : lorsque vous copiez les fichiers Joomla sur le serveur hôte, vous copiez un fichier nommé index.php, écrit dans le langage de programmation PHP. Lorsque vous naviguez jusqu'au répertoire contenant index.php, ce fichier est exécuté et lance l'installation. La première tâche de l'installation consiste à écrire un fichier nommé configuration.php qui s'exécute et démarre Joomla dès que vous naviguez jusqu'au répertoire dans lequel vous avez installé le programme. Le fichier configuration.php enregistre les informations que vous fournissez à Joomla durant le processus d'installation.

TRUC

Vous pouvez vous procurer le manuel officiel d'installation de Joomla en ligne, pour cela, rendez-vous à l'adresse suivante : `http://help.joomla.org/content/section/48/302/`.

Choisir la langue

La première de ces sept étapes consiste à sélectionner la langue :

1. **Rendez-vous sur votre site, sur le serveur d'hébergement.**

   Dans notre exemple, ce site est `www.monsite.com/joomla`.

   La première page d'installation de Joomla s'affiche, comme le montre la Figure 2.9.

2. **Sélectionnez la langue.**

   Sélectionnez l'option Français (Fr).

3. **Cliquez sur le bouton Suivant.**

Vérifier les pré-requis pour l'installation

Le clic sur le bouton Suivant de la page de sélection de la langue vous entraîne vers la page suivante, la vérification des pré-requis pour l'installation (voir la Figure 2.10).

L'installation de Joomla implique un grand nombre de technologies : un serveur Web, des clients FTP, MySQL, PHP etc. Il serait vraiment fastidieux de devoir configurer un à un tous ces composants et vérifier auprès de votre fournisseur de services Internet s'ils disposent effectivement des pré-requis minimum pour travailler avec Joomla. Ne vous en faites pas, Joomla s'occupe de tout cela pour vous lors de

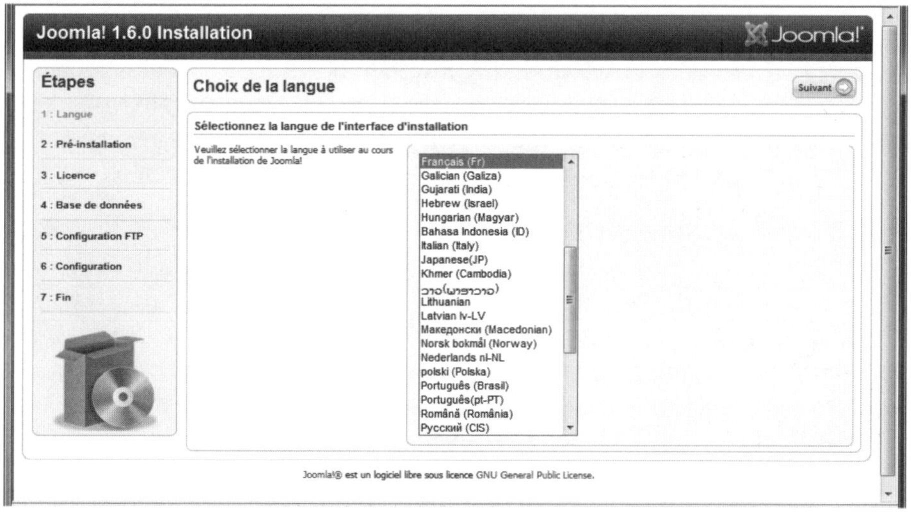

Figure 2.9 : La page de sélection de la langue.

Figure 2.10 : La page des pré-requis pour l'installation.

la phase de vérification des pré-requis. Assurez-vous simplement à l'issue de cette phase que tous les éléments situés dans le volet supérieur renvoient bien la valeur *Oui* (si ce n'est pas le cas, contactez l'équipe technique de votre fournisseur d'accès) :

- PHP version >=5.2
- Support de la compression zlib.
- Support de XML.

- Support de MySQL.
- Directive Mbstring langage par défaut.
- Directive Mbstring overload désactivée.
- INI Parser Support.
- Support JSON.
- configuration.php Modifiable.

Assurez-vous bien que configuration.php soit modifiable, cela signifie que le fichier peut être créé et modifié sur votre serveur pour stocker la configuration de démarrage de Joomla. Si ce n'est pas le cas, vous devez modifier les permissions d'accès du répertoire du serveur dans lequel vous avez copié les fichiers Joomla. Même si une application FTP vous permet de modifier les permissions, sachez qu'elles peuvent varier en fonction du serveur que vous utilisez. Si vous rencontrez des difficultés lors de la configuration de ces paramètres, demandez de l'aide à l'équipe technique de votre fournisseur de services Internet. Si les permissions ne sont pas configurées correctement, vous risquez de ne pas pouvoir modifier votre site.

Cette page affiche également une liste des paramètres recommandés. Si vous installez Joomla sur le serveur d'un fournisseur de services Internet, vous n'aurez sans doute pas la possibilité de modifier ces paramètres car ils sont gérés par l'équipe technique. Le Tableau 2.2 liste les paramètres que nous recommandons pour l'exemple proposé dans ce chapitre :

Tableau 2.2 : Paramètres recommandés.

Paramètre	Recommandé	Actuel
Safe Mode	Off	Off
Afficher les erreurs	Off	On
Transfert de fichiers	On	On
Magic Quotes Runtime	Off	Off
Register Globals	Off	Off
Output Buffering	Off	Off
Session Auto Start	Off	Off

Tous les paramètres coïncident sauf Afficher les erreurs pour PHP qui est activé par la plupart des fournisseurs de services Internet.

Si vous voulez modifier les paramètres de cette page, vous pouvez effectuer les modifications souhaitées dans les paramètres du compte d'hébergement puis retourner sur la page et cliquer sur le bouton Vérifier à nouveau pour actualiser la page. Cependant, nous vous recommandons de recommencer l'installation depuis le début.

Cliquez sur le bouton Suivant lorsque vous êtes satisfait des paramètres indiqués.

Accepter la licence

Quand vous cliquez sur Suivant dans la page de vérification de la pré-installation, vous basculez dans la page 3 du processus d'installation : la page de la licence.

Joomla utilise la licence publique générale GNU (*General Public Licence*), une licence de logiciel réputée, créée par Free Software Foundation, Inc. (`http://www.fsf.org/`). Parcourez au moins le texte de ce document avant de cliquer sur le bouton Suivant, action qui signifie que vous acceptez les termes de la licence.

Se connecter à la base de données

Vous voilà arrivé à la page de configuration de la base de données, illustrée complétée dans la Figure 2.11.

Cette page est très importante car Joomla ne stocke jamais vos pages sur votre site mais dans une base de données MySQL. Lorsque vous naviguez sur une page, Joomla extrait son contenu depuis une base de données et construit la page HTML correspondante à la volée. Accordez une attention particulière à la connexion à la base de données car si vous ne pouvez pas connecter Joomla à MySQL, votre site ne fonctionne pas.

Voici les paramètres que vous devez indiquer sur cette page, accompagnés d'une brève explication :

- **Type de la base de données :** probablement MySQL.
- **Nom du serveur :** généralement « localhost » ou un nom fourni par votre hébergeur.

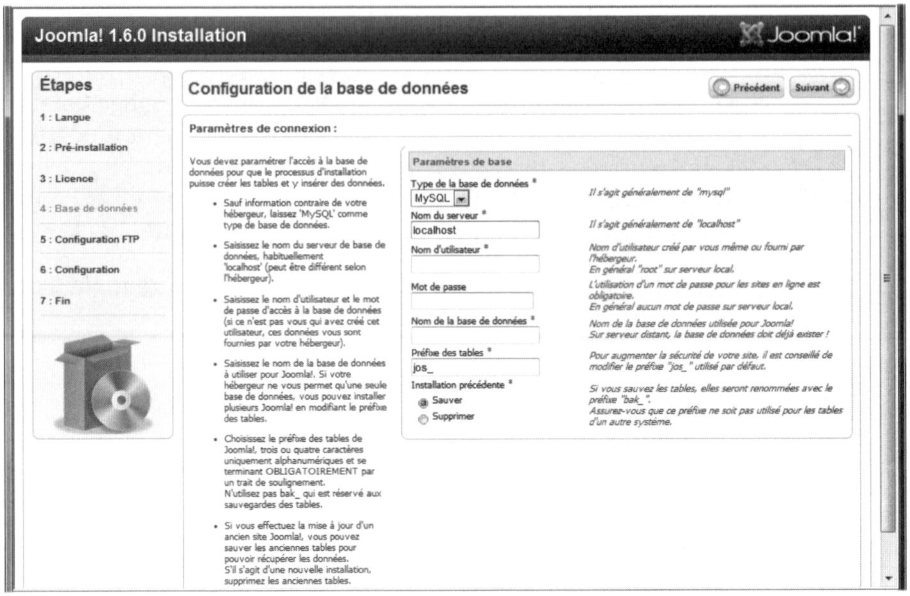

Figure 2.11 : La page de configuration de la base de données.

- **Nom d'utilisateur :** entrez le nom d'utilisateur racine par défaut de MySQL, un nom fourni par votre fournisseur de services Internet ou le nom que vous avez créé en configurant votre serveur de base de données.
- **Mot de passe :** il s'agit du même mot de passe que celui utilisé pour accéder à votre base de données (il peut, dans certains cas, être fourni par votre fournisseur de services Internet).
- **Nom de la base de données :** entrez le nom que vous avez utilisé pour configurer votre base de données.

Si vous avez suivi les étapes de l'exemple précédent dans ce chapitre, vous avez défini toutes ces informations lors de la configuration de MySQL.

N'OUBLIEZ PAS

MySQL est très pointilleux en ce qui concerne les noms d'utilisateur et les mots de passe ; il est sensible à la casse. Assurez-vous de ne pas écrire « pierre » s'il s'agit de « Pierre ».

À la fin, cliquez sur Suivant. Joomla teste la connexion à la base de données et, si tout fonctionne correctement, vous accédez à la page suivante.

Configurer la connexion FTP

Une fois le test de connexion à la base de données réussi, Joomla affiche la page de configuration FTP, illustrée par la Figure 2.12.

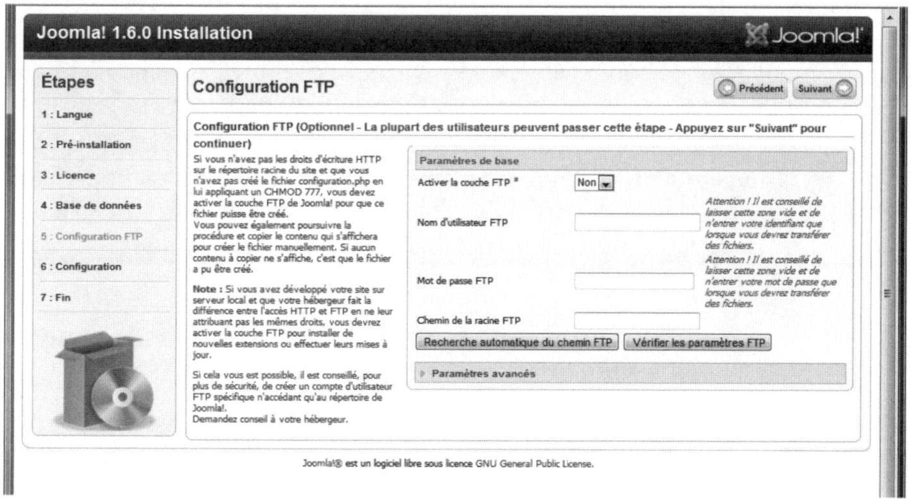

Figure 2.12 : La page de configuration FTP.

Vous n'avez pas besoin de configurer le serveur FTP pour une installation sous Windows. Cette page concerne principalement les hôtes sous Linux et autres systèmes Unix qui nécessitent un paramétrage plus précis des accès aux fichiers. Ainsi, si vous rencontrez des problèmes avec le chargement de fichiers vers Joomla (tels que des images ou des nouveaux modèles), vous pouvez utiliser ce serveur FTP intégré ou votre propre application FTP pour télécharger des fichiers dans un répertoire spécifique.

Si vous devez configurer le serveur FTP intégré dans Joomla, suivez ces étapes :

1. **Sélectionnez Oui pour le paramètre Activer la couche FTP pour les fichiers système.**

2. **Entrez un nom d'utilisateur et un mot de passe FTP dans les zones de texte correspondantes.**

   Cette étape crée un compte FTP qui va gérer toutes les tâches relatives au système de fichiers si Joomla a besoin d'un accès FTP.

Configurer la base de données

La section Paramètres avancés de la page de configuration de la base de données contient des cases d'option que vous pouvez cocher si vous êtes à l'aise avec Joomla :

- **Supprimer les tables existantes** : cochez cette option si vous avez déjà installé Joomla et que vous souhaitez le réinstaller ou le mettre à jour. Toutes les données relatives à l'utilisateur et au mot de passe sont supprimées de la base de données MySQL.
- **Sauvegarder les anciennes tables** : cochez cette option si vous souhaitez sauvegarder l'ancienne base de données avant de réinstaller Joomla.

3. **Indiquez le chemin de la racine FTP dans la zone Chemin de la racine.**

   Si votre installation de Joomla réside dans le répertoire principal (root) de votre site, entrez simplement une barre oblique (/).

4. **Cliquez sur le bouton Vérifier les paramètres FTP.**

   Une boîte de dialogue de confirmation devrait s'afficher et vous indiquer que les paramètres saisis sont corrects. Si vous obtenez un message stipulant que les paramètres ne sont pas corrects, demandez de l'aide au support technique de votre fournisseur de services Internet.

5. **Cliquez sur le bouton OK dans la boîte de dialogue de confirmation.**

6. **Cliquez sur Suivant une fois la configuration FTP achevée.**

Notez le bouton Recherche automatique du chemin FTP et le volet Paramètres avancés, situés à proximité du bouton Vérifier les paramètres FTP. Nous avons déjà abordé la méticulosité de Joomla vis-à-vis des paramètres que vous utilisez. Sachant cela, mieux vaut ne pas vous embêter avec ces paramètres et contacter directement le support technique de votre hébergeur pour obtenir les paramètres adéquats.

Paramétrer la configuration principale

Un clic sur le bouton Suivant dans la page de configuration FTP vous envoie dans la page de configuration principale (voir la Figure 2.13) qui vous permet d'entrer les informations sur votre nouveau site Joomla.

Pour réaliser la configuration principale, suivez ces étapes :

1. **Dans la zone de texte Nom du site, entrez le nom de votre nouveau site Joomla.**

   Ce nom apparaît dès que vous vous connectez en tant qu'administrateur. Dans cet exemple, nous appelons le site « Joomla pour les Nuls ».

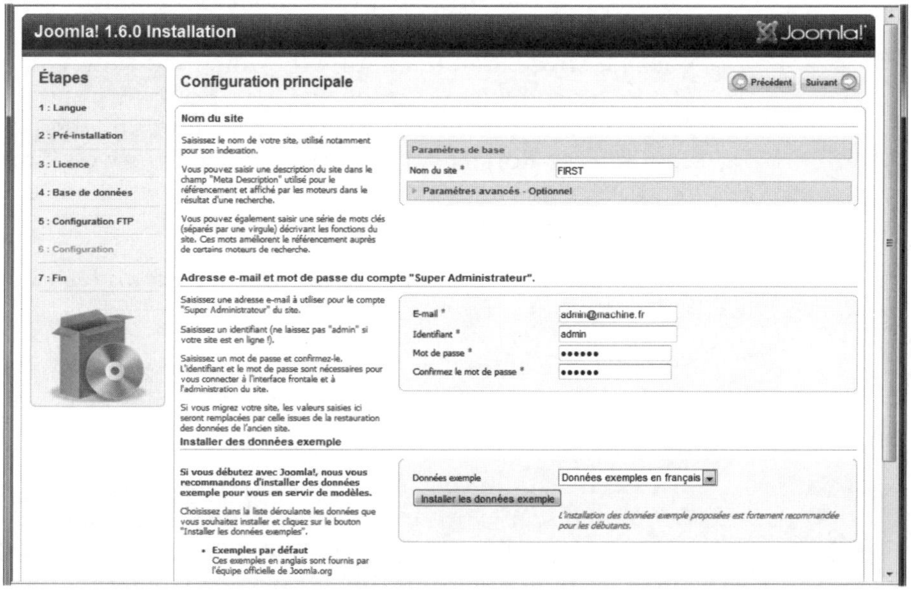

Figure 2.13 : La page de configuration principale.

2. **Entrez l'adresse e-mail de l'administrateur dans la zone de texte Votre e-mail.**

   Lorsque vous vous connectez à votre site, vous êtes le super-administrateur. Un super-administrateur dispose du contrôle total sur le site.

   Vous pouvez avoir plusieurs super-administrateurs, cependant il n'est pas possible de supprimer un compte de super-administrateur. Pas de panique, vous pouvez tout de même déclasser un compte de super-administrateur à un niveau inférieur puis le supprimer. La subtilité est dans le détail !

Assurez-vous de bien entrer une adresse e-mail valide, cela permettra aux utilisateurs de votre site de vous contacter.

3. **Entrez et confirmez le mot de passe de l'administrateur.**

   Retenez bien ce mot de passe, vous en aurez besoin tout au long de ce livre.

   En tant que super-administrateur, utilisez « admin » comme nom d'utilisateur. Vous pourrez le modifier plus tard (ce qui est une bonne précaution en matière sécurité).

   Joomla vous permet d'installer quelques données d'exemples afin d'en apprendre plus sur son fonctionnement. À moins que vous ne soyez un utilisateur expérimenté de Joomla, nous vous conseillons vivement de les installer. Pour faire simple, le site Joomla sur lequel vous allez travailler tout au long de ce livre va contenir les données d'exemples fournies lors de l'installation par défaut de Joomla. Nous vous conseillons donc d'installer ces données d'exemples.

4. **Cochez la case Installer les données d'exemples et cliquez sur le bouton du même nom.**

   Suite à cette action, le bouton Installer les données d'exemples devient le bouton Données d'exemples installées avec succès (voir la Figure 2.13).

   Si vous n'installez pas les données d'exemples, votre installation de Joomla démarre sur une page blanche quasiment vide. C'est sans doute ce que vous souhaiterez obtenir plus tard pour un client. Cependant, pour une première installation de Joomla, installer les données d'exemples vous permet de mieux comprendre la structure de Joomla et de vous familiariser avec les nombreux outils de gestion qu'il propose.

5. **Cliquez sur Suivant.**

Plus tard, vous pourrez également utiliser la page de configuration principale de Joomla pour installer une copie de sauvegarde des données depuis une autre installation Joomla en utilisant un fichier de script SQL compatible avec Joomla 1.6 ou alors vous pourrez migrer les données d'une version antérieure de Joomla. Pour plus de détails, reportez-vous au document Joomla! 1.6 Migration Guide disponible sur `http://help.joomla.org/content/view/1933/294`.

Achever l'installation

Vous êtes maintenant sur la page finale de l'installation de Joomla (voir la Figure 2.14).

L'installation est presque achevée. Notez le message qui apparaît dans la partie droite de la page. Il vous rappelle de supprimer le répertoire d'installation.

ATTENTION !

Tenez bien compte de ce message ; il faut réellement supprimer le répertoire d'installation avant d'aller plus loin. Joomla exige cette suppression pour des raisons de sécurité. Les fichiers d'installation contiennent du code permettant à des individus mal intentionnés de modifier votre fichier configuration.php. Personne ne souhaite que cela arrive !

Pour supprimer le répertoire d'installation de Joomla, connectez-vous à votre site *via* votre programme FTP puis supprimez le répertoire. Dans FileZilla, par exemple, il suffit d'effectuer un clic droit sur le répertoire d'installation et de sélectionner l'option Supprimer dans le menu contextuel. Vous pouvez aussi renommer le répertoire d'installation mais rien ne vous oblige à le conserver.

Après avoir supprimé le répertoire d'installation, vous pouvez vous lancer. Cliquez sur le bouton Site pour visiter votre nouveau site Joomla ou cliquez sur le bouton Admin pour accéder au panneau de contrôle de l'administrateur. Consultez la section « Observer son nouveau site Joomla », plus loin dans ce chapitre, qui aborde les deux options.

Installer Joomla sur sa propre machine

Pour faire connaître votre site Joomla au reste du monde, vous devez le publier sur Internet et, de ce fait, utiliser un fournisseur de services Internet ou FSI. Cependant, pour le développement de sites Joomla, il est souvent plus pratique d'installer le programme sur votre propre machine locale. Dans cette section, nous verrons comment procéder.

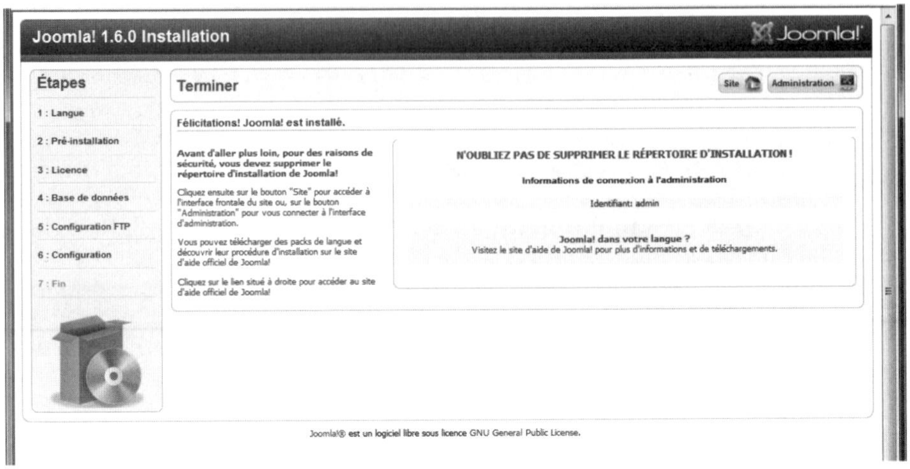

Figure 2.14 : La page finale d'installation.

L'installation de Joomla sur une machine locale est une excellente solution si vous voulez tester quelque chose d'expérimental telle que la création de nouveaux modèles ou vous assurer que les modifications que vous apportez à votre site sont conformes à vos attentes avant de les rendre publics. De plus, si vous installez Joomla en local, le développement du site est plus rapide car vous n'avez pas à attendre que les nouveaux fichiers soient chargés sur un serveur distant.

Il existe deux méthodes pour installer Joomla sur votre machine locale : la méthode douce et la méthode dure. Nous abordons ces deux méthodes avec, bien sûr, une préférence pour la méthode douce.

La méthode dure : installer les composants

La méthode dure pour installer Joomla sur votre machine locale consiste à installer un par un les composants dont vous avez besoin. Ces composants (et les URL où vous pouvez les trouver) sont les suivants :

- PHP 5.2 ou versions ultérieure (`www.php.net`).
- MySQL 5.0.4 ou version ultérieure (`www.mysql.com`).
- Apache 1.3 ou version ultérieure (`http://httpd.apache.org`).

Chacun de ces composants est fourni avec son propre manuel d'installation. Suivez simplement les instructions du manuel.

Malheureusement vous risquez de rencontrer quelques difficultés lorsque vous tenterez de faire fonctionner ces composants ensemble. C'est pourquoi nous abordons, dans la prochaine section, la méthode douce pour installer les composants nécessaires pour que Joomla fonctionne.

La méthode douce : installer XAMPP

La plupart des gens trouvent qu'il est plus simple d'installer l'environnement Joomla *via* XAMPP sous forme de package unique. Ce package peut être installé avec un minimum d'effort, en quelques minutes. XAMPP est disponible gratuitement sur le site Web Apache Friends, sur `www.apachefriends.org/fr/xampp.html`. Sélectionnez la version adaptée à votre système d'exploitation pour accéder à la page de téléchargement adéquate.

Quand vous installez XAMPP, le package installe pour vous et sans peine le serveur Web Apache, PHP et MySQL. XAMPP fait tout le travail de fond pour vous, il ne vous reste plus qu'à décompresser et à installer Joomla.

XAMPP supporte les systèmes d'exploitation suivants :

- Linux (testé avec Ubuntu, SUSE, Red Hat, Mandriva et Debian).
- Windows 98, NT, 2000, 2003, XP, Vista et Window 7.
- Solaris SPARC (développé et testé sous Solaris 8 & 9).
- Mac OS 10.4 et version ultérieure.

XAMPP contient, en plus de ces trois composants nécessaires pour Joomla, un certain nombre de bonus. La version Windows, par exemple, inclut ce qui suit : Apache, MySQL, PHP + PEAR, Perl, mod_php, mod_perl, mod_ssl, OpenSSL phpMyAdmin, Webalizer, Mercury Mail Transport System for Win32 et NetWare Systems v3.32, Ming, JpGraph, FileZilla, mcrypt, eAccelerator, SQLite et WEB-DAV + mod_auth_mysql. Ouf !

Dans les sections suivantes, nous survolons le processus d'installation de XAMPP pour Windows, Linux et Mac OS X.

XAMPP pour Windows

Pour installer XAMPP dans Windows, suivez ces étapes :

1. **Téléchargez le fichier d'installation exécutable (tel que** `xampp-win32-1.7.4-VC6-installer.exe`**).**
2. **Double-cliquez sur le fichier .exe pour ouvrir l'assistant d'installation du logiciel XAMPP (voir la Figure 2.15).**
3. **Cliquez sur le bouton Next.**
4. **Suivez les instructions de l'assistant pour installer XAMPP sur votre ordinateur (ainsi que Apache, PHP et MySQL).**

   Si vous devez entrer un mot de passe, utilisez celui que vous avez choisi pour MySQL (reportez-vous à la section « Créer une base de données » plus haut dans ce chapitre) ; par défaut votre nom d'utilisateur est « root ».

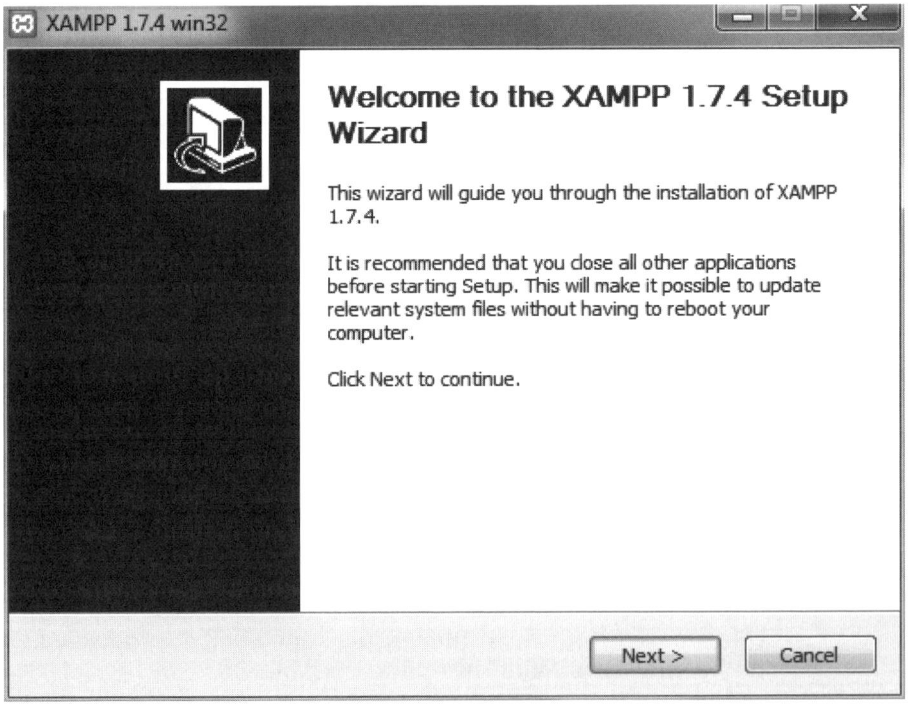

Figure 2.15 : L'assistant d'installation de XAMPP sous Windows.

Les utilisateurs de Windows Vista et Windows 7 doivent prendre garde aux permissions d'écriture dans le répertoire C:\program files qui sont parfois insuffisantes ou manquantes. Par défaut, Apache Friends installe XAMPP dans C:\.

Si votre machine exécute déjà Internet Information Service (IIS) c'est-à-dire que vous avez un répertoire c:\inetpub et que vous pouvez créer une page IIS quand vous naviguez sur http://localhost, vous devriez désactiver IIS si vous voulez installer et exécuter Apache sur la même machine. Par défaut, ces serveurs utilisent le même port et entrent donc en conflit. Pour désactiver IIS dans Windows, ouvrez le panneau de configuration puis sélectionnez les outils d'administration. Cliquez sur Services, puis recherchez IIS, effectuez un clic droit dans la colonne Type de démarrage (actuellement sur Automatique), sélectionnez Arrêter dans le menu déroulant puis redémarrez votre ordinateur.

5. **Lorsque l'installation est achevée, redémarrez votre ordinateur.**

   Les composants de XAMPP fonctionnent comme des services Windows.

Si vous rencontrez des problèmes lors de l'installation de XAMPP, consultez la FAQ XAMPP pour Windows sur `www.apachefriends.org/fr/faq-xampp-windows.html/`.

Durant la phase d'installation, l'assistant a ajouté une icône pour accéder au panneau de contrôle de XAMPP dans la barre, en bas de l'écran. Double-cliquez sur cette icône pour ouvrir le panneau de contrôle illustré dans la Figure 2.16.

Pour tester votre nouvelle installation, ouvrez un navigateur Web et rendez-vous à l'adresse http://localhost. Cliquez sur le lien Documentation, vous devriez observer quelque chose ressemblant à la Figure 2.17.

Pour tester le bon fonctionnement de PHP, cliquez sur le lien phpinfo dans la partie gauche de la page principale de XAMPP. Ce lien exécute une fonction PHP qui affiche une table d'information concernant l'installation de PHP.

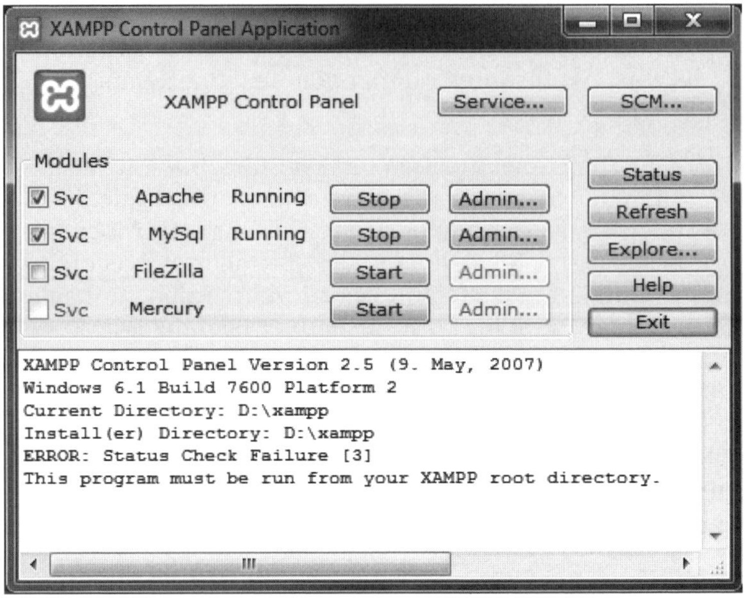

Figure 2.16 : Le panneau de contrôle de XAMPP.

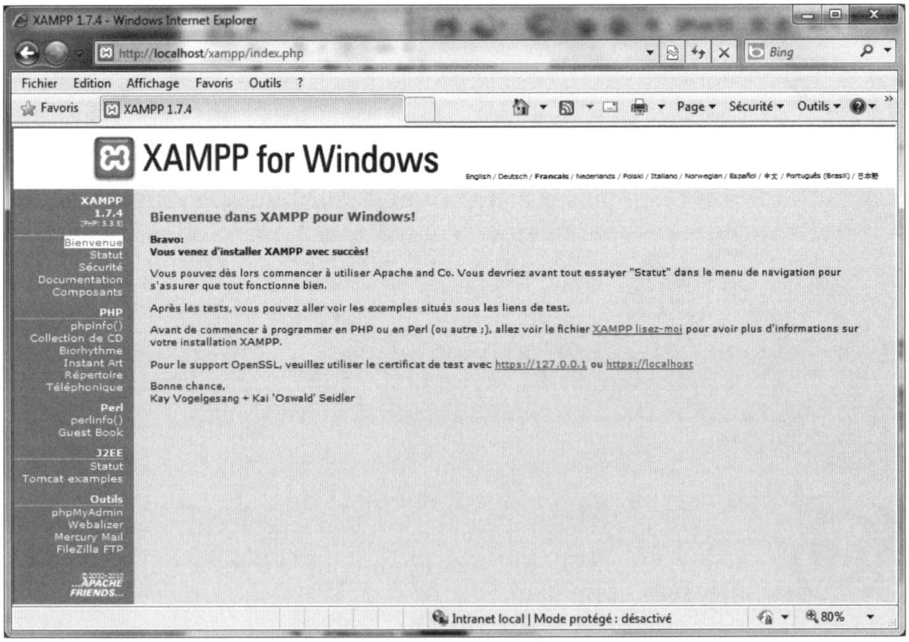

Figure 2.17 : La page de documentation de XAMPP pour Windows.

XAMPP pour Linux

Pour installer XAMPP sous Linux, suivez ces étapes :

1. **Téléchargez le fichier d'installation** `.tar.gz` **(par exemple** `xampp-linux-1.7.4.tar.gz`**).**
2. **Ouvrez un shell Linux.**
3. **Connectez-vous en tant qu'administrateur système en entrant la commande su.**
4. **Placez le fichier téléchargé .tar.gz dans le répertoire /opt en entrant la commande suivante :**

```
tar xvfz xampp-linux-1.7.4.tar.gz -C /opt
```

Voilà qui est fait. XAMPP est installé dans un répertoire nommé /opt/lampp (LAMPP est la version Linux de XAMPP).

Pour exécuter XAMPP, entrez ce qui suit :

```
/opt/lampp/lampp start
```

Vous devriez obtenir le message suivant :

```
Starting XAMPP 1.6.7...
LAMPP: Starting Apache...
LAMPP: Starting MySQL...
LAMPP: started.
Ready. Apache and MySQL are running.
```

Si vous voyez ce message, ouvrez un navigateur et rendez-vous à l'adresse http://localhost ; vous devez voir la page principale de XAMPP.

Si vous rencontrez des problèmes, consultez la FAQ XAMPP pour Linux sur `www.apachefriends.org/fr/faq-xampp-linux.html`.

XAMPP pour Mac

Pour installer XAMPP sur un Macintosh, suivez ces étapes :

1. **Téléchargez le fichier d'installation .tar.gz (tel que xampp-macosx-0.7.3.tar.gz).**

2. **Décompressez le fichier pour obtenir un package (un fichier .pkg) et double-cliquez sur ce fichier.**

3. **Suivez les indications de l'assistant d'installation.**

4. **Exécutez la commande suivante dans le terminal (avec un compte admin) :**

```
sudo su
```

5. **Entrez votre mot de passe.**

6. **Entrez la commande suivante :**

```
tar xfvz xampp-macosx-0.7.3.tar.gz -C /
```

C'est tout ce que vous devez faire.

Pour démarrer XAMPP sur Mac OS X dans une fenêtre de terminal, entrez cette commande :

```
sudo su
/Applications/xampp/xamppfiles/mampp start
```

Vous devriez voir s'afficher un texte ressemblant à celui-ci :

```
Starting XAMPP for MacOS X 0.7.3...
XAMPP: Starting Apache whith SSL (and PHP5)...
XAMPP: Starting MySQL...
XAMPP: Starting ProFTPD...
XAMPP: for MacOS X started.
Ready. Apache and MySQL are running.
```

Ouvrez un navigateur et rendez-vous à l'adresse `http://localhost` ; vous devriez voir la page principale de XAMPP.

TRUC

Si un problème survient, reportez-vous à la FAQ XAMPP pour MAC OS X disponible sur `www.apachefriends.org/fr/faq-xampp-macosx.html/`.

N'OUBLIEZ PAS

Si XAMPP est toujours en cours de développement pour Mac, la FAQ risque aussi de l'être. Si tel est le cas, consultez d'autres ressources comme `www.squidoo.com/XAMPP-on-Mac`.

Installer le programme Joomla

XAMPP est installé. Vous avez Apache, PHP et MySQL. Super ! Il ne nous reste plus qu'à installer Joomla. L'opération est très semblable à l'installation de Joomla sur un serveur de votre FSI. Quel que soit votre système d'exploitation, suivez ces étapes :

1. **Rendez-vous sur** `www.joomla.org` **et cliquez sur le bouton Download.**

2. **Téléchargez le fichier compressé .zip ou .tar.gz adapté à votre système d'exploitation.**

3. **Décompressez les fichiers Joomla**

   Le programme XAMPP fraîchement installé contient un sous-répertoire nommé htdocs. Il s'agit du répertoire où vous devez déposer les fichiers que vous souhaitez atteindre lorsque vous naviguez à l'adresse `http://localhost`.

   Vous pouvez copier les fichiers Joomla décompressés directement dans le répertoire XAMPP htdocs ou dans un sous-répertoire de htdocs. Si vous créez un sous-répertoire du répertoire htdocs que vous appelez joomla (c'est-à-dire htdocs\joomla) et si vous copiez les fichiers décompressés dans ce sous-répertoire, Joomla démarrera quand vous taperez `http://localhost/joomla` dans votre navigateur. Si vous utilisez OS X ou Linux, vous serez peut-être invité à entrer un mot de passe avant de pouvoir effectuer des modifications dans le répertoire htdocs.

4. **Copiez les fichiers Joomla décompressés dans le répertoire htdocs ou créez un sous-répertoire de htdocs et copiez-y les fichiers.**

5. **Ouvrez votre navigateur et rendez-vous à l'adresse** `http://localhost` **ou** `http://localhost/xxxx` **(xxxx étant le nom du sous-répertoire créé à l'étape 4).**

   La première page d'installation de Joomla apparaît.

6. **Suivez les instructions indiquées dans la section « Installer Joomla sur un serveur hôte » de ce chapitre, en y appliquant les modifications suivantes :**

   - Pour le nom de serveur Mysql, entrez « localhost ».

- Pour le nom d'utilisateur, entrez « root ».
- Entrez le mot de passe que vous avez indiqué pour MySQL lors de l'installation de XAMPP.
- Vous pouvez passer outre l'installation d'un serveur FTP lorsque vous travaillez sur votre propre machine.

Quand l'installation est achevée, testez Joomla. Cliquez sur le bouton Site de la dernière page d'installation ou rendez-vous sur `http://localhost` (ou `http://localhost/xxxx` si vous avez copié Joomla dans un sous-répertoire de htdocs). Vous devez visualiser la page d'accueil de Joomla.

Observer son nouveau site Joomla

La Figure 2.18 représente votre site Joomla tel que les utilisateurs le verront, affichant les données d'exemples que vous avez insérées lors de l'installation. Félicitations ! Vous avez un site en ligne et opérationnel !

La Figure 2.18 représente votre nouvelle page d'accueil. Dans le Chapitre 3, nous verrons en détail comment la personnaliser. Pour l'instant, nous nous contentons de l'observer.

Organiser les menus

Notez qu'il y a un grand nombre de menus sur la page d'accueil. Les menus sont bien plus importants dans Joomla que vous ne l'imaginez. Vous ne pouvez pas publier de contenu dans votre site sans l'avoir au préalable connecté avec un élément de menu. La manière dont vous configurez vos menus détermine l'aspect du contenu visible par vos utilisateurs. Dans les sections suivantes, nous décrivons les différents menus.

Menu Haut

La barre horizontale située en haut de la page que nous appelons le « top menu » contient les commandes générales suivantes :

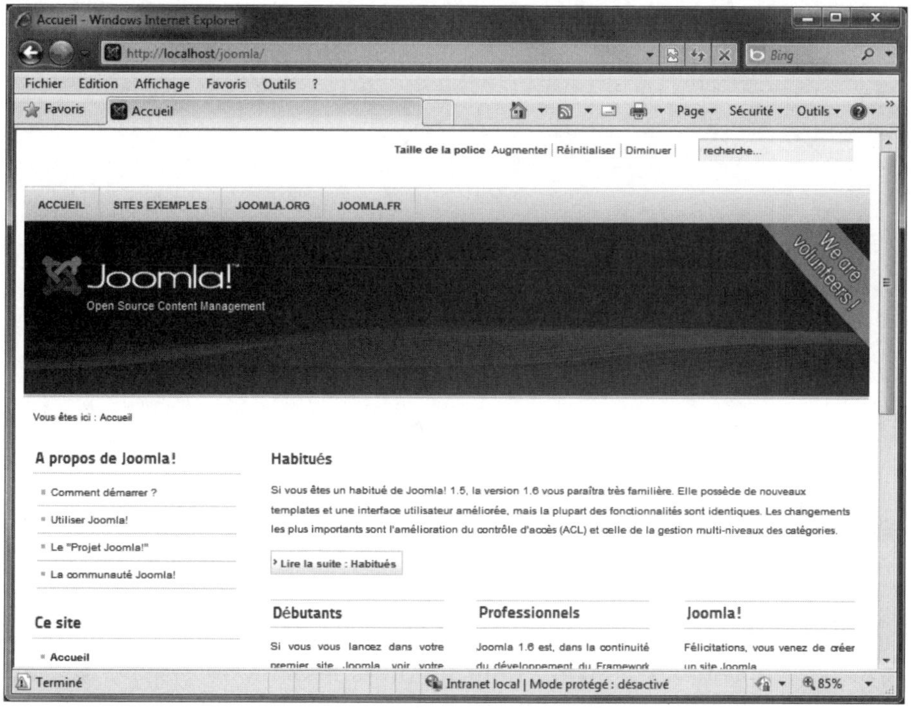

Figure 2.18 : Votre site Joomla.

- Accueil
- Sites exemples
- Joomla.org

Menu À propos de Joomla!

Le menu À propos de Joomla! contient des liens vers plusieurs ressources Joomla :

- Comment démarrer
- Utiliser Joomla!
- Le Projet Joomla!
- La communauté Joomla!

Menu Ce site

Le volet Ce site, situé à gauche de la page, propose les éléments suivants :

- Accueil
- Plan du Site
- Identification
- Sites Exemples
- Administration du site
- Pages Exemples

La tournée des modules

La page d'accueil est divisée en plusieurs sections : Joomla!, Débutants, etc. Ces sections sont autant de *modules* Joomla que vous apprendrez à gérer dans le Chapitre 3. La possibilité de travailler avec chaque section sous forme de module facilite nettement la gestion de la page d'accueil.

Le contenu actuel de la page, tel que le texte « Congratulations!... », n'est pas un module. Il s'agit en fait d'un article qui a été publié sur la page d'accueil. Dans le Chapitre 3, nous découvrirons comment créer des articles et les publier sur la page d'accueil.

La position des modules et des autres contenus de la page d'accueil (et des autres pages Joomla) est définie par le modèle Joomla que vous utilisez pour ce site. Nous verrons dans le Chapitre 8 comment travailler avec les différents modèles pour modifier non seulement le thème de votre site mais aussi la mise en page de son contenu.

Prendre le contrôle

Un lien sur la page d'accueil vous emmène tout droit vers le panneau de contrôle de l'administrateur. Pour afficher le panneau d'administration, cliquez sur le lien Site Administrator dans le menu Ce site ou naviguez jusqu'à l'adresse `votresite/administrator` (comme par exemple `www.joomla123.com/administrator`).

Se connecter en tant qu'administrateur

Lorsque vous cliquez sur le lien Site Administrator, une page de connexion apparaît, semblable à celle de la Figure 2.19.

Figure 2.19 : La connexion en tant qu'administrateur.

Entrez le nom d'utilisateur et le mot de passe que vous avez définis lors de l'installation dans la page de configuration principale Joomla puis cliquez sur Log in. Joomla affiche le panneau d'administration, illustré dans la Figure 2.20.

Félicitations ! Vous voilà aux commandes ! Maintenant, c'est vous le patron.

Rencontrer les gestionnaires

Jetez un œil aux icônes du panneau d'administration. Ces icônes représentent les *gestionnaires* de Joomla qui, comme leur nom l'indique, permettent de gérer votre site. Des gestionnaires supplémentaires sont disponibles dans le menu déroulant Extensions situé en haut de la page. Nous y reviendrons plus en détail dans le Chapitre 3.

L'utilisation et la maîtrise de ces utilitaires de gestion est l'un des principaux sujets de ce livre. Vous allez vous familiariser avec chacun d'eux.

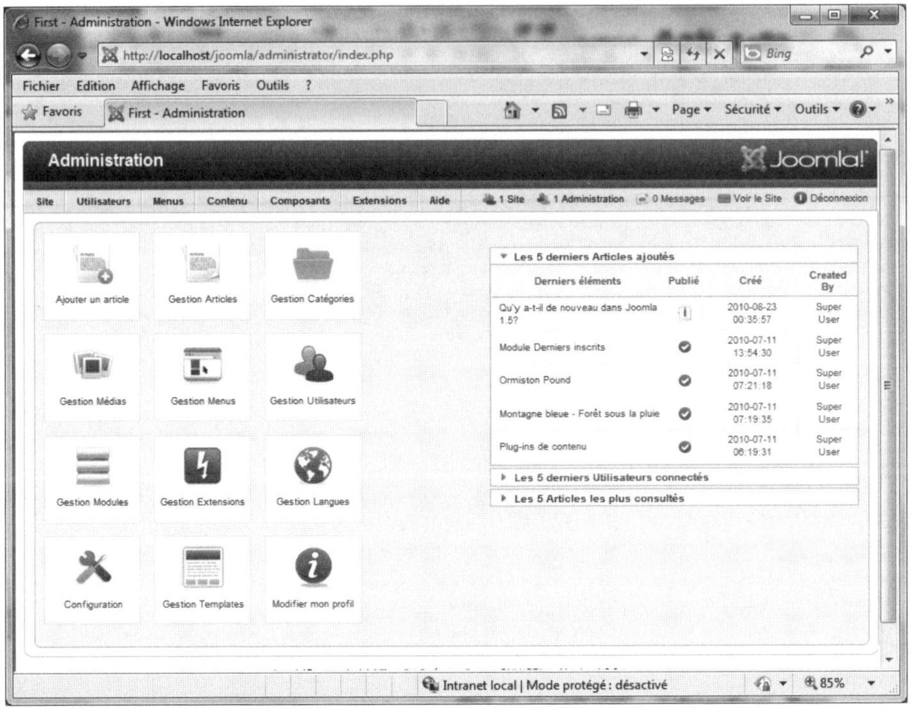

Figure 2.20 : Le panneau d'administration de Joomla.

Chapitre 3

Maîtriser la page d'accueil

Dans ce chapitre :

- Examiner la page d'accueil.
- Se familiariser avec le panneau d'administration.
- Créer et modifier des articles.
- Travailler avec les modules et les menus.

Le meilleur moyen de comprendre comment Joomla fonctionne est de s'y plonger et de commencer à l'utiliser. Dans un premier temps, nul doute que vous voudrez modifier la page d'accueil de votre nouveau site Joomla. C'est bien naturel, même si la page par défaut proposée par Joomla lors de l'installation est plutôt bien construite, vous ne pouvez pas vous en contenter. En tant que concepteur Web, vous êtes bien conscient que vos clients voudront un site totalement personnalisé.

Pour modifier la page d'accueil, vous devez apprendre à la connaître. C'est par là que vous allez commencer.

Examiner la page d'accueil

Jetez un œil à la page d'accueil Joomla par défaut, illustrée par la Figure 3.1, avec les données d'exemples installées.

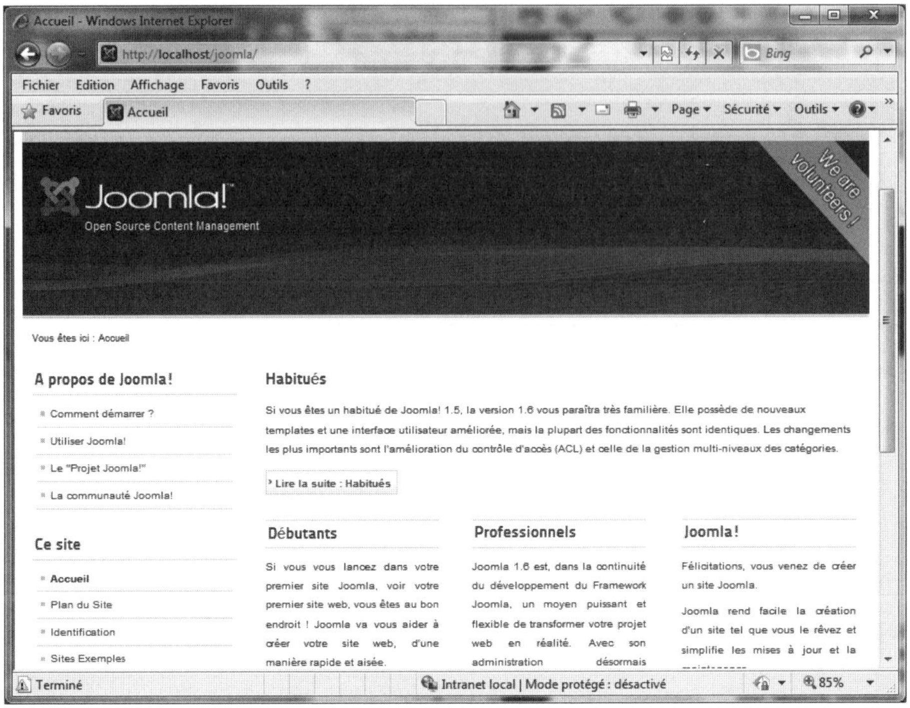

Figure 3.1 : La page d'accueil de Joomla.

Une grande partie des informations de la page d'accueil de Joomla est présentée sous forme de *modules*. Dans la Figure 3.1, par exemple, vous pouvez voir les modules À propos de Joomla!, Ce site et Identification sur le côté gauche de la page. Le haut de la page affiche le module Recherche. Le comportement des menus sur une page Joomla est géré par le module correspondant. Pour repositionner ou modifier ces éléments, il faut utiliser le gestionnaire des modules.

Envie de modifier le contenu de chaque menu ? Si vous voulez modifier le nom des menus, l'ordre des éléments des menus ou les liens des menus, vous devez utiliser le gestionnaire des menus. Si vous le souhaitez, vous pouvez même supprimer un menu dans le gestionnaire des menus ainsi que le module qui l'affiche, dans le gestionnaire des modules.

Intéressons-nous au centre de la page d'accueil, illustrée par la Figure 3.1. Elle contient plusieurs articles : Joomla!, Débutants, Professionnels et Joomla!. Ces articles, tout comme les autres contenus proposés dans le centre d'une page Joomla comme les galeries photos, les vidéos et même les jeux, ne sont pas présentés dans des modules ; ils sont présentés dans ce que Joomla appelle des *com-*

posants. Étant donné que la plupart des sites Web comptent beaucoup d'articles, Joomla les distingue dès lors qu'il s'agit de les administrer et exige qu'ils soient gérés (vous l'aurez deviné) dans le gestionnaire des articles. Les trois gestionnaires (modules, menus et articles) sont disponibles dans le panneau d'administration de Joomla.

La prochaine section explique comment prendre le contrôle de ces gestionnaires pour soumettre Joomla à vos souhaits.

La place du chef : travailler avec le panneau d'administration

Ce que vous observez dans la Figure 3.1 correspond à la vitrine de votre site Joomla. Ces pages sont consultables par les visiteurs. La vitrine du site présente les articles, les menus et les modules aux visiteurs du site qui peuvent, dans certains cas, interagir avec ces éléments. Un travail colossal est nécessaire en arrière-plan pour que Joomla puisse présenter toutes ces informations en vitrine. C'est là que *l'arrière-boutique* de Joomla entre en jeu. Pour accéder à l'arrière-boutique du SGC, vous devez utiliser le panneau d'administration (voir la Figure 3.2). L'installation par défaut de Joomla 1.6 inclut un lien vers le panneau d'administration (Site Administrator), dans le menu Ce site. En cliquant sur ce lien, vous ouvrez la page de connexion à l'administration de Joomla. Pour avoir accès à l'arrière-boutique de Joomla, entrez le nom d'utilisateur et le mot de passe que vous avez choisis lors de l'installation de Joomla sur votre ordinateur ou sur un serveur d'hébergement. Reportez-vous au Chapitre 2 pour un petit rappel.

Si vous n'avez pas installé les exemples de contenu proposés par Joomla lors de l'installation du SGC, vous pouvez tout de même accéder à l'arrière-boutique de votre site Joomla en tapant `www.votresiteweb.com/administrator` dans votre navigateur Web (*votresiteweb* étant le nom de votre site Web, bien sûr).

Pour accéder à l'arrière-boutique du site, vous devez disposer des privilèges de l'administrateur, abordés dans la section suivante. Si vous êtes la personne qui a installé Joomla, le SGC utilise automatiquement les données que vous avez entrées pendant l'installation pour créer ce que Joomla appelle un super administrateur, vous conférant le niveau d'accès et de contrôle le plus élevé sur les

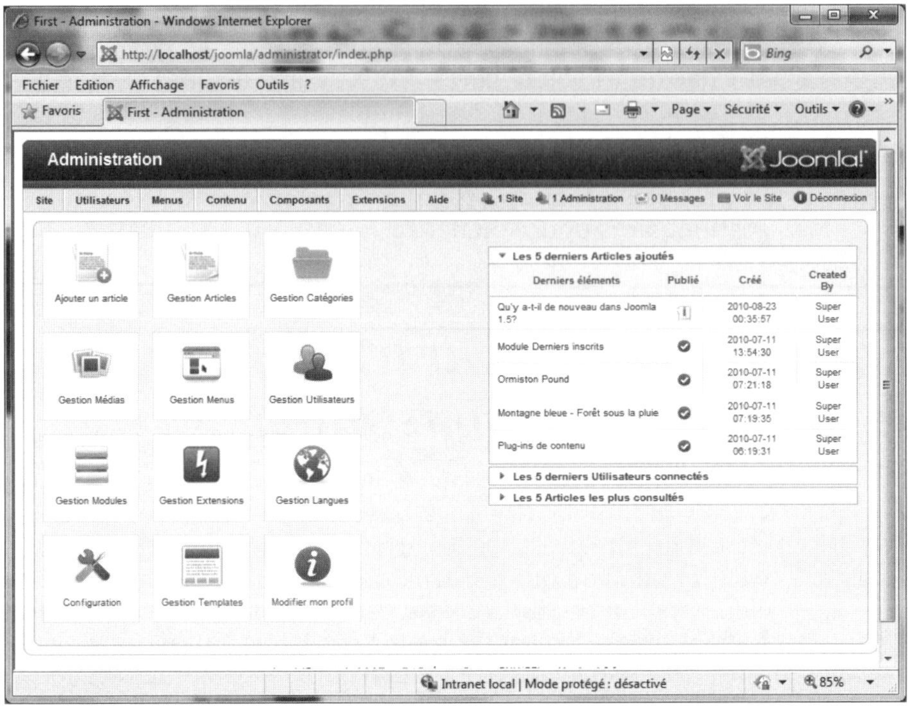

Figure 3.2 : Les icônes de gestion dans le panneau d'administration.

fonctions du site Web. Vous pouvez aussi accorder les privilèges d'administration à d'autres utilisateurs pour qu'ils puissent accéder à l'arrière-boutique de Joomla. Pour en savoir plus sur ce sujet, consultez le Chapitre 10.

Attribuer des privilèges

En tant qu'administrateur, vous pouvez attribuer différents privilèges aux utilisateurs de votre site. Chaque niveau de privilèges offre des possibilités et des ressources différentes. Par exemple, un menu qui apparaît pour les utilisateurs enregistrés (ceux qui se connectent avec un nom d'utilisateur et un mot de passe) peut ne pas être visible pour les visiteurs occasionnels.

Privilèges des utilisateurs

Voici une liste des niveaux d'utilisateurs classés par ordre croissant :

- **Public** : les surfeurs occasionnels.
- **Enregistré** : les surfeurs Web qui se sont enregistrés sur votre site.
- **Auteur** : les utilisateurs qui peuvent proposer des articles.
- **Éditeur** : les utilisateurs qui peuvent proposer et éditer des articles.
- **Rédacteur** : les utilisateurs qui peuvent sélectionner les articles à publier sur votre site.

Notez les caractéristiques des niveaux Auteur, Éditeur et Rédacteur. Joomla encourage les interactions et la contribution à votre site (si bien sûr vous le permettez en attribuant les privilèges adéquats). Ainsi, les auteurs peuvent soumettre de nouveaux contenus sur votre site ; les éditeurs peuvent également proposer du contenu et éditer d'autres propositions. Enfin les rédacteurs peuvent déterminer les contenus qui seront publiés sur votre site.

Vous vous demandez sans doute comment les auteurs, éditeurs et rédacteurs peuvent soumettre, éditer et publier des articles sur votre site sans avoir accès au panneau de contrôle d'administration. En fait, lorsqu'ils se connectent à votre site, Joomla, qui connaît leur niveau de privilège, affiche uniquement pour ces derniers de petites icônes leur permettant de soumettre, d'éditer et de publier des pages.

Privilèges d'administrateur

Joomla propose trois niveaux d'administrateur. Vous pouvez déterminer ces privilèges via la gestion des utilisateurs :

- **Gestionnaire** : utilisateurs ayant accès à certains des éléments du panneau d'administration.
- **Administrateur** : utilisateurs ayant plus de privilèges que les gestionnaires.
- **Super-administrateur** : utilisateurs ayant accès à tous les éléments du panneau de configuration.

Si vous avez installé le site, alors vous êtes le super-administrateur, celui qui dispose de tous les pouvoirs !

TRUC

Pour en savoir plus sur les privilèges des utilisateurs, les niveaux d'accès à l'administration et les niveaux d'utilisateurs, reportez-vous au Chapitre 10.

Se connecter en tant qu'administrateur

Pour vous connecter en tant qu'administrateur, vous disposez de plusieurs options :

- Si Joomla est installé localement (sur votre ordinateur), naviguez jusqu'à l'adresse `http://votresite/administrator`, par exemple, `http://localhost/administrator` ou `http://localhost/xxxx/administrator/` si vous avez installé Joomla dans le répertoire xxxx.
- Si vous avez installé Joomla sur un serveur distant (sur un serveur d'hébergement), naviguez jusqu'à l'adresse `www.votresite.com/administrator`.
- Affichez la page d'accueil par défaut dans votre navigateur et cliquez sur le lien Site Administrator situé dans le menu Ce site.

Quelle que soit l'option que vous utilisez, vous voyez apparaître la page de connexion à l'administration de Joomla. Entrez le nom d'utilisateur et le mot de passe que vous avez choisis lors de l'installation de Joomla. Cliquez sur le bouton de connexion (voir la Figure 3.3).

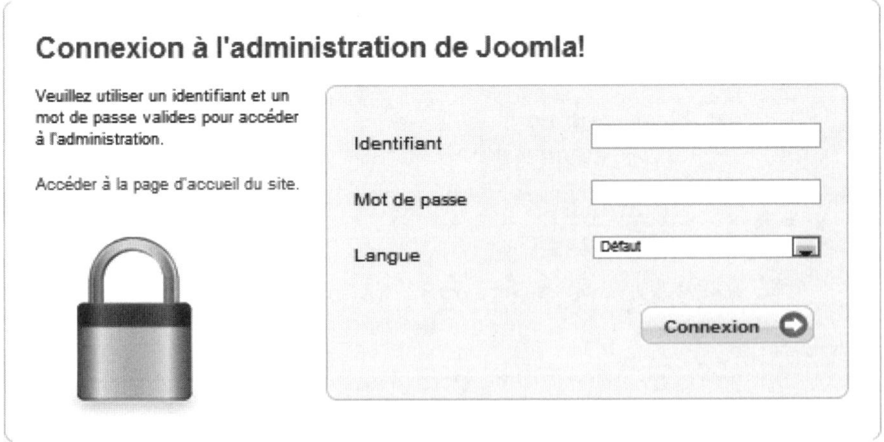

Figure 3.3 : Une connexion en tant qu'administrateur du site.

Lorsque vous êtes connecté, vous pouvez observer le panneau d'administration présentant les icônes des divers gestionnaires (comme dans la Figure 3.2). Super, vous y êtes !

Gérer les gestionnaires

La Figure 3.2 vous permet d'observer certains des gestionnaires disponibles dans le panneau d'administration :

- Gestion Articles
- Gestion Catégories
- Gestion Médias
- Gestion Menus
- Gestion Utilisateurs
- Gestion Modules
- Gestion Extensions
- Gestion Langues
- Configuration

Vous pouvez également sélectionner les gestionnaires suivants dans le menu déroulant Extensions situé en haut de la page.

- Gestion Plug-ins
- Gestion Templates

Maintenant que vous vous êtes familiarisé avec le panneau d'administration, vous êtes en mesure d'utiliser cette technologie pour créer un article à afficher en plein centre de votre page d'accueil.

Créer des articles

Pour créer un nouvel article, cliquez sur l'icône Ajouter un article (voir la Figure 3.2) dans le panneau d'administration. Vous pouvez aussi cliquer sur le menu Contenu/Gestion des articles/Ajouter un nouvel article ou sur l'icône Gestion Articles puis sur le bouton Nouveau.

Joomla ouvre alors la page Ajouter un article, comme le montre la Figure 3.4.

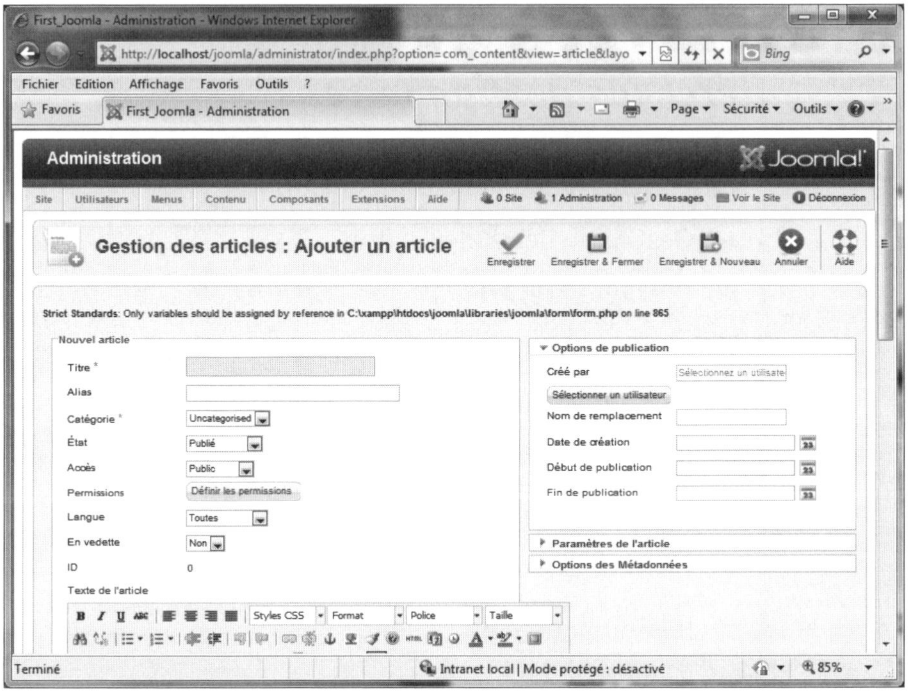

Figure 3.4 : Créer un nouvel article dans cette page.

Cette page est un éditeur WYSIWYG (la page affichée correspond exactement au résultat) et non un éditeur HTML. Vous pouvez entrer ici vos textes (et vos images) ; aucune connaissance du HTML n'est requise.

NOTE TECHNIQUE

Si vous êtes accroc au HTML, vous pouvez éditer le HTML brut d'un article directement dans cette page. Pour cela, cliquez sur le bouton Basculer l'éditeur, sous la section Texte de l'article et codez à votre guise. Inutile de préciser que si le code HTML est malveillant, Joomla s'en débarrasse par mesure de précaution.

Créer un nouvel article

Pour créer un nouvel article dans la page d'accueil, suivez ces étapes :

1. **Cliquez sur l'icône Ajouter un article dans le panneau d'administration (voir la Figure 3.2).**

La page Ajouter un article s'ouvre (voir la Figure 3.4).

2. **Entrez le titre de l'article dans la zone Titre.**

   Pour cet exemple, entrez « Bienvenue sur mon site ».

3. **Sélectionnez Non catégorisé dans le menu déroulant Catégorie.**

   Vous pouvez gérer l'organisation de votre site avec des catégories. Nous abordons ce sujet dans le Chapitre 4. Pour le moment, nous n'attribuons pas de catégorie à ce nouvel article.

4. **Entrez le texte dans la zone Texte de l'article et utilisez les boutons de la barre d'outils pour sa mise en forme.**

   Pour cet exemple, entrez le texte suivant :

   « Bienvenue sur mon site. L'aimez-vous ? Il utilise Joomla! 1.6 pour la gestion du contenu. Joomla! se charge des détails de présentation et vous permet de vous concentrer sur l'écriture du contenu du site. Aucune connaissance du HTML ou des feuilles de style n'est nécessaire. *Plutôt sympa, non ?* »

5. **Pour publier cet article sur la page d'accueil, sélectionnez Oui dans le menu déroulant En vedette.**

6. **Cliquez sur le bouton Enregistrer dans la barre d'outils de la page.**

   Joomla affiche un message indiquant que l'article a été enregistré avec succès (voir la Figure 3.5).

Le bouton Enregistrer indique à Joomla d'enregistrer l'article. Le bouton Enregistrer & Fermer lui indique d'enregistrer l'article et de fermer la page. Lorsque vous cliquez sur Enregistrer, notez que la page n'est plus intitulée Ajouter un article mais Modifier un article. Pas de panique : Joomla a simplement enregistré votre travail sous forme de données stockées dans sa base de données, en attente d'être utilisées.

7. **Vous pouvez visualiser votre article dans une nouvelle fenêtre en cliquant sur le lien Voir le Site, situé à côté du bouton Déconnexion, dans l'angle supérieur droit de la page.**

8. **Cliquez sur le bouton Fermer pour fermer l'article.**

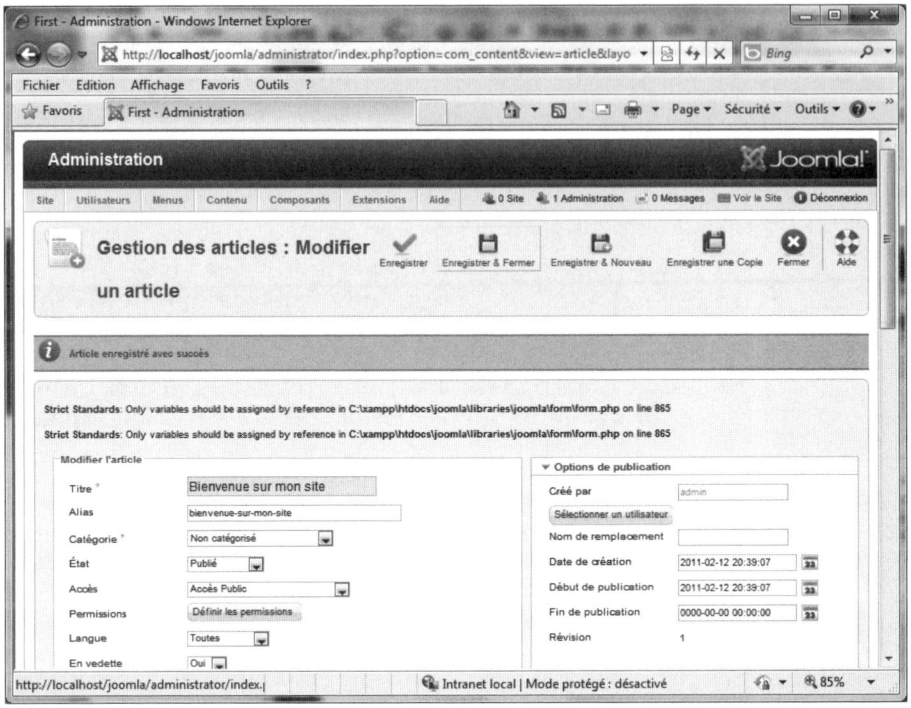

Figure 3.5 : Enregistrer les modifications d'un nouvel article.

Rendez-vous sur la page d'accueil de votre site (voir la Figure 3.6) pour visualiser l'article. Félicitations ! Vous venez de publier votre premier article.

Si le titre de l'article ne vous convient pas, vous pouvez le modifier. Les sections suivantes vous expliquent comment procéder.

Modifier le titre d'un article

Avant de modifier quoi que ce soit sur la page d'accueil (ou n'importe où sur votre site Joomla), vous devez bien comprendre comment Joomla fonctionne. Il est très important de savoir comment les articles sont présentés. Dans Joomla, les pages n'existent pas avant d'être interrogées, c'est-à-dire quand leur contenu est extrait de la base de données, mis en forme et affiché.

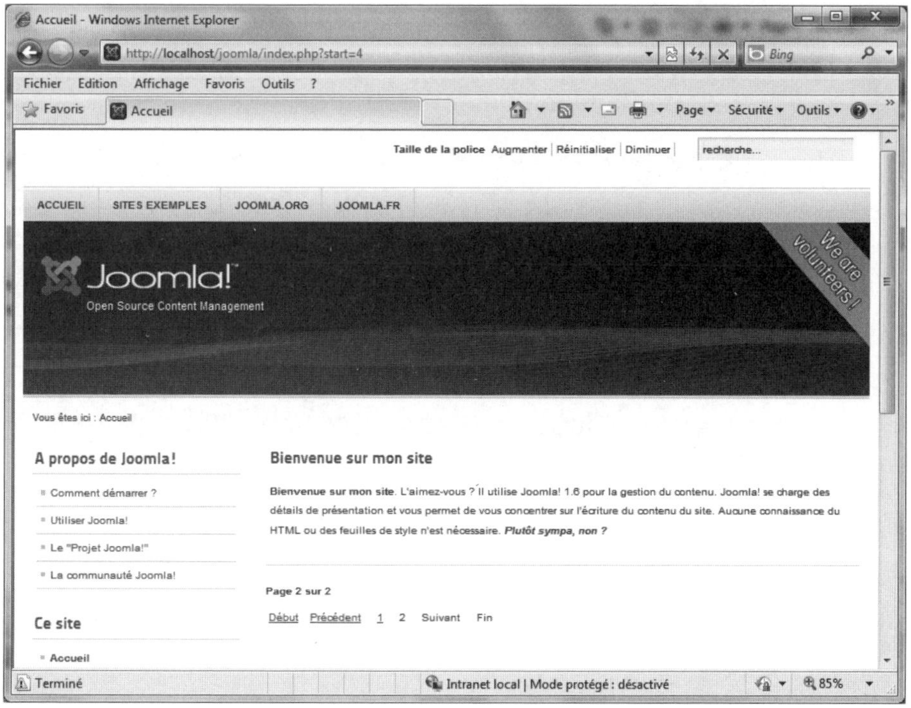

Figure 3.6 : Le nouvel article sur la page d'accueil de votre site.

Comprendre les liens article/menu

Les éléments de menu sont associés aux articles. Dans Joomla, un article doit exister avant qu'un élément de menu ne puisse être créé. De la même manière, un élément de menu ne peut pas être créé pour être associé à un article qui n'a lui-même pas encore été créé. Dans Joomla, les choix que vous faites quand vous interagissez avec les menus indiquent à Joomla ce qu'il doit extraire de la base de données.

N'OUBLIEZ PAS

C'est un point crucial à retenir avec Joomla : les éléments de menu indiquent à la fois les articles à afficher sur le site Web et la disposition de ces articles. De nombreux systèmes de gestion de contenu fonctionnent de cette façon.

Modifier le titre d'un article

Alors, comment modifier le titre des articles dans Joomla ? La réponse est simple : ouvrez l'article et modifiez le texte de la zone Titre. Il n'y a pas plus simple.

Pour modifier le titre d'un article, agissez comme suit :

1. **Dans n'importe quelle page d'administration, sélectionnez Site/Panneau d'administration.**

2. **Cliquez sur l'icône Gestion Articles.**

   La page Articles s'ouvre (voir la Figure 3.7).

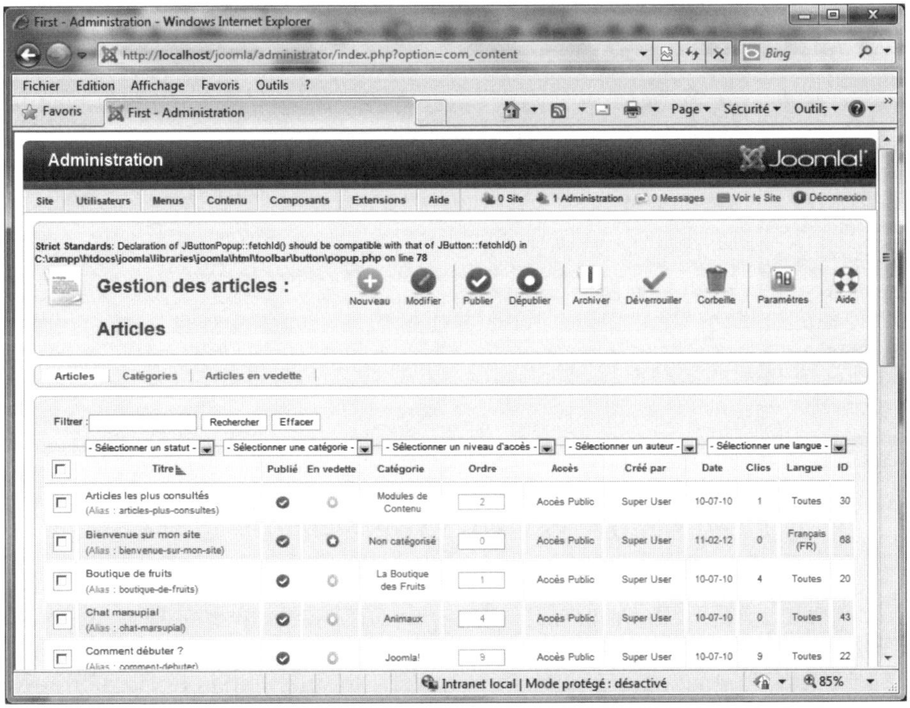

Figure 3.7 : La page Articles.

3. **Repérez l'article à renommer. Faites défiler les articles ou entrez le titre de l'article dans la zone de texte Filtrer, dans l'angle supérieur gauche de la page et cliquez sur Rechercher.**

   Pour notre exemple, entrez « Bienvenue sur mon site » dans la zone de texte Filtrer et cliquez sur Rechercher.

   Si vous avez opté pour la recherche, les résultats s'affichent dans la gestion des articles, comme le montre la Figure 3.8.

4. **Cliquez sur le titre de l'article.**

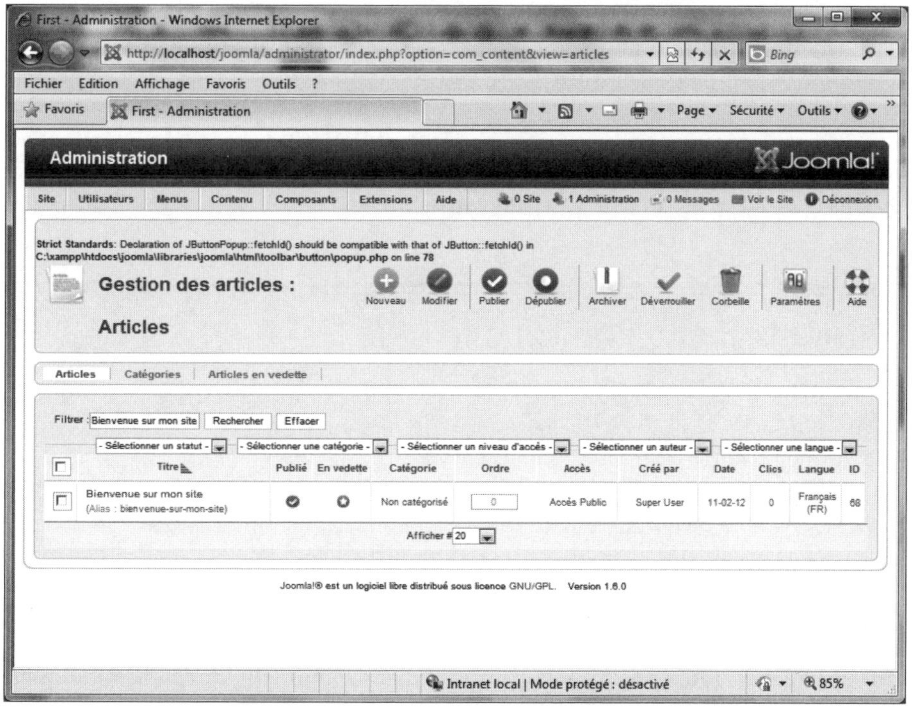

Figure 3.8 : Résultats de la recherche dans la gestion des articles.

La page Modifier un article s'ouvre et affiche l'article (voir la Figure 3.9).

5. **Entrez un nouveau titre dans la zone de texte Titre.**

   Pour l'exemple, entrez « Ceci est mon site ».

6. **Cliquez sur le bouton Enregistrer & Fermer dans la barre d'outils.**

   Joomla rebascule dans la page Articles. Pensez à cliquer sur le bouton Effacer de la zone Filtrer pour pouvoir rechercher l'article que vous venez de renommer.

7. **Cliquez sur le lien Voir le Site.**

   Le titre de l'article a été modifié, comme le montre la Figure 3.10.

ATTENTION !

Plus le délai de déconnexion de votre session est important, plus le risque de sécurité est élevé. Si vous ne déconnectez pas votre session d'administration, Joomla la déconnecte automatiquement. Entre le moment où vous fermez votre navigateur et la déconnexion de la session, votre session est toujours ouverte. Théoriquement, votre session peut être piratée pendant ce laps de temps. Si vous modifiez les paramètres de déconnexion de session, faites-le raisonnablement. Quel que soit le délai de déconnexion, pensez TOUJOURS à vous déconnecter avant de quitter votre site Joomla. N'hésitez pas à transmettre l'information à vos utilisateurs.

Quand Joomla ne répond plus

Un des aspects ennuyeux du travail avec Joomla provient du fait qu'il se déconnecte après 15 minutes sans activité, vous invitant à vous connecter de nouveau. Cela arrive bien plus souvent qu'on ne l'imagine. Il vous arrivera fréquemment, par exemple, de travailler sur autre chose en conservant une fenêtre ouverte de votre site et lorsque vous reviendrez à l'administration de Joomla, vous serez invité à vous reconnecter. Heureusement, quand vous êtes déconnecté inopinément, Joomla 1.6 fait son possible pour vous reconnecter là où vous étiez en train de travailler.

Vous pouvez modifier le délai de déconnexion en suivant ces étapes :

1. **Sélectionnez Site/Configuration dans n'importe quelle page d'administration de votre site pour ouvrir la page Configuration.**
2. **Cliquez sur l'onglet Système situé en haut de la page.**
3. **Dans la section Configuration des sessions, modifiez le paramètre Durée.**

   Indiquez, par exemple, 60 (minutes) si vous ne voulez pas être constamment déconnecté.
4. **Cliquez sur Enregistrer & Fermer.**

Adapter les modules

La plupart des éléments de la page d'accueil de votre site sont des modules ; même le formulaire de connexion est un module. Vous pouvez gérer tous ces éléments avec le gestionnaire de modules (voir la Figure 3.11). Pour y accéder, cliquez sur l'icône Gestion Modules dans votre panneau d'administration ou sélectionnez Extensions/Gestion des modules dans n'importe quelle page d'administration de votre site.

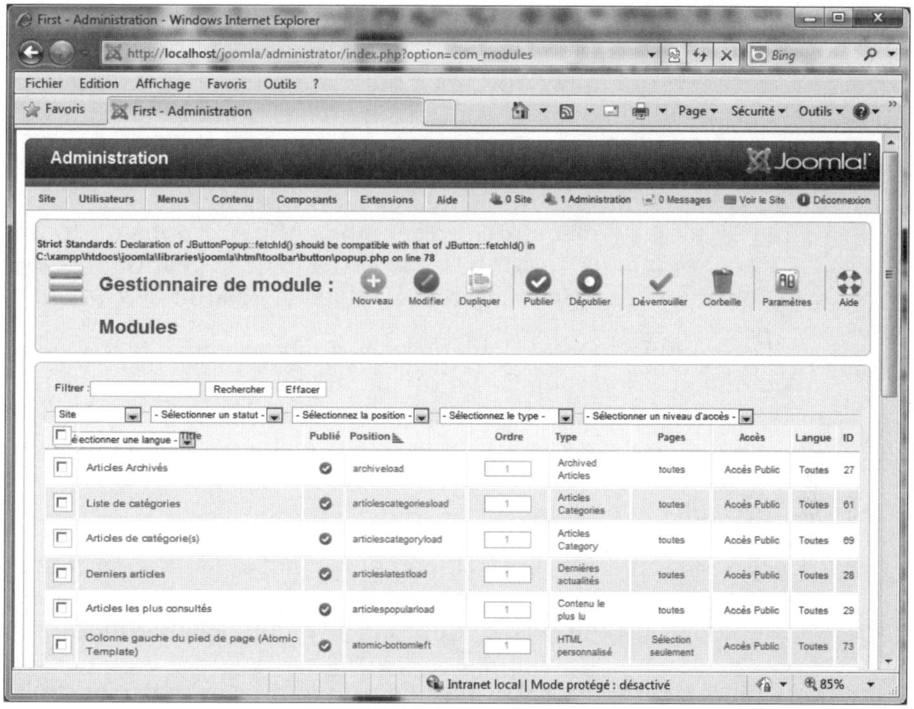

Figure 3.11 : La gestion des modules.

Explorer la gestion des modules

Notez le menu déroulant en haut de la page illustrée par la Figure 3.11, spécifiant Site (paramètre par défaut). L'autre option de ce menu est Administrateur. En d'autres termes, ce menu vous permet de choisir l'un des deux jeux de modules : l'un destiné au site proprement dit (c'est-à-dire la vitrine) et l'autre à l'administration (c'est-à-dire l'arrière-boutique).

TRUC

Lorsque vous êtes en mode de modification d'articles, les menus déroulants sont inactifs. Pour en sortir et activer les menus déroulants, cliquez sur Fermer. N'oubliez pas d'enregistrer votre travail avant de fermer la page !

Utilisez la barre de défilement de votre navigateur pour explorer la gestion des modules. Au moment où ce livre est écrit, 61 modules sont installés comme données d'exemples de l'installation Joomla mais l'installation par défaut de Joomla n'en met que 4 en avant. Pour observer tous les modules disponibles, allez jusqu'au bas de la page et sélectionnez Toutes dans le menu déroulant Afficher. Par défaut, Joomla affiche seulement 20 modules par page. Notez que vous disposez de quelques options d'affichage. Grâce au menu Afficher, vous pouvez, par exemple, contraindre la gestion des modules d'afficher entre 5 et 100 modules par page. À vous de choisir.

En observant le contenu de la gestion des modules, notez également la présence d'éléments de menu tels que À propos de Joomla! et Ce site. Les menus ne sont-ils pas gérés dans la gestion des *menus* ? Pourquoi ces menus figurent-ils dans la gestion des *modules* ?

Les modules gèrent l'affichage des menus. Ainsi, lorsque vous voulez modifier les paramètres d'un menu en tant que tel, vous utilisez la gestion des modules. Cependant, lorsque vous voulez travailler uniquement avec la structure et les éléments contenus dans un menu, vous utilisez la gestion des menus. Cette règle est indispensable pour travailler avec Joomla.

Observez maintenant le menu déroulant Sélectionner un niveau d'accès qui indique le niveau utilisateur requis pour visualiser des modules spécifiques. Cliquez sur le menu Sélectionner un niveau d'accès et sélectionnez Enregistrés. La page est actualisée et affiche tous les modules du SGC que les membres enregistrés de votre site sont autorisés à visualiser. Pour plus d'informations sur les utilisateurs et leurs privilèges, reportez-vous à la section « Attribuer des privilèges », plus haut dans ce chapitre.

En parcourant les modules, vous remarquez la présence des modules À propos de Joomla! et Identification. Ils figurent tous deux sur la page d'accueil de votre site. Nous supposons que vous voulez les supprimer. Comment faire pour les supprimer ?

Masquer et supprimer des modules

Pour masquer un module, vous devez le dépublier. Pour ce faire, cliquez sur l'encoche verte de la colonne Publié du module concerné. Pour dépublier plusieurs modules en même temps, cochez la case située à gauche du nom des modules et cliquez sur l'icône Dépublier rouge et blanche, en haut de la page. Si vous ne voyez pas les modules à dépublier, naviguez dans les pages de la gestion des modules jusqu'à ce que vous les trouviez.

Faites un essai : cochez la case des modules À propos de Joomla! et Identification. Cliquez ensuite sur l'icône Dépublier en haut de la page. La gestion des modules indique que les deux modules sont dépubliés, comme le montre la Figure 3.12.

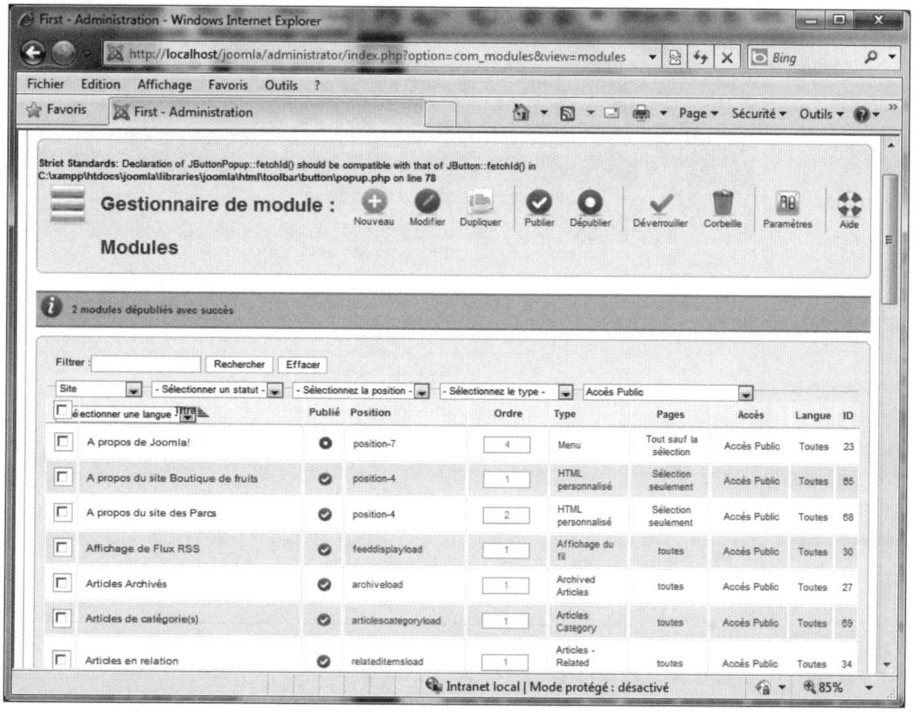

Figure 3.12 : Modules dépubliés.

Vous avez dépublié les modules À propos de Joomla! et Identification mais sont-ils vraiment masqués ? Oui. Cliquez sur le lien Voir le Site dans la gestion des modules pour ouvrir un aperçu de votre site dans une nouvelle fenêtre ou un nouvel onglet de votre navigateur. Comme vous pouvez le voir sur la Figure 3.13, la page n'affiche plus ces modules.

Pour supprimer complètement un module (et pas simplement le masquer), cochez la case correspondante dans la gestion des modules et cliquez sur le bouton Corbeille situé en haut de la page.

Dans la prochaine section, vous allez personnaliser votre site en travaillant avec les menus.

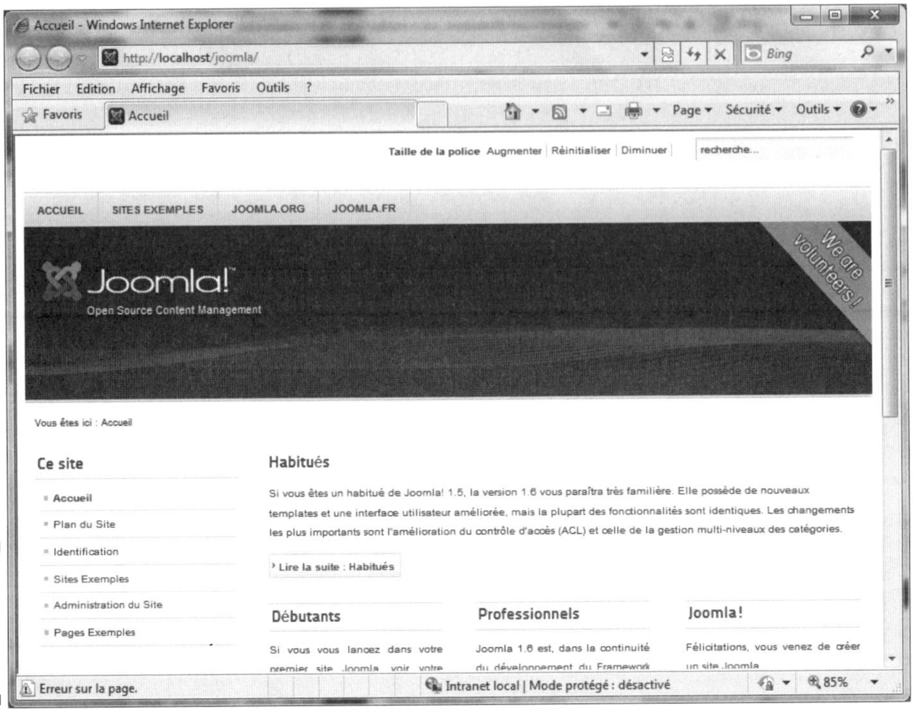

Figure 3.13 : La page d'accueil mise à jour.

Modifier les menus

Le module Ce site de la page d'accueil contient un élément Sites Exemples. Il s'agit d'un élément permettant aux administrateurs de visualiser des exemples de sites mais il n'y a aucun intérêt à le conserver dans le menu.

Alors, comment modifier un menu ? Si vous pensez à la gestion des menus, vous avez gagné. Rendez-vous dans le panneau d'administration (en vous connectant à l'administration ou en sélectionnant Site/Panneau d'administration sur n'importe quelle page d'administration du site) puis ouvrez la gestion des menus (voir la Figure 3.14).

Par défaut, l'installation de Joomla propose les menus suivants :

- Menu Membre
- Menu Haut

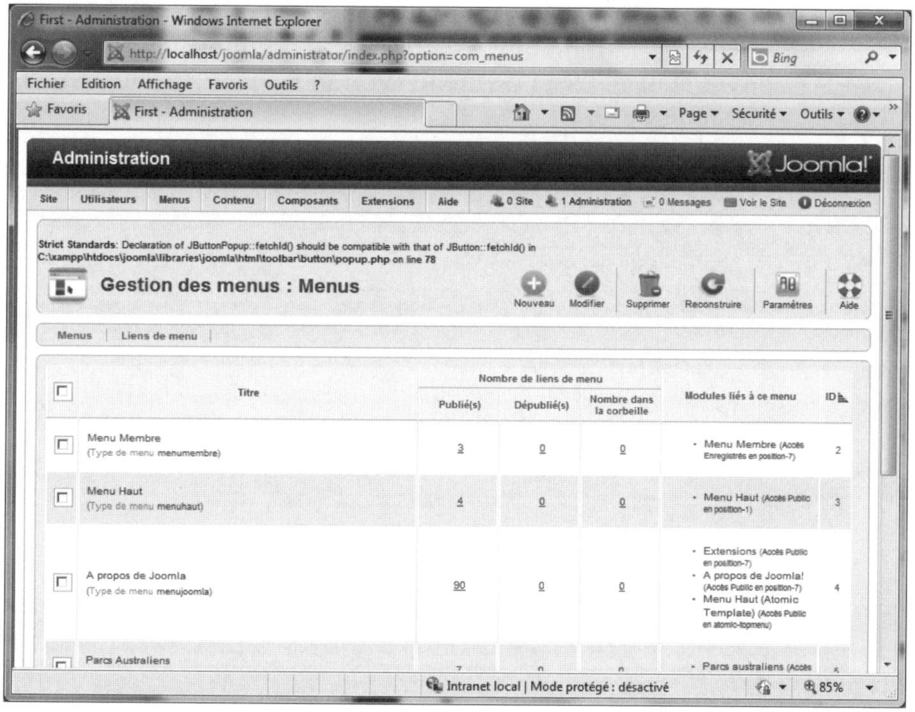

Figure 3.14 : La gestion des menus.

- À propos de Joomla
- Parcs Australiens
- Menu Principal
- Boutique de fruits

Si vous n'avez pas inclus les données d'exemples lors de l'installation, Joomla présente seulement le menu Menu Principal qui contient un élément appelé Accueil.

Supprimer des menus

Votre tâche consiste à supprimer l'élément Sites Exemples du menu Ce site. Intuitivement, vous seriez tenté de travailler avec le menu Ce site, n'est-ce pas ? En fait, Joomla ne fonctionne pas ainsi. Avec Joomla, plusieurs modules peuvent pointer le même menu. Dans notre exemple, le nom du module avec lequel vous allez travailler est Menu Principal. Pour supprimer le menu, utilisez la gestion des menus.

Cliquez sur Menus/Gestion des menus dans n'importe quelle page d'administration. Cliquez ensuite sur Menu Principal. Cette action ouvre la page Liens de menu (voir la Figure 3.15) qui liste les éléments du menu Ce site.

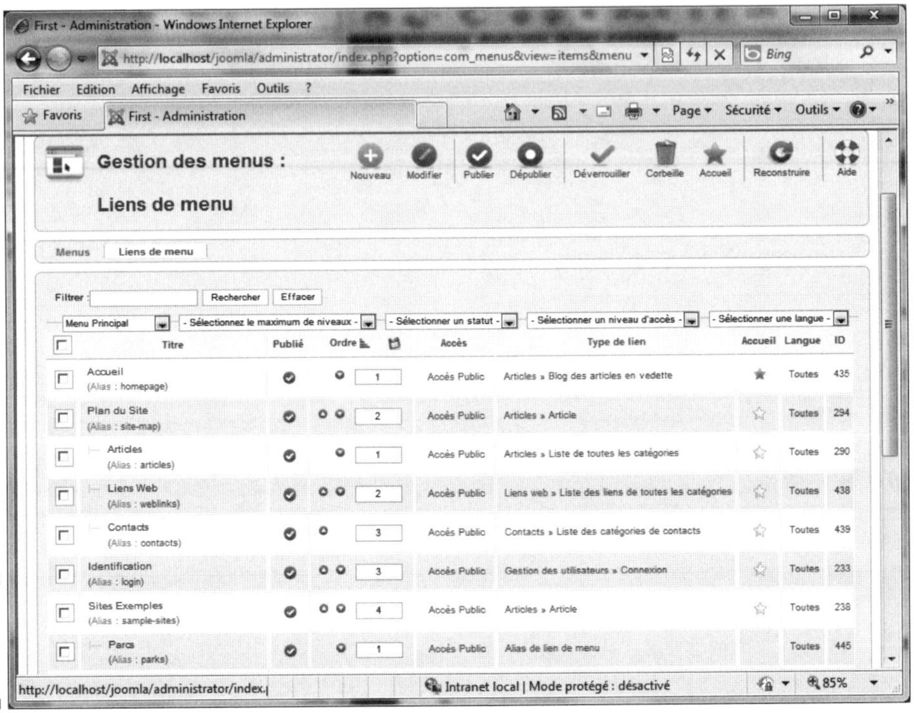

Figure 3.15 : Page Liens de menu.

Par défaut, les éléments suivants figurent dans le menu Ce site :

- Accueil
- Plan du Site
- |_Articles
- |_Liens Web
- |_Contacts
- Identification
- Sites Exemples
- |_Parcs

- |_Boutique
- Administration du Site
- Pages Exemples

N'OUBLIEZ PAS

Notez que l'élément de menu Articles est précédé d'une barre verticale et d'un tiret bas (|_). Ces caractères signifient que Articles est un sous-menu de l'élément précédent, Plan du Site.

Pour supprimer ou *dépublier* un élément de menu, sélectionnez la case à cocher correspondante dans la gestion des menus et cliquez sur le bouton Dépublier en haut de la page. Pour notre exemple, cochez la case en regard de Sites Exemples et cliquez sur Dépublier. Lorsque vous retournez sur la page d'accueil, cet élément de menu n'apparaît plus dans le menu Ce site, comme le montre la Figure 3.16.

Dans le Chapitre 4, nous verrons comment créer de nouveaux éléments de menu. Pour le moment, nous allons apprendre à les renommer.

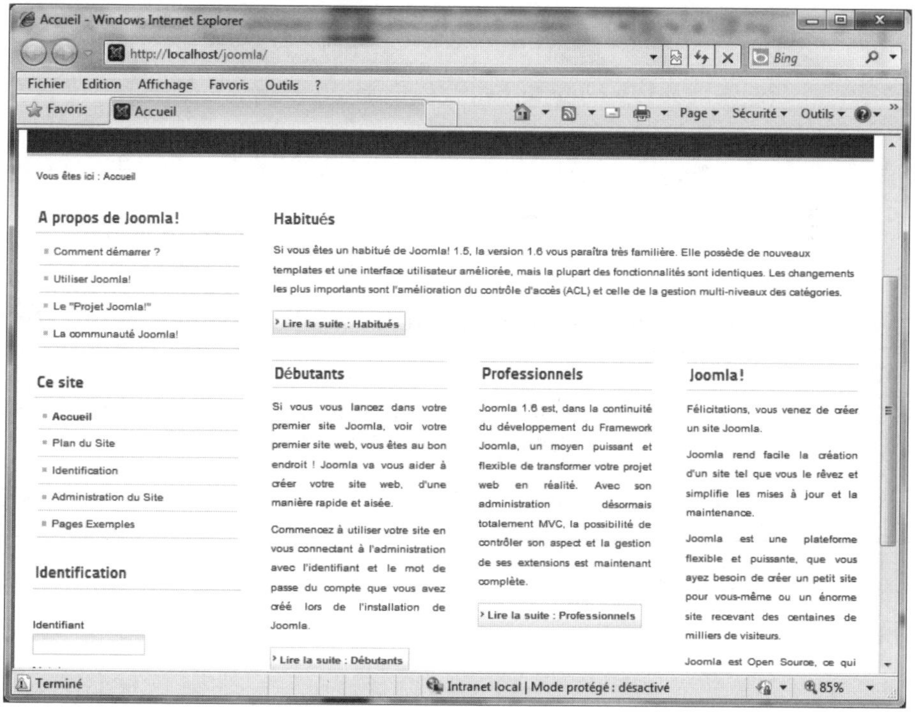

Figure 3.16 : Supprimer un élément de menu.

Renommer des menus

Le menu Ce site de la page d'accueil est installé par défaut avec Joomla. Pourquoi ne pas le renommer ?

Pour modifier le nom d'un menu, il faut utiliser la gestion des modules et non la gestion des menus (les menus sont affichés dans des modules, souvenez-vous !). Suivez ces étapes :

1. **Sélectionnez Extension/Gestion des modules sur n'importe quelle page d'administration.**

   La gestion des modules s'ouvre.

2. **Sélectionnez le module à renommer.**

   Pour notre exemple, sélectionnez Ce site. Le module sélectionné s'ouvre dans le gestionnaire des modules.

3. **Dans la section Détails, entrez le nouveau nom dans la zone Titre.**

   Pour cet exemple, entrez « Élément Joomla ».

4. **Cliquez sur le bouton Enregistrer.**

   Joomla affiche un message confirmant l'enregistrement (voir la Figure 3.17).

5. **Cliquez sur le bouton Fermer en haut de la page pour retourner dans la gestion des modules.**

6. **Cliquez sur Voir le Site pour observer la modification dans le site.**

   Le menu renommé (qui est un module) apparaît dans le site, comme vous pouvez le voir sur la Figure 3.18.

Vous êtes maintenant à l'aise avec la gestion de la page d'accueil puisque vous connaissez la différence entre la gestion des menus et la gestion des modules. Nous allons à présent nous intéresser à la gestion des articles.

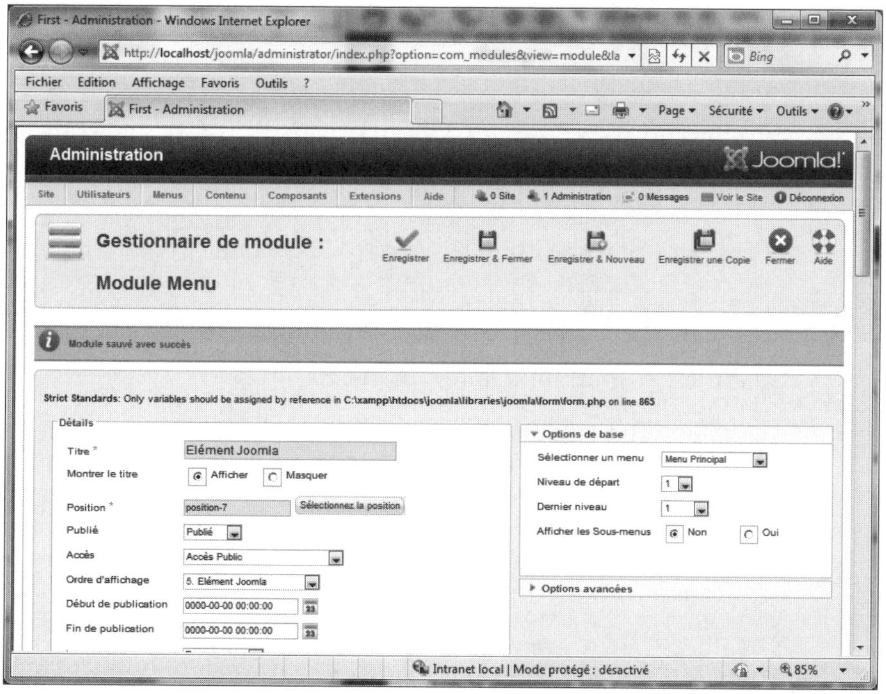

Figure 3.17 : Modifier un module dans la gestion des modules.

Figure 3.18 : Un module renommé.

Supprimer des articles

Notez, dans la page d'accueil, la présence de l'article Débutants. Nul doute que vous souhaitez montrer aux visiteurs de votre site que vous êtes un expert Joomla. La présence d'un article pour débutants sur votre page d'accueil risque de ternir cette image. Supprimons-le !

Plus haut dans ce chapitre (dans la section « Créer un nouvel article »), nous avons vu comment ajouter un nouvel article en utilisant la fonctionnalité Ajouter un article. De la même manière, Joomla ne dispose pas de fonctionnalité Supprimer un ancien article. Alors, comment faire pour supprimer un article ?

La démarche est identique à celle permettant de modifier le titre d'un article (sujet traité plus haut dans ce chapitre). Il faut utiliser la gestion des articles (voir la Figure 3.19). Pour ouvrir la gestion des articles, cliquez sur son icône dans le panneau d'administration ou sélectionnez Contenu/Gestion des articles dans n'importe quelle page d'administration.

TRUC

Avant de lancer une recherche dans Joomla, vérifiez si vous avez bien vidé la zone de recherche depuis la dernière utilisation de la fonction intégrée dans le SGC. En cas d'oubli, votre recherche risque de prendre beaucoup plus de temps et vous pourriez vous énerver pour rien !

Observer les articles

Par défaut, la gestion des articles affiche les informations suivantes sur les articles :

- **Titre** : spécifie le titre de l'article.
- **Publié** : indique si l'article a été publié.
- **En vedette** : indique si l'article figure en vedette.
- **Catégorie** : précise la catégorie de l'article.
- **Accès** : indique qui peut voir cet article. Par exemple, Public signifie tout le monde et Enregistrés désigne les utilisateurs enregistrés.
- **Créé par** : indique l'auteur de l'article.
- **Date** : spécifie la date de création de l'article.

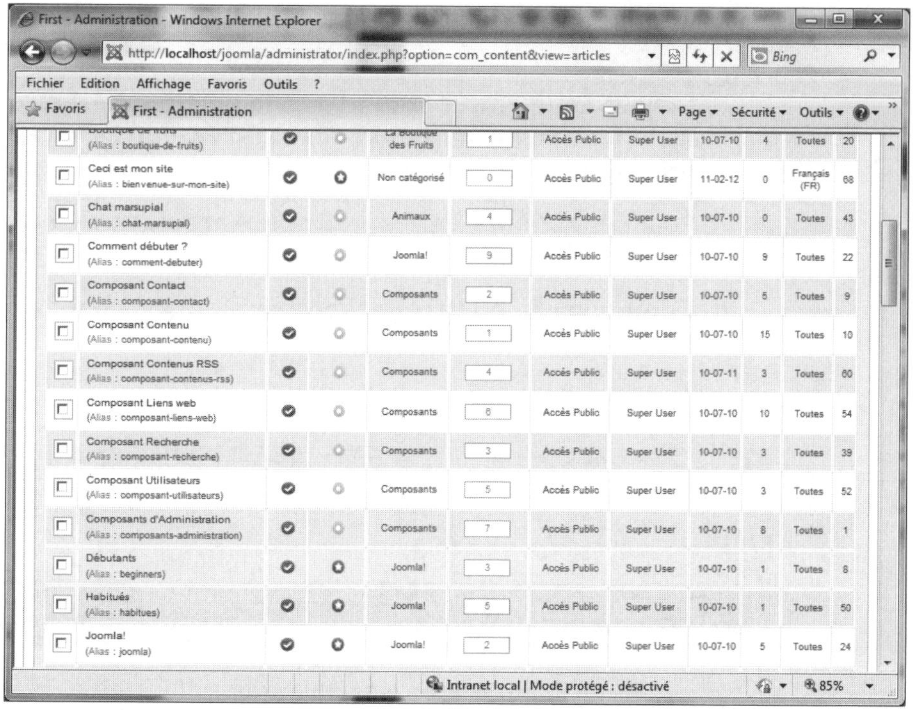

Figure 3.19 : La gestion des articles.

- **Clics** : indique le nombre de clics sur l'article.
- **Langue** : précise la langue de rédaction de l'article.
- **ID** : affiche le numéro d'identification interne à Joomla de cet article.

Les deux informations les plus utiles pour vous sont État et En vedette. En effet, État indique si l'article est visible sur votre site et En vedette précise si l'article est visible sur votre site, à un endroit où il est mis en valeur, comme la page d'accueil.

Filtrer les articles

De nombreux articles sont fournis lors de l'installation de Joomla mais leur nombre n'est rien comparé à celui d'un site fonctionnant sous Joomla depuis plusieurs années. Il vous faudra peut-être rechercher un article parmi des milliers d'autres avant de trouver celui que vous souhaitez gérer dans la gestion des articles. C'est pourquoi il vaut mieux filtrer les articles.

Pour filtrer les articles affichés dans la gestion des articles, suivez ces étapes :

1. **Dans la zone Filtrer située dans la partie supérieure gauche de la fenêtre de la gestion des articles, entrez le critère de filtre (tel que le titre de l'article).**

   Pour cet exemple, entrez le titre de l'article que vous recherchez : « Débutants ».

2. **Cliquez sur le bouton Rechercher situé à côté de la zone de texte.**

   Joomla affiche les résultats filtrés (voir la Figure 3.20).

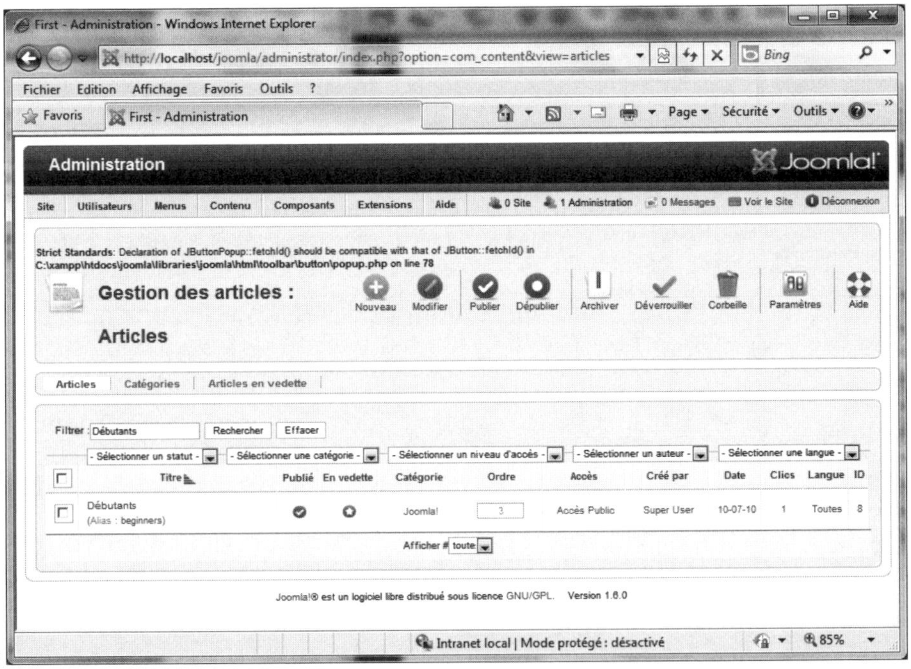

Figure 3.20 : Résultats filtrés dans la gestion des articles.

Bravo ! Vous avez trouvé l'article avec lequel vous voulez travailler.

Dépublier des articles

Pour dépublier un article, cliquez simplement sur l'encoche verte de la colonne Publié. Pour cet exemple, votre tâche consiste à dépublier l'article « Débutants ». Pour cela, cliquez sur l'encoche verte de la colonne Publié se transforme alors en cercle rouge.

Lorsque vous observez la page dans un navigateur, cet article n'y figure plus. Dans la Figure 3.21, un article intitulé « Professionnels » a pris la place de l'article « Débutants ». Vous pouvez définir l'ordre des articles dans la gestion des articles (reportez-vous au Chapitre 4 pour plus de détails).

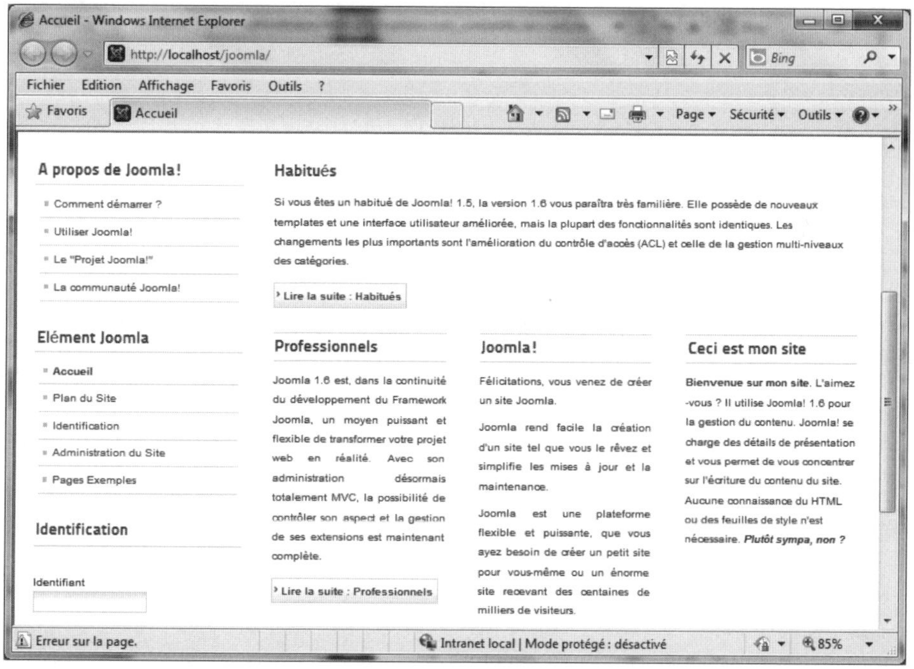

Figure 3.21 : La page d'accueil mise à jour après avoir dépublié un article.

Deuxième partie

Joomla à l'œuvre

Dans cette partie...

Nous entrons dans le vif du sujet. Dans cette partie, vous allez acquérir les compétences pour créer et publier un site Joomla et le maintenir jour après jour.

Nous commençons par créer et mettre en page de nouvelles pages Web. Puis, nous vous expliquons comment créer des éléments de menu qui pointent vers ces nouvelles pages Web ; avec Joomla, vous ne pouvez pas avoir de pages Web sans éléments de menu pointant vers elles. Enfin, nous terminons par une présentation approfondie des tenants et des aboutissants de la publication des pages Web sur votre site.

Chapitre 4

Ajouter des pages Web à son site

Dans ce chapitre :

- Travailler avec les catégories.
- Créer de nouveaux articles.
- Faire pointer des éléments du menu vers des articles.
- Réorganiser les menus du site.
- Ajouter des liens Lire la suite.
- Modifier l'ordre des articles.

Dans le Chapitre 3, nous avons vu comment créer des articles non catégorisés et comment les afficher sur la page d'accueil. La création de pages Web supplémentaires relève d'un processus différent. Ce que vous écrivez pour ces pages n'est pas visible sur la page d'accueil mais doit être associé à un lien sous la forme d'un élément de menu.

Dans ce chapitre, vous allez découvrir comment créer des articles qui n'apparaissent pas sur la page d'accueil. Vous commencerez par créer un article sans catégorie puis créerez de nouvelles catégories pour un site Web. Enfin, nous verrons comment placer un article dans une section et une catégorie spécifique et comment lui ajouter un lien.

Mais, en premier lieu, vous devez comprendre comment les pages Web sont organisées dans Joomla.

Comprendre la structure des sites Web Joomla

Lorsque la taille d'un site augmente, l'organisation devient un point de plus en plus crucial. C'est pourquoi Joomla utilise des catégories.

Faites l'effort de classer vos articles dans des catégories. Pour le moment, votre site se porte très bien avec quelques articles non catégorisés mais lorsqu'il commencera à grandir, les masses d'articles non catégorisés deviendront vite votre cauchemar.

Il peut être utile de se représenter un site Joomla comme un bureau, une catégorie comme un dossier de ce bureau et un article comme une feuille de papier.

Imaginez que vous travaillez dans un cabinet d'avocats. Au début de votre activité, vous avez peu de clients et pouvez conserver toutes les feuilles de papier de vos cas sur votre bureau. Cependant, avec le temps, vous allez vite être submergé. Vous avez tout intérêt à organiser vos feuilles de papier dans des dossiers que vous rangez dans votre bureau de sorte à les retrouver facilement. Pour une organisation plus en profondeur, vous pouvez même ranger vos dossiers dans d'autres dossiers en subdivisant le contenu pour pouvoir mieux le gérer.

De même, organiser son site en catégories est la solution idéale non seulement d'un point de vue de l'administration mais aussi pour la vitrine du site. En organisant votre site en catégories, vous le rendez plus convivial. Si votre site est plus convivial, les utilisateurs auront plus tendance à y revenir, ce qui constitue une raison suffisante pour se donner la peine de créer des catégories.

Créer des catégories

Supposez que vous ayez un client nommé SuperHyperMegaCorp dont les trois produits phares sont les glaces, les sandwichs et les charentaises. Les personnes qui naviguent sur le site de cette entreprise à la recherche d'informations sur les charentaises ne sont probablement pas intéressées par les promotions sur les glaces. Il est donc judicieux de diviser les pages Web de ce site en trois catégories, une pour chaque produit :

```
SuperHyperMegaCorp
|
|__Glaces
|
|__Sandwichs
|
|__Charentaises
```

De cette manière, les visiteurs peuvent accéder indépendamment aux pages de chaque section.

Catégories imbriquées

Une *catégorie imbriquée* désigne une catégorie dans une catégorie. Dans l'exemple SuperHyperMegaCorp de la section précédente, vous pouvez diviser la catégorie Glaces en catégories imbriquées : Esquimaux, Cônes, Barres glacées. De même vous pouvez diviser la section Sandwichs en trois catégories imbriquées : Baguettes, Club, Pain de mie. Enfin, vous pouvez diviser la section Charentaises en trois catégories : Standard, Confort, Super Luxe.

TRUC

Dans les anciennes versions de Joomla, le nombre de catégories imbriquées (alors appelées « sous-sections ») qu'un site pouvait utiliser pour organiser le contenu était limité. Les administrateurs de site étaient limités à 2 niveaux pour l'organisation. Vous en conviendrez que même si cela permettait quelque peu d'organiser un site, il ne s'agissait pas d'une solution d'organisation particulièrement flexible. Grâce à la technique d'organisation de site des catégories imbriquées de Joomla 1.6, le nombre de catégories que vous pouvez implémenter dans un site n'est plus limité. Avec des options aussi flexibles à votre disposition, vous n'avez aucune raison d'être désorganisé !

Structurer le site

À présent, nous allons mettre en place la structure du site.

Dans notre exemple, nous organisons les catégories et catégories imbriquées de la manière suivante :

```
SuperHyperMegaCorp
|
|__ Glaces
|        |
|        |__ Esquimaux
|        |
|        |__ Cônes
|        |
|        |__ Barres glacées
|
|__ Sandwichs
|        |
|        |__ Baguettes
|        |
|        |__ Club
|        |
|        |__ Pain de mie
|
|__ Charentaises
         |
         |__ Standard
         |
         |__ Confort
         |
         |__ Super Luxe
```

De plus, le client peut exiger quelques pages non catégorisées sur son site, par exemple, pour sa politique de droit au domaine privé.

Comment se lancer dans la création d'un tel site ? En premier lieu, vous allez créer une page non catégorisée puis nous vous montrerons comment organiser vos pages en catégories et catégories imbriquées.

Travailler avec des articles non catégorisés

Les *articles non catégorisés* sont les électrons libres de votre site. De nombreux développeurs de sites Joomla n'ont absolument aucun article non catégorisé ; ils créent des catégories spécialement pour les pages isolées. Par exemple, la politique de droit au domaine privé peut figurer dans une section nommée Documentation et une catégorie appelée Domaine privé.

Dans cette section, vous allez créer un article non catégorisé destiné, dans notre exemple, à une page sur le droit au domaine privé du site Web de SuperHyperMegaCorp.

Créer un article non catégorisé

Pour créer un article non catégorisé, suivez ces étapes :

1. **Cliquez sur Site/Panneau d'administration dans n'importe quelle page d'administration.**

   Le panneau d'administration s'ouvre.

2. **Cliquez sur l'icône Ajouter un article.**

   La page Ajouter un article s'ouvre.

   Par défaut, les nouveaux articles ne sont pas catégorisés. Pour notre exemple, sélectionnez Non catégorisé dans le menu déroulant Catégorie s'il ne l'est pas encore.

3. **Entrez le titre de l'article dans la zone Titre.**

   Pour cet exemple, entrez « Domaine privé ».

4. **Saisissez le texte de l'article dans la fenêtre Texte de l'article.**

   Pour cet exercice, entrez le texte suivant :

   > « Nous n'avons pas réellement de politique de droit au domaine privé. Cela signifie-t-il que nous communiquons votre adresse e-mail à des spammeurs ? En fait, pas exactement mais… »

   Les modifications que vous avez effectuées doivent ressembler à celles de la Figure 4.1.

5. **Dans le menu déroulant État, sélectionnez Publié puis cliquez sur le bouton Enregistrer & Fermer.**

   La page Ajouter un article se ferme. La page Articles s'ouvre et affiche le nouvel article (voir la Figure 4.2).

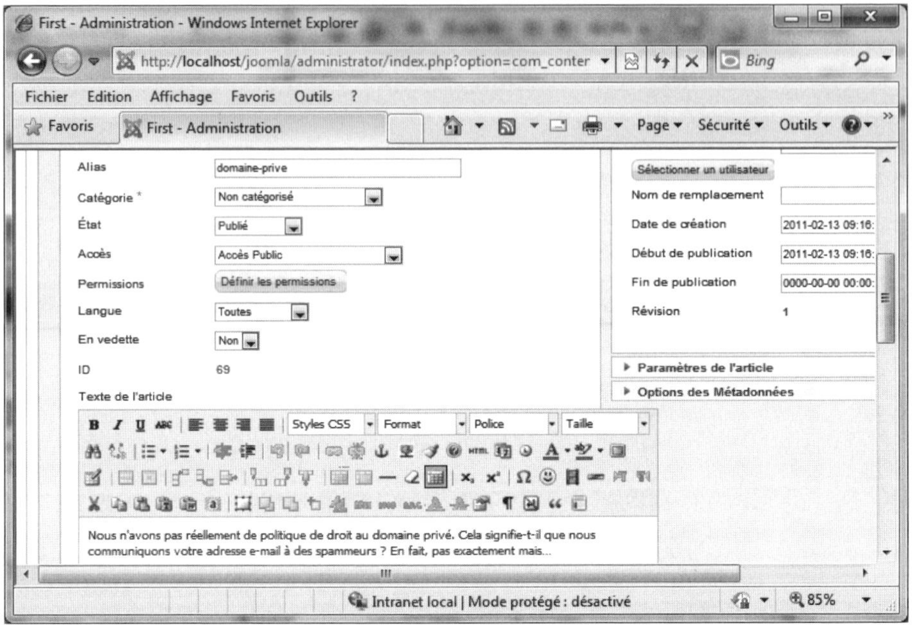

Figure 4.1 : Créer un nouvel article.

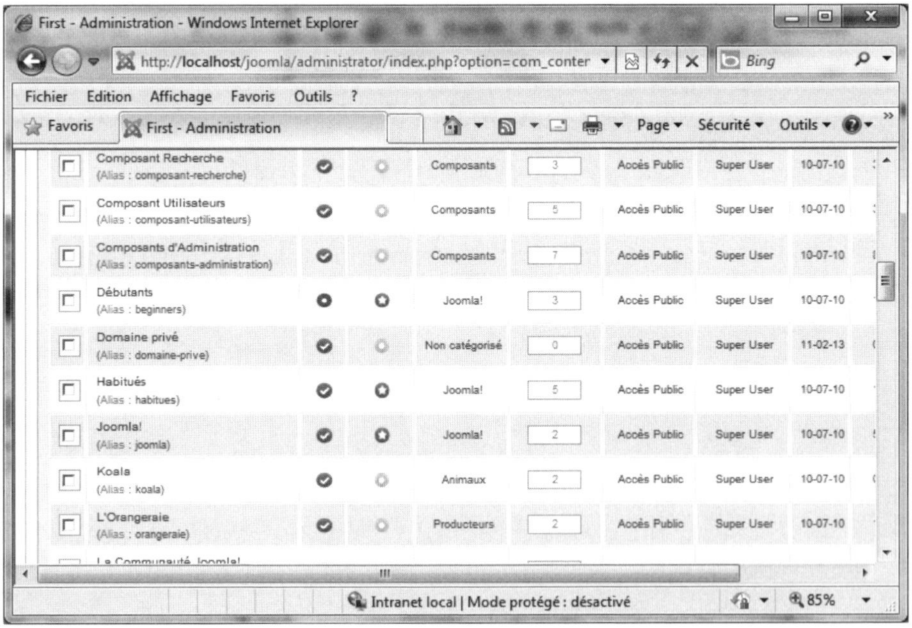

Figure 4.2 : Un nouvel article dans la gestion des articles.

Extraire et archiver des articles

Lorsque vous avez terminé de travailler sur un article dans la page Ajouter un article (voir section précédente), veillez à cliquer sur le bouton Enregistrer ou Enregistrer & Fermer. Ne vous contentez pas de fermer la page. En effet, dès que vous ouvrez un article dans la page d'édition, Joomla extrait cet article pour vous. Si vous refermez la page Ajouter un article sans enregistrer vos modifications, un cadenas s'affiche dans la colonne Publié de la gestion des articles, ce qui signifie que cet article est toujours extrait.

Pour archiver les articles, cochez la case à côté du nom des articles et cliquez sur le bouton Archiver en haut de la page de gestion des articles. Vous pouvez aussi archiver un article en cliquant sur le cadenas.

Rechercher des articles non catégorisés

Avec l'augmentation du nombre d'articles sur notre site, trouver un article non catégorisé devient de plus en plus difficile. Vous pouvez toujours rechercher cet article en entrant son titre dans la zone Filtrer de la gestion des articles puis en cliquant sur Rechercher.

Plus vous affectez d'articles à des catégories et des catégories imbriquées, moins vous avez d'articles à parcourir pour rechercher un article non catégorisé. Une organisation simple est l'une des principales raisons pour catégoriser un maximum d'articles.

Lier des articles à des éléments de menu

Vous venez de créer un nouvel article mais pas une nouvelle page Web : vous avez simplement enregistré un nouvel article dans la base de données. Comment un utilisateur peut-il consulter ce nouvel article ? Et à quoi ressemble ce nouvel article ? Ces questions ne se posaient pas dans le Chapitre 3, où vous avez appris à créer un article destiné à la page d'accueil. Ici, les choses sont différentes ; pour rendre un article accessible et pour spécifier sa présentation, vous devez le lier à un élément de menu.

Dans Joomla, le travail avec des éléments de menu implique l'utilisation de la gestion des menus. En fait, le travail avec des articles implique aussi l'utilisation de la gestion des menus, qui permet de définir la présentation d'un article.

N'OUBLIEZ PAS

Un élément de menu définit la présentation des articles. C'est l'un des aspects de Joomla avec lesquels vous devez vous familiariser. Les pages Web n'existent pas physiquement dans Joomla (ce sont simplement des éléments de votre base de données) tant qu'elles ne sont pas consultées. Quand vous ouvrez un article, Joomla extrait les données nécessaires de la base de données et lui applique les options de mise en forme définies par le webmaster.

Créer un élément de menu

Pour créer un nouvel élément de menu et le lier à un article, suivez ces étapes :

1. **Cliquez sur Menus/Gestion des menus dans n'importe quelle page d'administration.**

   La page Menus de la gestion des menus s'ouvre (voir la Figure 4.3).

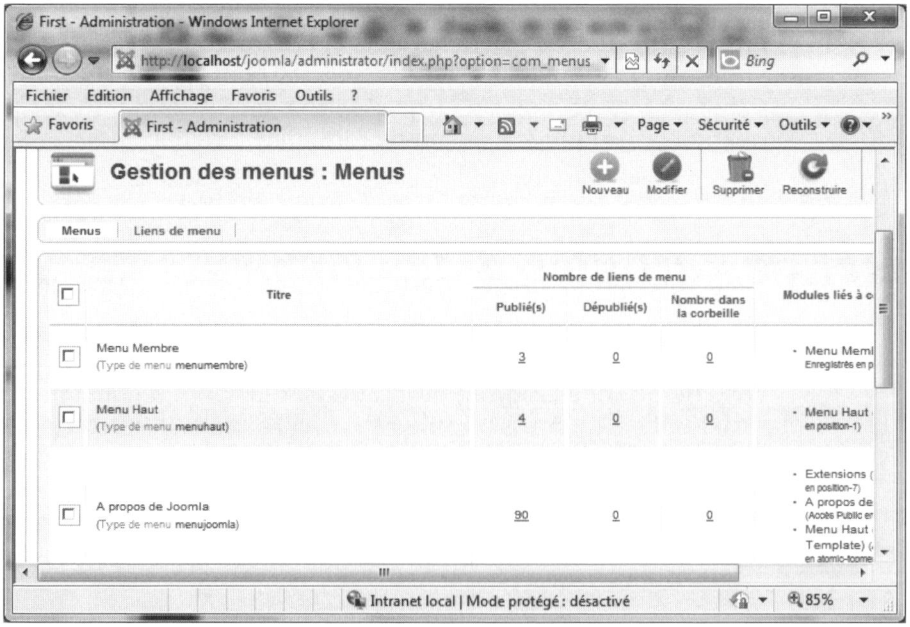

Figure 4.3 : La page Menus de la gestion des menus.

2. **Cliquez sur le nom du menu dans lequel vous voulez ajouter un élément.**

   Pour notre exemple, cliquez sur À propos de Joomla.

   La page Liens de menu de la gestion des menus s'ouvre (voir la Figure 4.4).

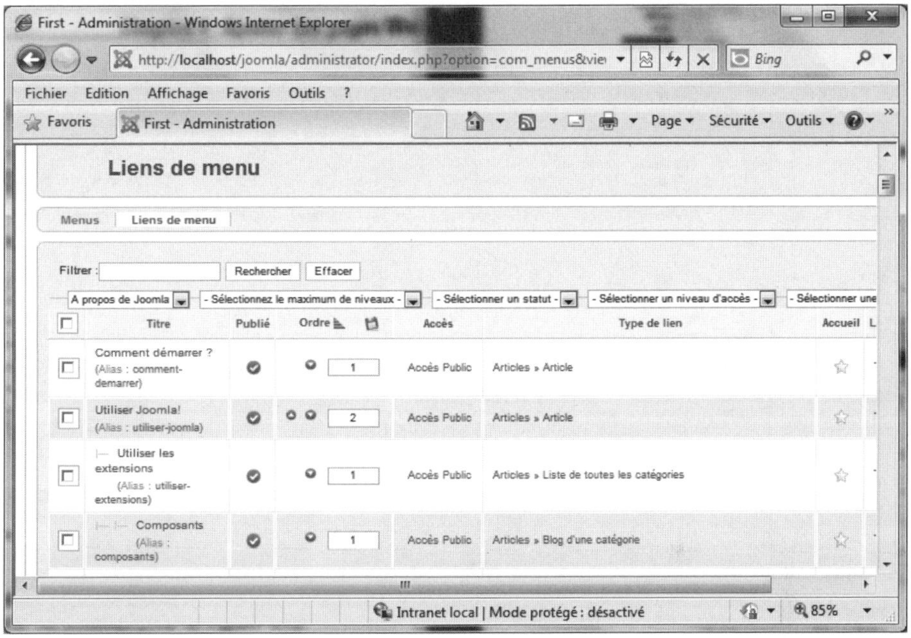

Figure 4.4 : La page Liens de menu.

3. **Cliquez sur le bouton Nouveau.**

   La page Ajouter un lien de menu de la gestion des menus s'ouvre.

4. **Cliquez sur le bouton Sélection situé à côté de la zone Type de lien de menu et sélectionnez une option.**

   Pour notre exemple, sélectionnez Article.

5. **Entrez un titre dans la zone Titre de menu.**

   Pour notre exemple, entrez « Domaine privé ».

6. **Entrez un alias dans la zone de texte Alias si vous voulez en utiliser un.**

Pour cet exemple, entrez « Domaine-privé ».

TRUC

Notez que Joomla peut automatiquement créer un alias pour vous donc cette étape n'est pas nécessaire.

7. **Dans le menu déroulant Menus, sélectionnez le menu ou le composant auquel votre nouvel élément de menu ou sous-composant doit appartenir.**

   Pour cet exemple, sélectionnez À propos de Joomla.

   Votre page devrait ressembler à l'illustration de la Figure 4.5.

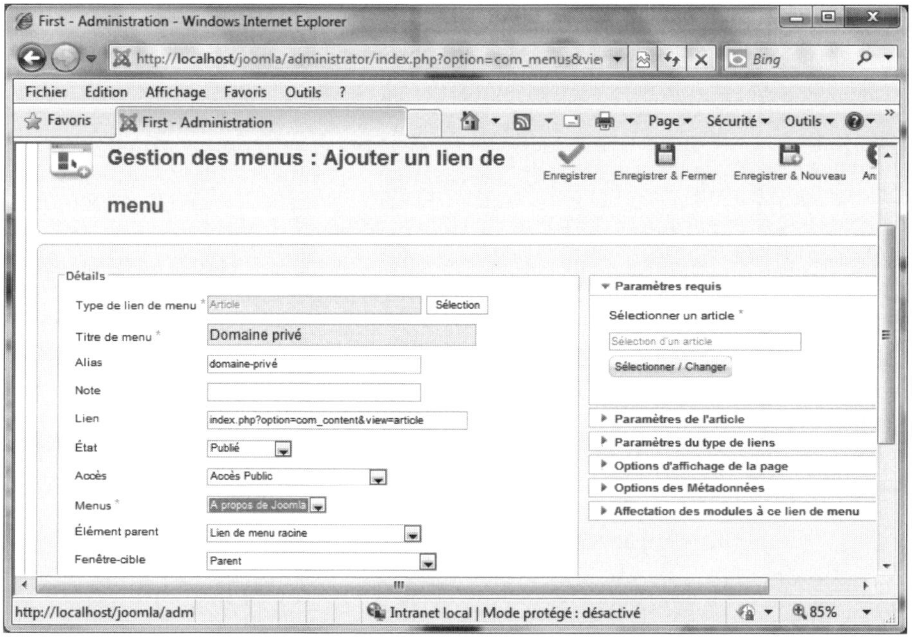

Figure 4.5 : La page Ajouter un lien de menu.

8. **Vérifiez qu'aucune erreur ne s'est immiscée dans vos saisies.**

   Vous serez content de l'avoir fait quand il s'agira de faire une recherche par nom d'un composant, d'un module ou d'un article.

9. **Sélectionnez Publié dans le menu déroulant État.**

Vous vous demandez certainement si vous ne devriez pas enregistrer votre nouvel élément de menu. Vous avez raison mais Joomla ne vous permet pas de l'enregistrer tant que vous n'exécutez pas quelques étapes supplémentaires. Ces étapes sont traitées dans la prochaine section.

Lier l'élément de menu à un article

La dernière étape consiste à lier le nouvel élément de menu à un article spécifique. Suivez ces étapes :

1. **Cliquez sur le bouton Sélectionner/Changer de la section Paramètres requis de la page Ajouter un lien de menu**

   La page de sélection d'article s'ouvre sur la page Ajouter un lien de menu, comme le montre la Figure 4.6.

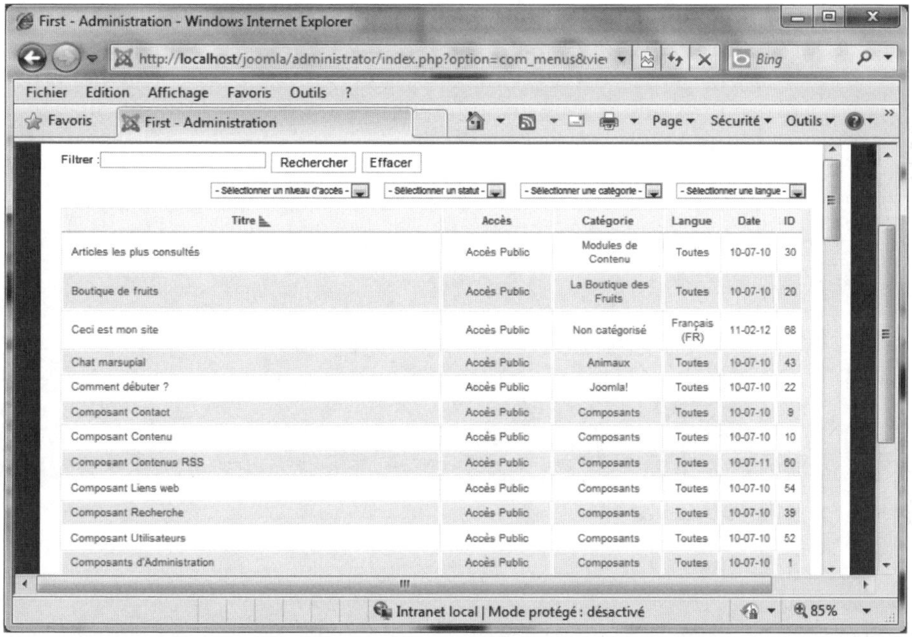

Figure 4.6 : La page de sélection d'article.

   Observez les menus déroulants Sélectionner un niveau d'accès, Sélectionner un statut et Sélectionner une catégorie affichés en haut de la page de sélection d'article. Ils facilitent la recherche d'article quand vous travaillez dans un site contenant un grand nombre d'articles. Pour cet exemple, il est inutile de les utiliser. Pour rechercher l'article Domaine privé, faites défiler les articles disponibles sur la page ou entrez le titre de l'article dans la zone de texte Filtrer et cliquez sur le bouton Rechercher.

2. **Cliquez sur le titre de l'article Domaine privé.**

La page de sélection d'article se ferme et vous basculez dans la page Ajouter un lien de menu.

3. **Cliquez sur le bouton Enregistrer & Fermer.**

   Vous retournez dans la page Liens de menu qui affiche un message indiquant que le lien a été enregistré.

Tester le nouvel élément de menu

Votre nouvel élément de menu a-t-il bien été enregistré ? Est-il réellement actif ? Jetez un œil à la page d'accueil (actualisez-la si nécessaire) pour vérifier. Comme vous pouvez le voir sur la Figure 4.7, le menu À propos de Joomla! dispose à présent d'un nouvel élément nommé Domaine privé. Super !

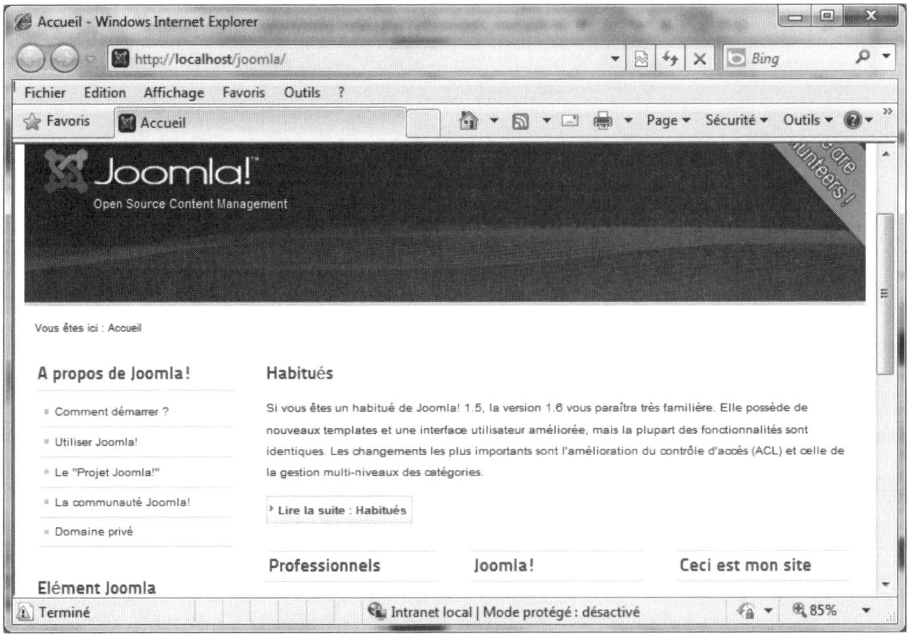

Figure 4.7 : La page d'accueil avec le nouvel élément de menu.

Un clic sur l'élément de menu Domaine privé ouvre la page Domaine privé (créée à la volée par Joomla), comme le montre la Figure 4.8.

TRUC

Une publicité figure sur votre nouvelle page ? Si c'est le cas, cette publicité provient du module Bannières, qui affiche des bannières publicitaires. Pour la supprimer, dépubliez le module Bannières dans la

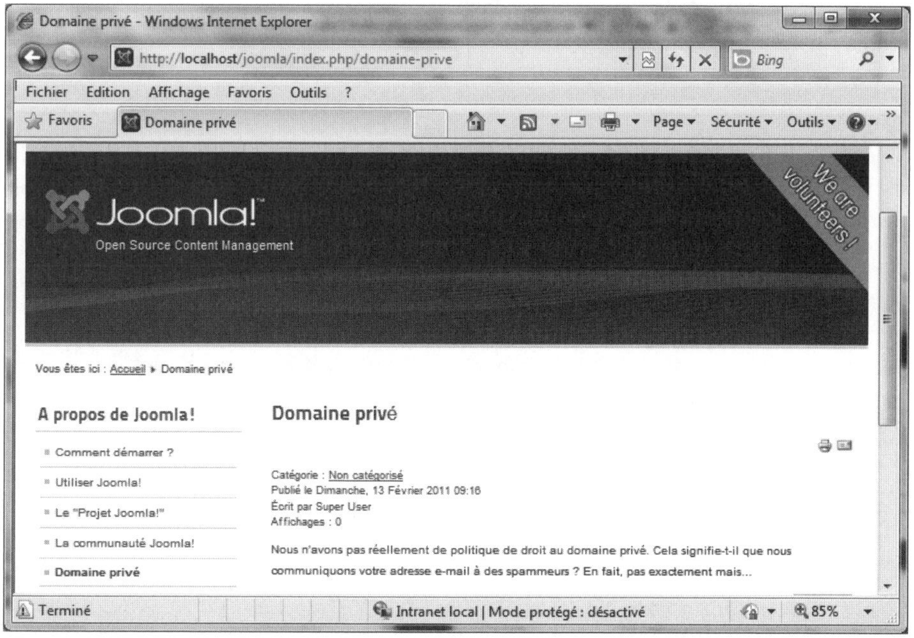

Figure 4.8 : La nouvelle page.

gestion des modules. Pour ce faire, cliquez simplement sur l'encoche verte de la colonne Publié pour la transformer en cercle rouge. Pour plus d'informations sur l'utilisation et la gestion des modules, reportez-vous au Chapitre 3.

Félicitations ! Vous avez ajouté une nouvelle page Web à votre site.

Maintenant que vous avez créé un article non catégorisé, vous êtes prêt à en créer un que vous glissez dans une catégorie afin de faciliter la navigation de vos utilisateurs. C'est ce que nous allons voir tout de suite.

Organiser avec les catégories

Vous pouvez bien sûr ajouter de nouveaux articles à des catégories et à des catégories imbriquées existantes. Il suffit pour cela de sélectionner une catégorie quand vous créez le nouvel article. L'installation par défaut de Joomla fournit un grand nombre de catégories intégrées. Beaucoup d'entre elles disposent également de catégories imbriquées mais, bien évidemment, aucune ne correspond à l'exemple du site SuperHyperMegaCorp qui nécessite les sections Glaces, Sandwichs et Charentaises. Comment les créer ? Cette section vous présente la démarche à suivre.

Créer une catégorie

Dans Joomla, la création de nouvelles catégories a lieu dans la gestion des catégories. Dans cette section, vous allez y créer une nouvelle catégorie pour notre exemple de site Web. Suivez ces étapes :

1. **Cliquez sur l'icône Gestion Catégories dans le panneau d'administration ou sélectionnez Contenu/Gestion des catégories dans n'importe quelle page d'administration.**

   La gestion des catégories s'ouvre (voir la Figure 4.9).

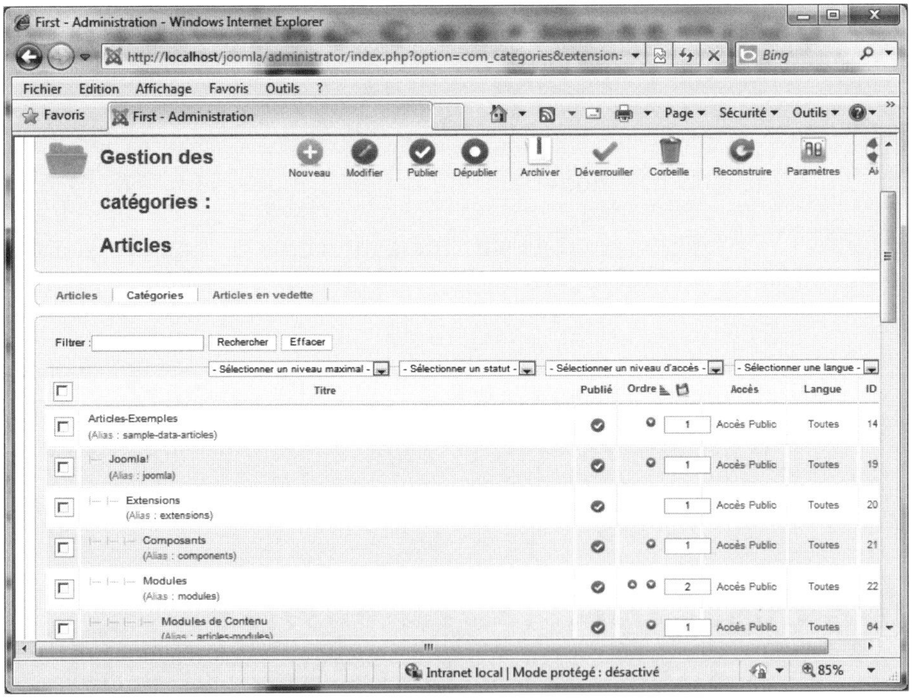

Figure 4.9 : La gestion des catégories.

2. **Cliquez sur le bouton Nouveau.**

   La page Ajouter une catégorie s'ouvre.

3. **Entrez le titre de la nouvelle catégorie dans la zone de texte Titre.**

Pour cet exemple, entrez « Glaces ».

4. **Entrez un alias dans la zone de texte Alias si vous souhaitez en utiliser un.**

   Pour cet exemple, entrez « glaces ».

5. **Sélectionnez un statut dans le menu déroulant État.**

   Pour cet exemple, sélectionnez Publié. Cette option indique que la catégorie est publiée et donc visible pour les utilisateurs.

6. **Sélectionnez une option dans le menu déroulant Accès pour préciser qui peut accéder aux articles de cette catégorie.**

   Pour cet exemple, choisissez Accès Public.

7. **Entrez une description de votre nouvelle catégorie dans la fenêtre Description.**

   Pour cet exercice, entrez « Voici la catégorie Glaces de SuperHyperMegaCorp ».

8. **Cliquez sur le bouton Enregistrer & Fermer.**

   La page Ajouter une catégorie se ferme et vous basculez dans la gestion des catégories. Votre nouvelle catégorie figure à la fin de la liste proposée dans la gestion des catégories (voir la Figure 4.10).

Organiser avec les catégories imbriquées

Lors de la rédaction de ce livre, Joomla est installé, par défaut, avec neuf catégories imbriquées (organisées dans les catégories suivantes) :

- Le Projet Joomla! (catégorie : À propos de Joomla!).
- La communauté Joomla! (catégorie : À propos de Joomla!).
- Utiliser Joomla! (catégorie : À propos de Joomla!).
- Home (catégorie : Ce site).
- Current Users (catégorie : Ce site).

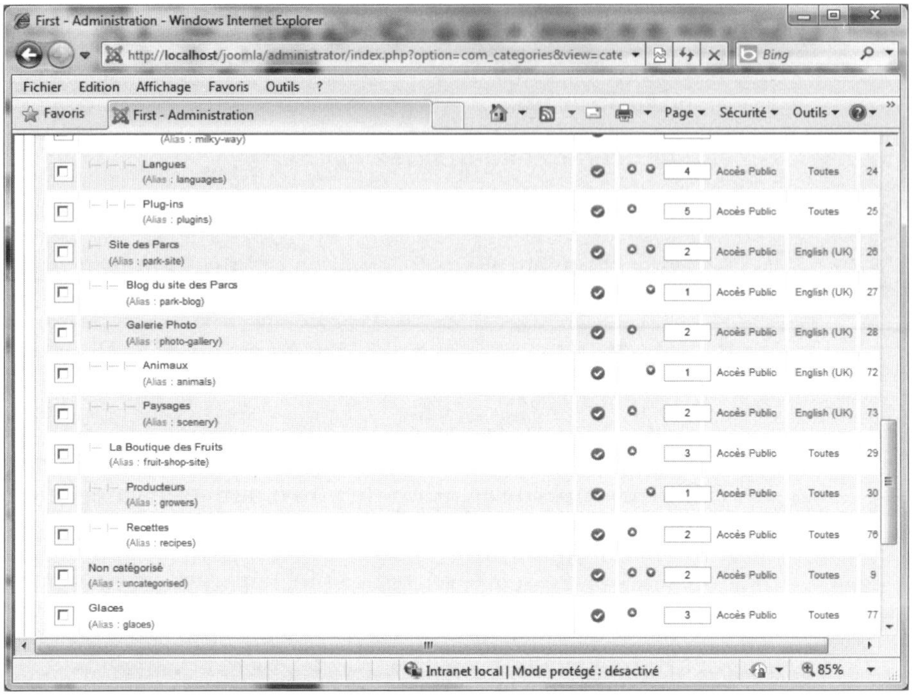

Figure 4.10 : Une nouvelle catégorie dans la gestion des catégories.

- New to Joomla! (catégorie : Ce site).
- Languages (catégorie : Ce site).
- News (catégorie : Ce site).
- Newsflash (catégorie : Ce site).

Créer une catégorie imbriquée

Pour créer une nouvelle catégorie imbriquée, suivez ces étapes :

1. **Cliquez sur l'icône de Gestion Catégories dans le panneau d'administration ou sélectionnez Contenu/Gestion des catégories dans n'importe quelle page d'administration.**

   La gestion des catégories s'ouvre (voir la Figure 4.11).

2. **Cliquez sur le bouton Nouveau.**

   La page Ajouter une catégorie s'ouvre.

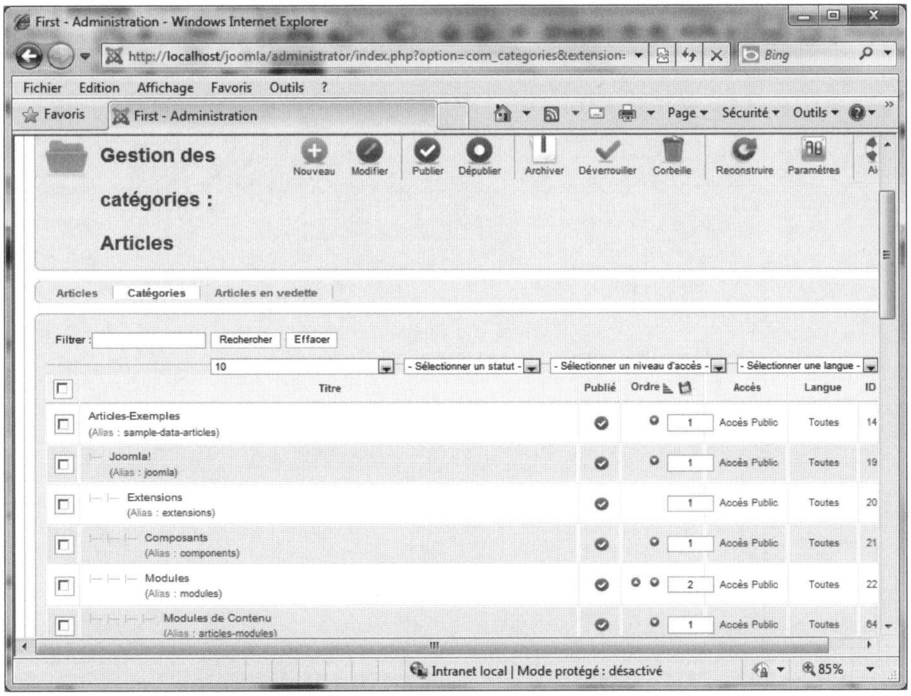

Figure 4.11 : La gestion des catégories.

3. **Entrez un titre dans la zone de texte Titre.**

   Pour cet exemple, entrez « Esquimaux ».

4. **Dans le menu déroulant Parent, sélectionnez la catégorie dans laquelle vous voulez insérer cette catégorie imbriquée.**

   Pour cet exemple, sélectionnez Glaces.

5. **Sélectionnez un statut dans le menu déroulant État.**

   Pour cet exemple, sélectionnez Publié.

6. **Sélectionnez une option dans le menu déroulant Accès pour préciser qui peut accéder aux articles de cette catégorie imbriquée.**

   Pour cet exemple, choisissez Accès Public.

7. **Entrez une description de votre nouvelle catégorie imbriquée dans la fenêtre Description.**

Pour cet exemple, entrez **Voici la catégorie Esquimaux de SuperHyperMegaCorp**.

Vos paramètres doivent correspondre à ceux de la Figure 4.12.

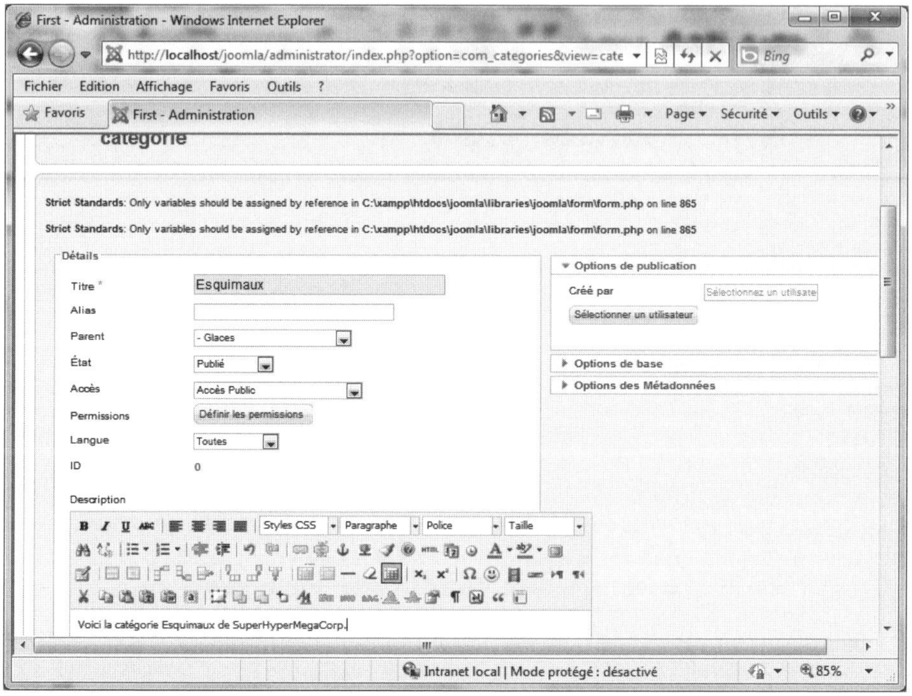

Figure 4.12 : La création d'une catégorie imbriquée.

8. **Cliquez sur le bouton Enregistrer & Fermer.**

   La page Ajouter une catégorie se ferme et vous basculez dans la gestion des catégories qui affiche désormais la nouvelle catégorie imbriquée (dernière ligne de la Figure 4.13).

Bravo, vous avez ajouté une nouvelle catégorie (Glaces) et une nouvelle catégorie imbriquée (Esquimaux) à votre site. Maintenant voyons comment ajouter des articles à ces nouvelles catégories et catégories imbriquées.

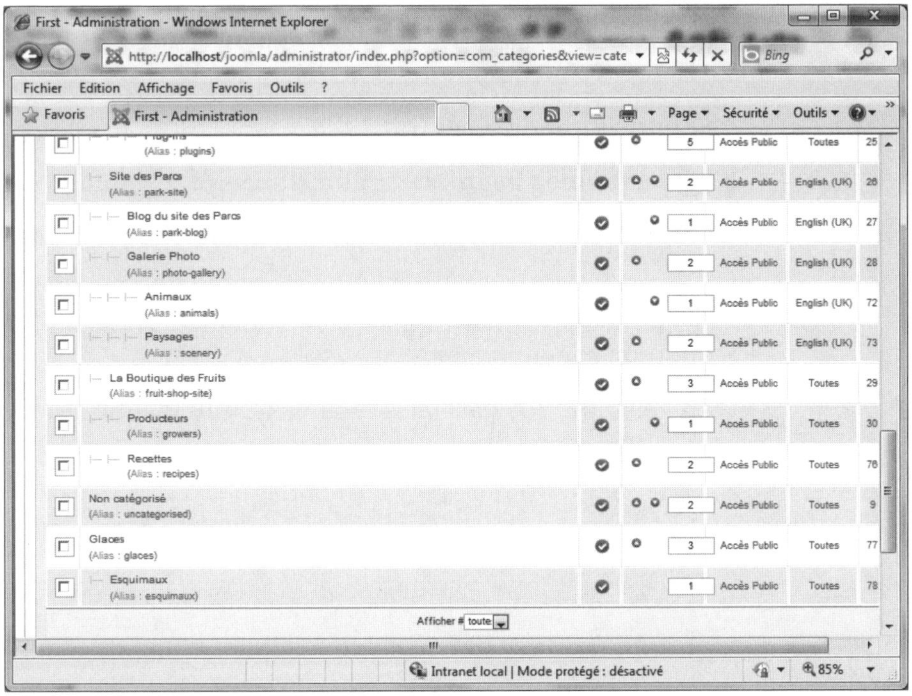

Figure 4.13 : Une nouvelle catégorie imbriquée dans la gestion des catégories.

Ajouter des articles à une nouvelle catégorie ou catégorie imbriquée

Dans cette section, vous continuez sur votre lancée en créant de nouveaux articles et en les ajoutant à la nouvelle catégorie.

Pour notre exemple, nous supposons que vous avez reçu un e-mail de SuperHyperMegaCorp vous indiquant que la société décline ses glaces en trois parfums : chocolat, vanille et cassoulet. Vous devez créer de nouveaux articles pour chaque parfum et les ajouter à la sous-catégorie Esquimaux de la catégorie Glaces. C'est l'objectif de cette section.

Ajouter un article

Pour ajouter un article à une catégorie, suivez ces étapes :

1. **Cliquez sur l'icône Ajouter un article dans le panneau d'administration.**

La page Ajouter un article s'ouvre.

2. **Entrez le titre du nouvel article dans la zone de texte Titre.**

   Pour cet exemple, entrez « Glaces au chocolat ».

3. **Sélectionnez Esquimaux dans le menu déroulant Catégorie.**

4. **Entrez une description dans la fenêtre Description.**

   Pour cet exemple, entrez « SuperHyperMegaCorp est réputé pour la finesse de ses glaces au chocolat. Une bouchée suffit pour s'en convaincre ».

   À ce stade, vos paramètres doivent être identiques à ceux de la Figure 4.14.

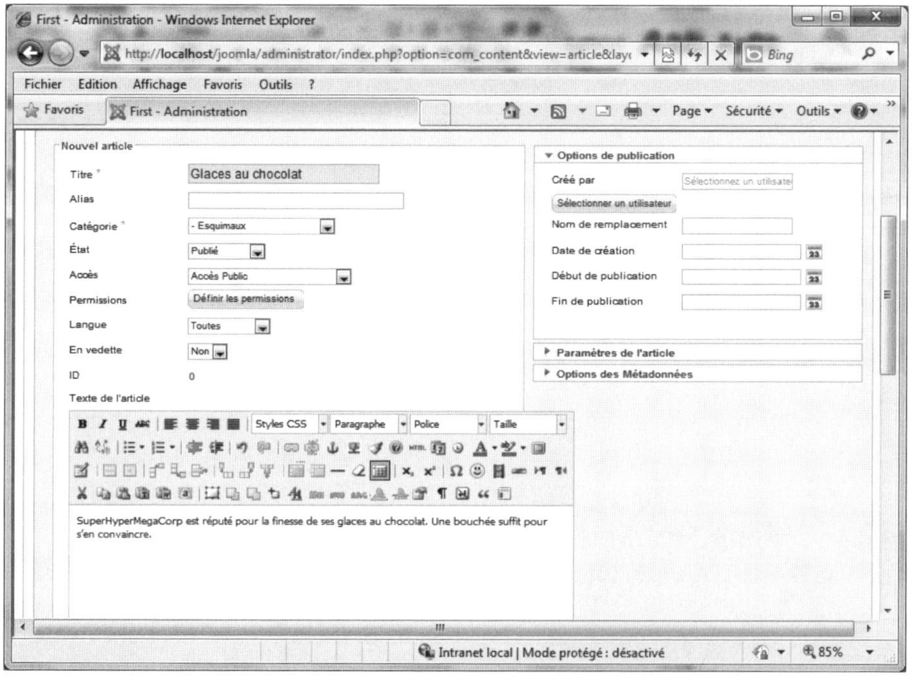

Figure 4.14 : La création d'un nouvel article.

5. **Sélectionnez Publié dans le menu déroulant État.**

6. **Cliquez sur le bouton Enregistrer & Fermer.**

   La page Ajouter un article se ferme. La gestion des articles s'ouvre et affiche le nouvel article (voir la Figure 4.15).

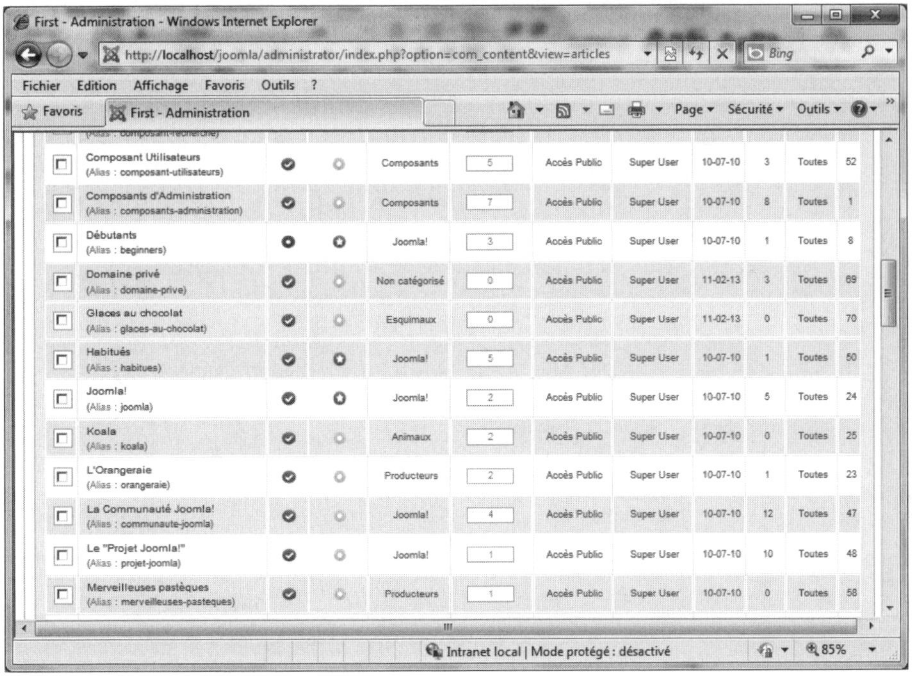

Figure 4.15 : Un nouvel article dans la gestion des articles.

Ajouter davantage d'articles

Vous pouvez continuer à ajouter de nouveaux articles à une catégorie en répétant les étapes de la section précédente.

Pour notre exemple de site Web, répétez la démarche deux fois pour ajouter les articles suivants :

- Un article Glaces à la vanille dans la catégorie Esquimaux de la catégorie Glaces.
- Un article Glaces au cassoulet dans la catégorie Esquimaux de la catégorie Glaces.

Laissez libre cours à votre imagination et soyez créatif lorsque vous renseignez la zone Texte de l'article.

TRUC

Pour créer plusieurs articles et optimiser votre flux de travail, utilisez le bouton Enregistrer & Nouveau situé à côté du bouton Enregistrer & Fermer. Grâce au bouton Enregistrer & Nouveau, vous enregistrez l'article que vous venez de créer et ouvrez automatiquement un nouvel article avec lequel vous pouvez directement travailler. Pratique, non ?

Après avoir enregistré les trois nouveaux articles (Glaces au chocolat, Glaces à la vanille et Glaces au cassoulet), retournez dans la gestion des articles en cliquant sur Enregistrer & Fermer. Entrez le mot « Glaces » dans la zone Filtrer de la gestion des articles et cliquez sur le bouton Rechercher. Vos trois nouveaux articles s'affichent dans la gestion des articles, comme le montre la Figure 4.16.

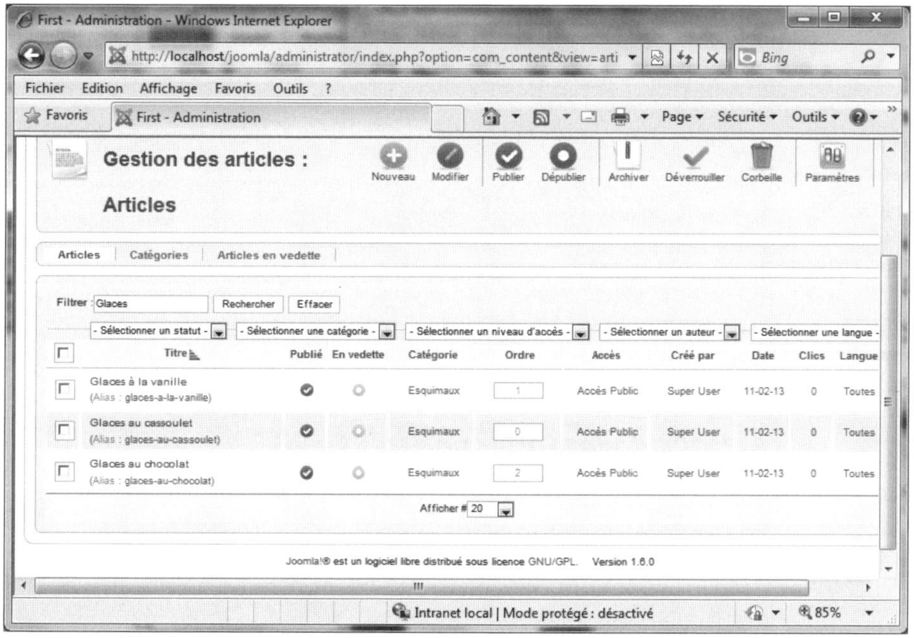

Figure 4.16 : Les trois nouveaux articles dans la gestion des articles.

Comme nous l'avons vu dans la section « Lier des articles à des éléments de menu » plus haut dans ce chapitre, vous devez associer ces trois nouveaux articles à des éléments de menu pour qu'ils soient visibles sur votre site. C'est ce que nous allons faire dans la prochaine section.

Choisir une structure de menu

Pour notre exemple de site, vous allez faire en sorte que les articles Glaces au chocolat, Glaces à la vanille et Glaces au cassoulet soient visibles pour vos utilisateurs. De plus, vous allez les lier au menu principal du site (À propos de Joomla!) car la glace est l'un des produits phares de SuperHyperMegaCorp.

Vous avez deux possibilités :

1. **Ajouter les trois articles au menu principal en tant que trois éléments de menu distincts.**
2. **Ajouter un élément au menu principal qui pointe vers la catégorie Glaces.**

Étudions ces possibilités.

Option 1 : Ajouter trois éléments de menu

Voici comment s'organise cette première possibilité :

Menu principal	Articles
Glaces au chocolat	Glaces au chocolat
Glaces à la vanille	Glaces à la vanille
Glaces au cassoulet	Glaces au cassoulet

Ce choix nécessite d'ajouter trois nouveaux éléments au menu principal (un pour Glaces au chocolat, un autre pour Glaces à la vanille et un troisième pour Glaces au cassoulet). Cela ne semble pas être une très bonne idée. Plus vous ajoutez de nouveaux articles et plus vous devez ajouter de nouveaux éléments de menu. Et si SuperHyperMegaCorp prévoit un site de 10 000 pages, cela risque de faire beaucoup d'éléments de menu.

Option 2 : Ajouter un élément de menu qui pointe vers une catégorie

Cette option se présente ainsi :

Menu principal	Catégorie	Articles
Glaces	Esquimaux	Glaces au chocolat
Esquimaux	Glaces à la vanille	
Esquimaux	Glaces au cassoulet	

Cette option crée un élément de menu qui pointe vers la sous-catégorie Esquimaux. Elle semble être très efficace. De cette manière, tous les parfums de cette catégorie sont présentés sur une seule page, permettant à l'utilisateur de choisir l'un d'entre eux. De plus, cette solution offre une marge d'évolution à votre site. En effet, si vous décidez ultérieurement d'inclure des pages détaillant les barres glacées et les cônes de SuperHyperMegaCorp, chaque produit peut avoir ses propres éléments de menu et les utilisateurs peuvent accéder aux pages de ces articles.

Dans la section suivante, nous allons mettre en œuvre cette dernière option.

Lier des éléments de menu à des catégories

Lorsque vous avez déterminé la structure de vos menus afin qu'ils pointent vers des articles de catégories ou de catégories imbriquées spécifiques, vous devez réaliser ces liens.

Pour votre site exemple, vous devez créer un élément Parfums de glaces dans le menu principal et le lier à la catégorie Esquimaux. Le lien affichera un résumé des trois articles concernant les parfums des glaces et les utilisateurs pourront sélectionner celui de leur choix. Les sections suivantes vous indiquent comment procéder.

Pour créer un nouvel élément de menu qui pointe vers une catégorie spécifique de votre site, suivez ces étapes :

1. **Cliquez sur l'icône Gestion Menus dans le panneau d'administration ou sélectionnez Menus/Gestion des menus.**

   La gestion des menus s'ouvre.

2. **Cliquez sur l'onglet Liens de menu dans l'angle supérieur gauche de la fenêtre de la gestion des menus.**

   La page Liens de menu s'ouvre.

3. **Cliquez sur le bouton Nouveau.**

   Joomla affiche alors la page Ajouter un lien de menu.

4. **Cliquez sur le bouton Sélection situé à côté de la zone Type de lien de menu.**

Pour cet exemple, choisissez Blog d'une catégorie.

En fait, cette page ne crée pas réellement un blog. Le format blog signifie pour Joomla que chaque article d'une catégorie est résumé (seules les premières lignes seront affichées) et que vous pouvez ajouter un lien Lire la suite afin que les utilisateurs puissent lire le reste de l'article (reportez-vous à la section « Créer des liens Lire la suite », plus loin dans ce chapitre).

5. **Entrez le titre du nouvel élément de menu dans la zone de texte Titre.**

   Pour cet exemple, entrez « Parfums de glaces ».

6. **Sélectionnez un statut dans le menu déroulant État.**

   Pour cet exemple, sélectionnez Publié.

7. **Sélectionnez une option dans le menu déroulant Accès.**

   Pour cet exemple, choisissez Accès Public.

8. **Sélectionnez un menu dans le menu déroulant Menus.**

   Pour cet exemple, sélectionnez À propos de Joomla

9. **Sélectionnez une catégorie parente dans le menu déroulant Élément parent.**

   Pour notre exemple, sélectionnez Liens de menu racine.

10. **Dans la section Paramètres requis, située dans la partie droite de la page, sélectionnez Esquimaux dans le menu déroulant Sélection de catégorie.**

11. **Cliquez sur le bouton Enregistrer & Fermer.**

    La page Ajouter un lien de menu se ferme et vous basculez dans la page Liens de menu. Recherchez votre nouvel élément de menu : entrez Parfums de glaces dans la zone Filtrer et cliquez sur le bouton Rechercher.

    À ce stade, votre page doit ressembler à celle illustrée par la Figure 4.17.

12. **Visualisez la page d'accueil dans un navigateur Web ou cliquez sur le lien Voir le Site en haut de la page d'administration.**

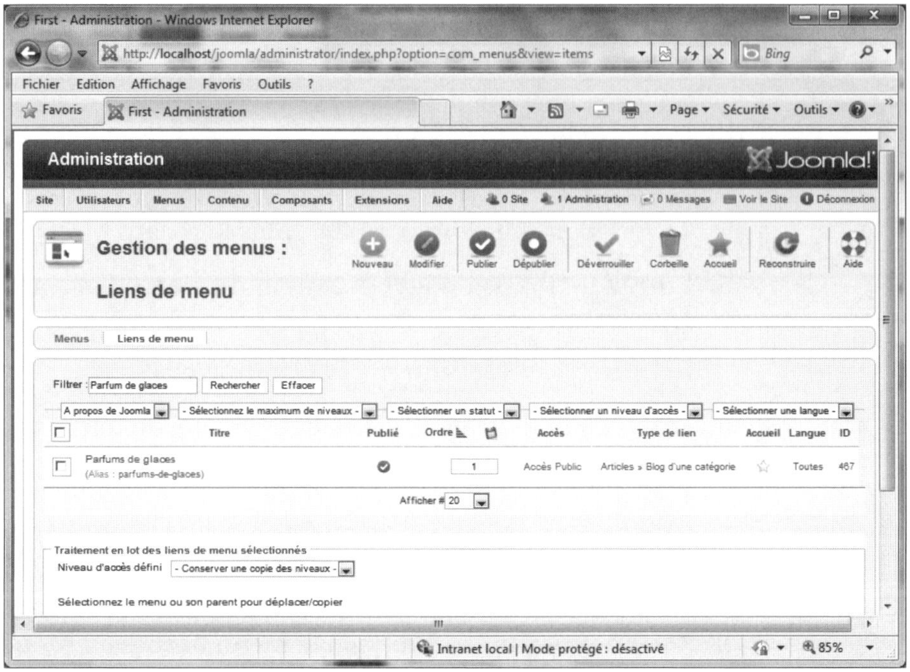

Figure 4.17 : Un nouvel élément de menu catégorisé est créé.

Parfums de glaces y figure en tant que nouvel élément de menu.

13. **Cliquez sur le nouvel élément pour afficher la nouvelle page de catégorie (voir la Figure 4.18).**

    Si vous faites défiler la page de haut en bas, vous pouvez y voir tous les articles : Glaces au chocolat, Glaces à la vanille, et même Glaces au cassoulet. Parfait, qu'en dites-vous ?

Créer des liens Lire la suite

Le *format blog* de Joomla est ainsi nommé car il propose un résumé de chaque article suivi d'un lien Lire la suite. Dans cette section, vous allez découvrir comment ajouter un tel lien à une page de catégorie, vous évitant ainsi d'afficher la totalité des textes de chaque article sur la page d'accueil.

Pour ajouter un lien Lire la suite à une page de catégorie, suivez ces étapes :

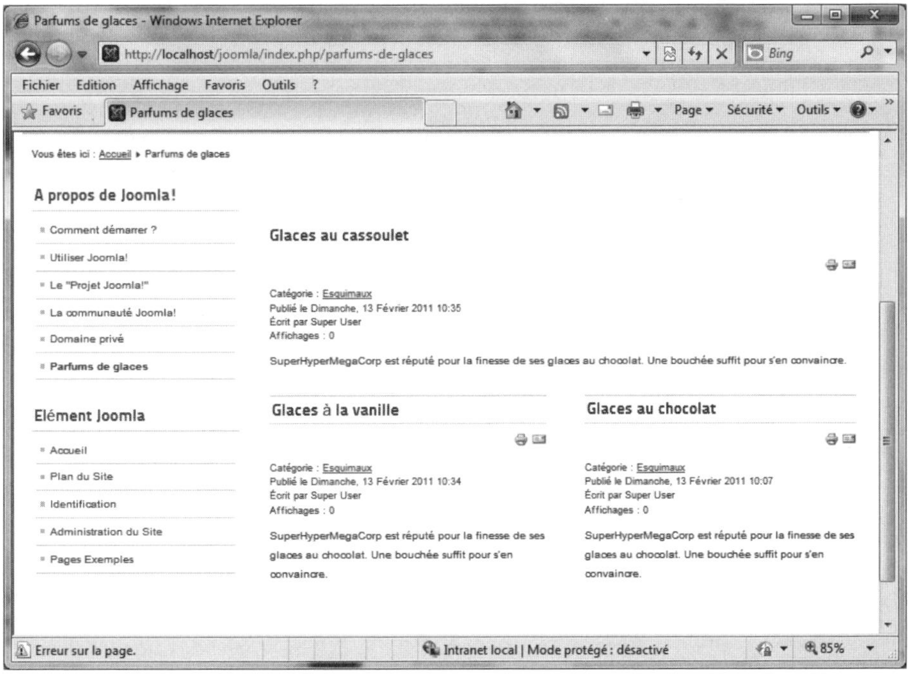

Figure 4.18 : Une nouvelle page de catégorie.

1. **Cliquez sur l'icône Gestion Articles du panneau d'administration ou sélectionnez Contenu/Gestion des articles dans n'importe quelle page d'administration.**

   La gestion des articles s'ouvre.

2. **Ouvrez l'article auquel vous voulez ajouter un lien Lire la suite.**

   Pour cet exemple, ouvrez l'article Glaces au chocolat dans la gestion des articles.

3. **Faites défiler la page jusqu'au bouton Lire la suite.**

4. **Cliquez à l'endroit de votre texte où vous voulez insérer le lien puis cliquez sur le bouton Lire la suite.**

   Pour cet exemple, cliquez après la seconde phrase.

   Joomla insère une ligne pointillée rouge, comme vous pouvez le voir sur la Figure 4.19.

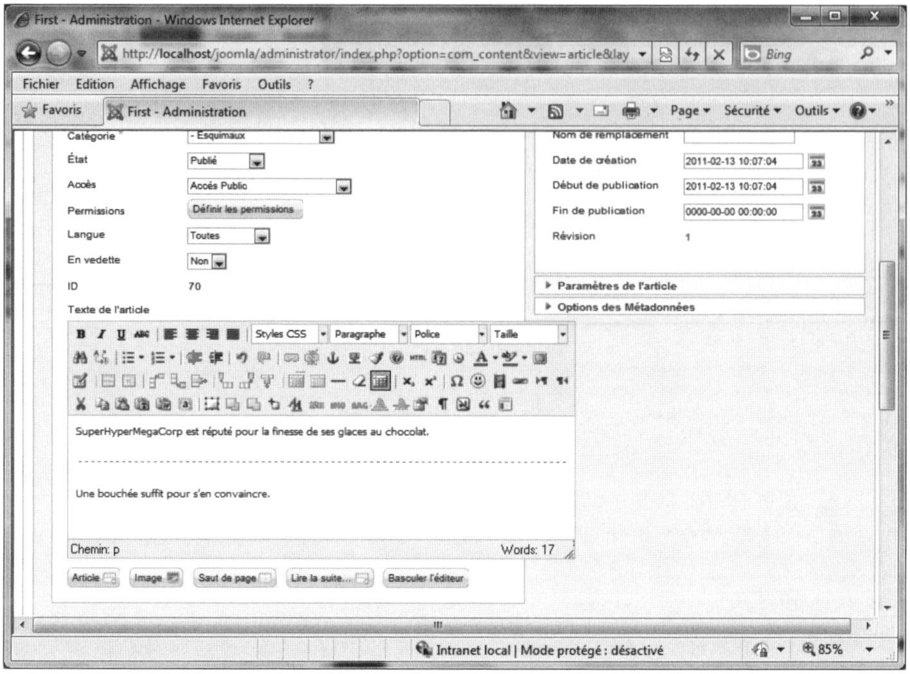

Figure 4.19 : Insérer un lien Lire la suite.

5. **Répétez les étapes 2 à 4 pour chacun des articles dans lequel vous souhaitez ajouter ce lien.**

   Pour cet exemple, ajoutez des liens pour Glaces à la vanille et Glaces au cassoulet.

6. **Affichez la page d'accueil puis cliquez sur le lien de la page de la catégorie à laquelle vous avez ajouté le lien Lire la suite.**

   Pour cet exemple, cliquez sur le lien Parfums de glaces du menu principal.

   La page de catégorie s'ouvre, affichant le nouveau lien Lire la suite (voir la Figure 4.20).

7. **Cliquez sur un lien pour ouvrir la version intégrale de l'article (voir la Figure 4.21).**

C'est parfait, cependant vous avez peut-être remarqué que Joomla n'affiche pas les articles dans le bon ordre. En effet, l'entreprise SuperHyperMegaCorp souhaite l'ordre suivant :

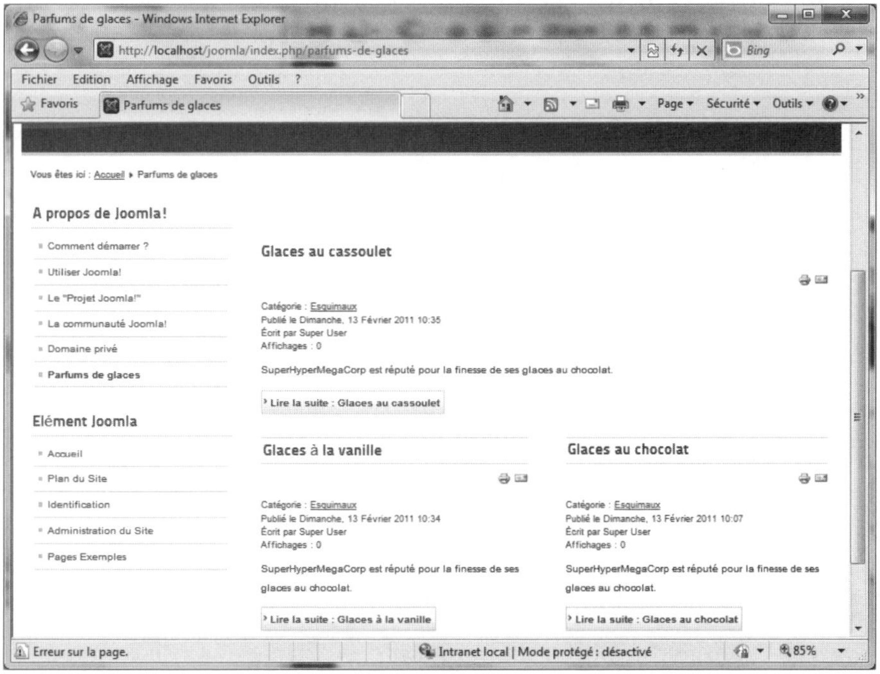

Figure 4 20 : Une page de catégorie avec des liens Lire la suite.

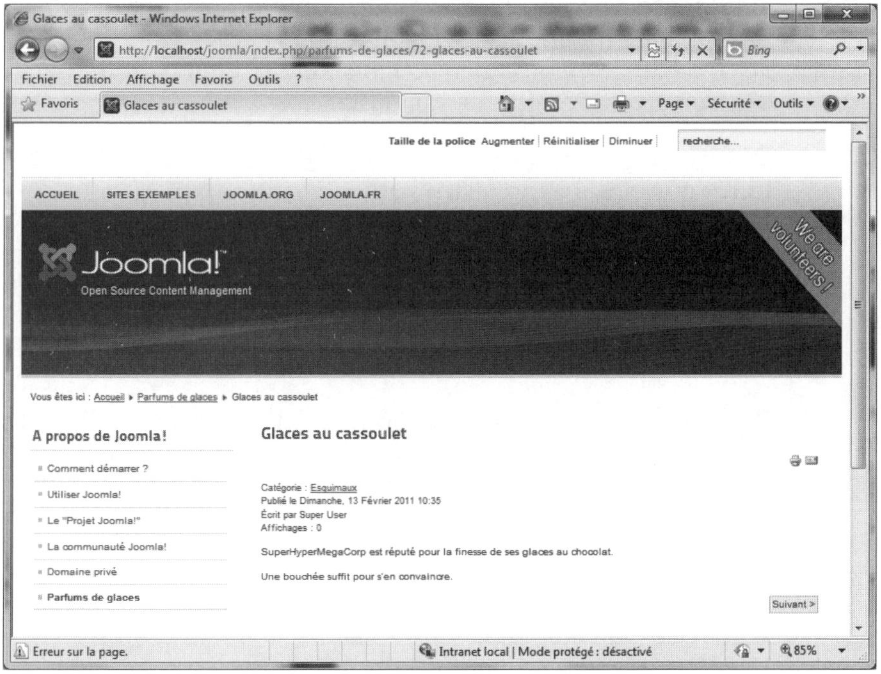

Figure 4.21 : L'intégralité de l'article.

- Chocolat
- Vanille
- Cassoulet

Alors que Joomla propose celui-ci :

- Cassoulet
- Vanille
- Chocolat

Cet ordre est inversé car, par défaut, l'article le plus récent est affiché en haut de sa catégorie. Comment y remédier ? C'est ce que nous allons voir dans la section suivante.

Modifier l'ordre des articles

Comment modifier la position des articles ? Utilisez la gestion des articles (cliquez sur l'icône Gestion Articles dans le panneau d'administration ou sélectionnez Contenu/Gestion des articles dans n'importe quelle page d'administration). Comme le montre la Figure 4.22, la gestion des articles affiche bien trop d'articles pour pouvoir travailler confortablement.

Désormais, vous devez mieux comprendre l'intérêt de diviser vos articles en sections et en catégories. Vous pouvez utiliser ces divisions pour filtrer vos articles dans la gestion des articles et ainsi travailler uniquement avec ceux que vous souhaitez.

Filtrer les articles

Bien que nous ayons déjà évoqué le filtrage des articles dans le Chapitre 3, nous allons en faire ici un bref rappel. Pour filtrer les articles dans la gestion des articles, choisissez, dans le menu déroulant Sélectionner une catégorie, la catégorie que vous voulez afficher.

Pour cet exercice, choisissez la sous-catégorie Esquimaux. La gestion des articles affiche uniquement les articles associés à cette sous-catégorie (voir la Figure 4.23).

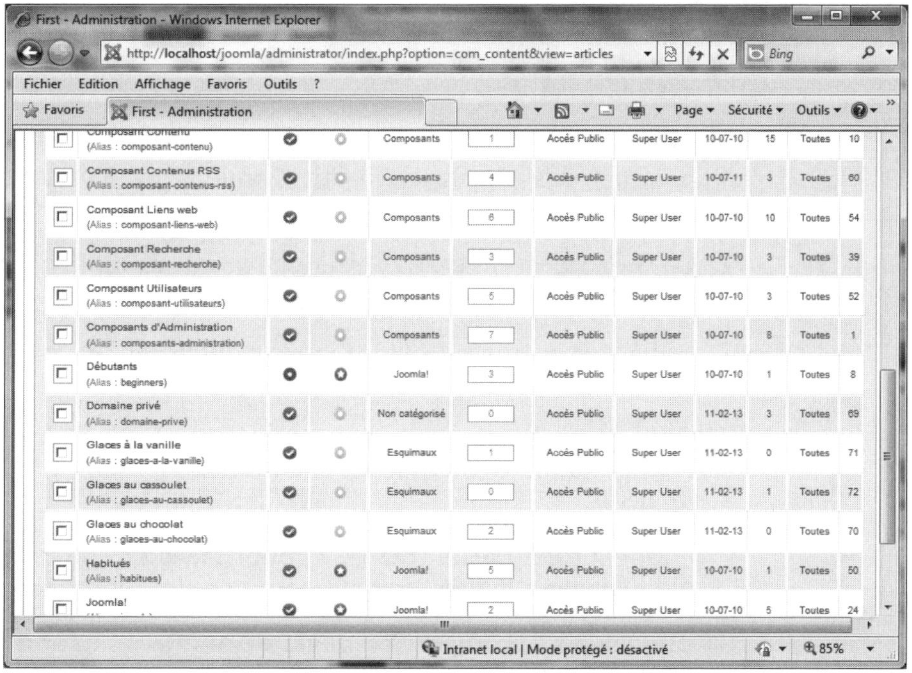

Figure 4.22 : Tous les articles affichés dans la gestion des articles.

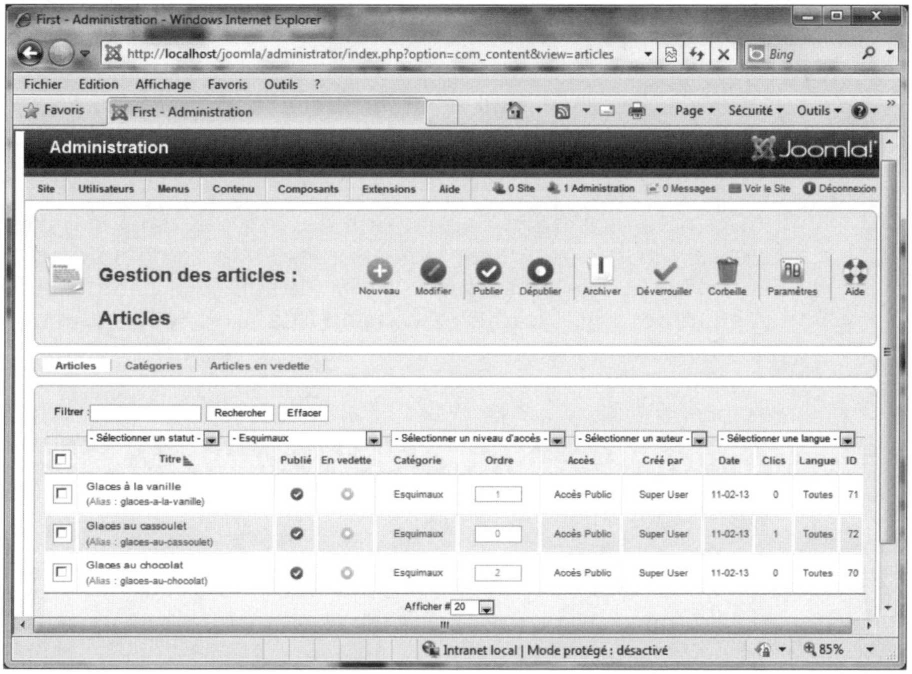

Figure 4.23 : Les articles filtrés dans la gestion des articles.

Réorganiser les articles dans la gestion des articles

Lorsque vous avez filtré les articles dans la gestion des articles afin de n'afficher que ceux avec lesquels vous voulez travailler, vous pouvez modifier leur ordre. Suivez ces étapes :

1. **Cliquez sur le titre de colonne Ordre pour modifier l'ordre de l'article.**

   La page se rafraîchit et les flèches situées à côté de chaque numéro d'article deviennent cliquables.

2. **Cliquez sur les flèches pour positionner les articles dans l'ordre souhaité ou modifiez le numéro d'ordre dans les zones de texte.**

   Pour cet exemple, entrez « 1 » pour Glaces au chocolat, « 2 » pour Glaces à la vanille et « 3 » pour Glaces au cassoulet.

3. **Cliquez sur l'icône en forme de disquette en haut de la colonne Ordre.**

   Joomla affiche les articles dans le nouvel ordre (voir la Figure 4.24).

Vous n'en avez pas tout à fait fini. Si vous observez la page de catégorie pour la catégorie Esquimaux, vous constatez que l'ordre des articles reste inchangé.

Pour modifier l'ordre d'apparition des articles dans la page de catégorie, vous devez utiliser la gestion des menus comme nous allons le voir dans la section suivante. Pour obtenir plus d'informations sur la gestion des menus, référez-vous au Chapitre 3 et à la section « Créer un élément de menu » plus haut dans ce chapitre.

Réorganiser les articles dans la page Liens de menu

Pour réorganiser des articles dans la page de catégorie, suivez ces étapes :

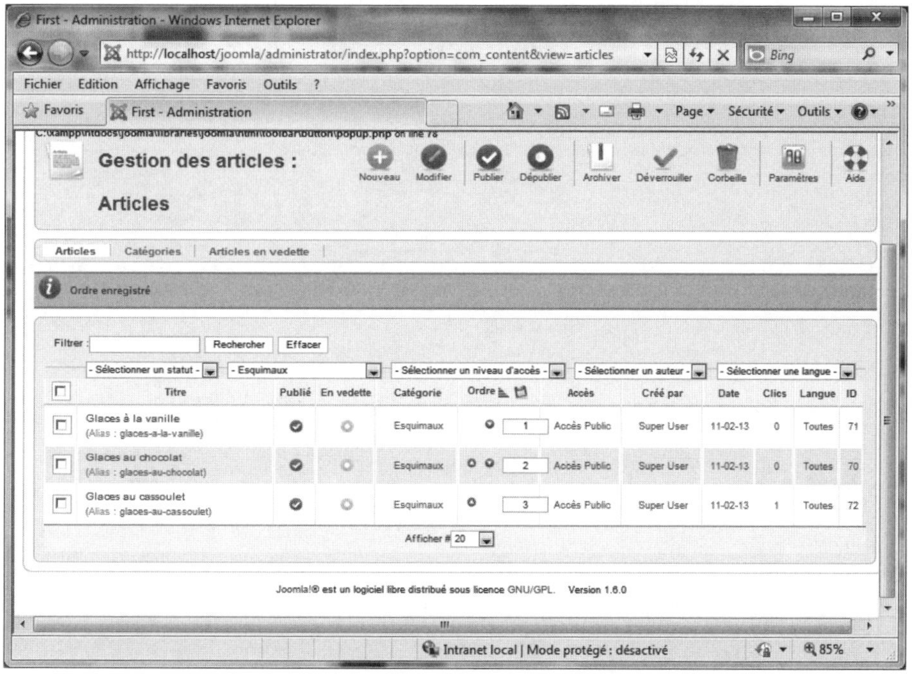

Figure 4.24 : Les articles réorganisés.

1. **Cliquez sur l'icône Gestion Menus dans le panneau d'administration ou choisissez Menus/Gestion des menus dans n'importe quelle page d'administration.**

   La gestion des menus s'ouvre.

2. **Cliquez sur l'onglet Liens de menu en haut de la page.**

   La page Liens de menu s'ouvre.

3. **Sélectionnez un élément de menu.**

   Pour cet exemple, faites défiler la page Liens de menu jusqu'à Parfums de glaces et cliquez sur cet élément.

4. **Cliquez sur la barre Options d'affichage du Blog pour développer cette section, comme le montre la Figure 4.25.**

   Cette section vous permet de définir l'ordre d'affichage des articles dans la page de catégorie.

5. **Dans le menu déroulant Ordre des articles, sélectionnez une option pour spécifier l'ordre que vous souhaitez appliquer.**

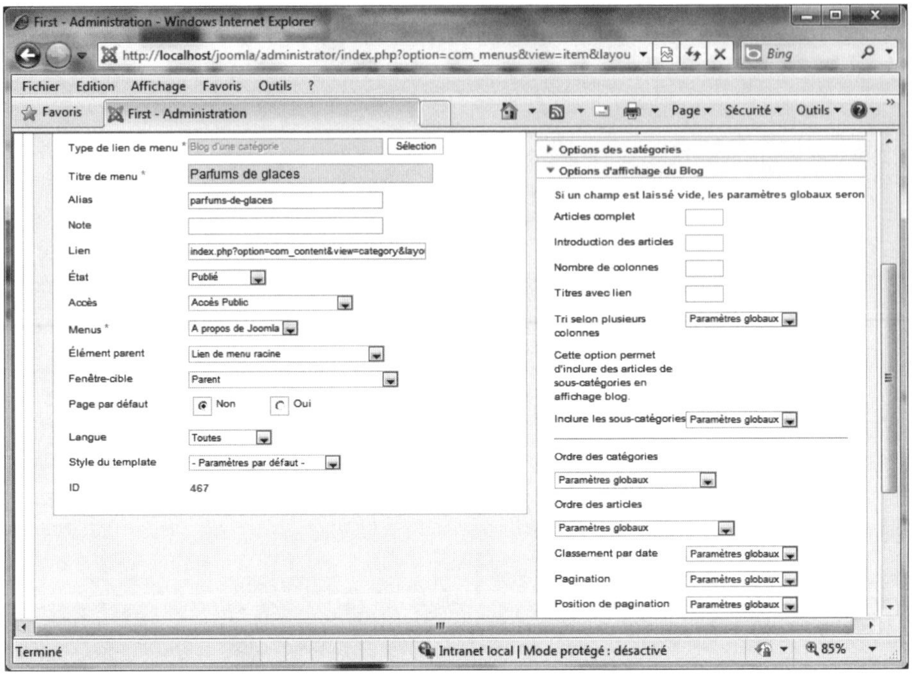

Figure 4.25 : La section Options d'affichage du Blog.

Pour cet exemple, choisissez Gestion de l'ordre des articles.

6. **Cliquez sur le bouton Enregistrer & Fermer situé en haut de la page.**

7. **Visualisez la page dans un navigateur.**

8. **Cliquez sur le lien correspondant à la page de catégorie souhaitée pour visualiser le nouvel ordre des articles (voir la Figure 4.26).**

Félicitations ! Les articles sont maintenant classés dans l'ordre souhaité. Cependant, les éléments de menu ne le sont pas encore. Nous allons voir comment organiser ces éléments de menu dans la prochaine section.

Déterminer la position des éléments de menu

Comme nous l'avons vu dans la précédente section, vous pouvez modifier l'ordre des articles *via* la gestion des articles, cependant la mise en page de ces articles ne s'en trouve pas modifiée. Pour cela,

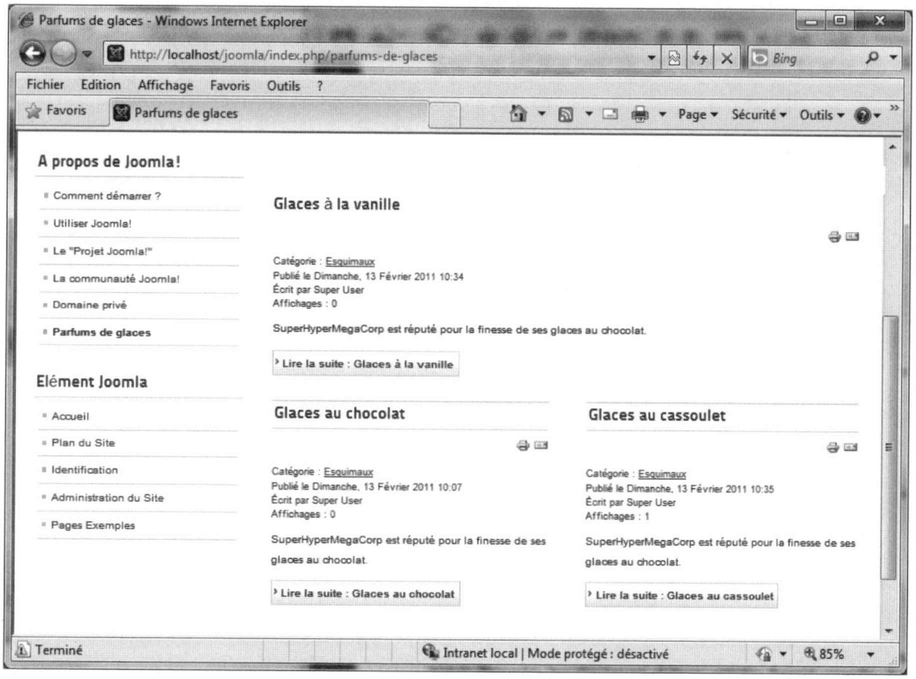

Figure 4.26 : Les articles affichés dans la page de Gestion des articles.

vous devez réaliser les modifications dans la page Liens de menu de la gestion des menus. De ce fait, le gestionnaire des liens de menu est un outil plus puissant que la gestion des articles en ce qui concerne leur mise en page.

Étant donné que le gestionnaire des liens de menu est le roi de la mise en page, vous ne serez pas surpris de découvrir qu'il est possible de l'utiliser pour définir l'ordre des éléments de menu. C'est cette caractéristique qui fait toute la différence de Joomla. En effet, Joomla stocke tous les détails de mise en page dans des éléments de menu et non dans les articles eux-mêmes.

N'OUBLIEZ PAS

Tandis que la modification de la position des éléments dans la colonne Ordre de la gestion des articles n'affecte pas leur agencement sur la page (cet agencement est défini par le gestionnaire des liens de menu ; référez-vous à la section « Réorganiser les articles dans la gestion des articles » plus haut dans ce chapitre), la modification de la position des éléments de menu dans la colonne Ordre du gestionnaire des liens de menu affecte bien la position de ces éléments sur la page.

Reprendre le site exemple

Dans votre site exemple, l'ordre des éléments de menu n'est probablement pas celui souhaité par la société SuperHyperMegaCorp. Ces éléments sont dans l'ordre suivant :

- Comment démarrer
- Utiliser Joomla!
- Le Projet Joomla!
- La communauté Joomla!
- Domaine privé
- Parfums de glaces

Comme les glaces sont les produits phares de votre client, ces éléments devraient apparaître en haut de la liste, comme ceci :

- Parfums de glaces
- Comment démarrer
- Utiliser Joomla!
- Domaine privé
- Le Projet Joomla!
- La communauté Joomla!

Mais comment déplacer les éléments à l'intérieur d'un menu ? Lisez ce qui suit.

Modifier l'ordre des éléments de menu

Pour modifier l'ordre des éléments de menu, suivez ces étapes :

1. **Cliquez sur l'icône Gestion Menus dans le panneau d'administration ou sélectionnez Menus/Gestion des menus dans n'importe quelle page d'administration.**

   La gestion des menus s'ouvre.

2. **Cliquez sur l'onglet Liens de menu en haut de la page.**

Le gestionnaire de liens de menu s'ouvre.

3. **Cliquez sur le titre de la colonne Ordre.**

   Les numéros d'ordre sont activés.

4. **Localisez l'élément de menu avec lequel vous voulez travailler.**

   Pour cet exemple, faites défiler les éléments de menu jusqu'à l'élément Parfums de glaces.

5. **Entrez le nouveau numéro d'ordre.**

   Pour cet exemple, entrez « 1 » pour Parfums de glace.

6. **Cliquez sur l'icône en forme de disquette en haut de la colonne Ordre.**

   Joomla affiche les éléments de menu dans le nouvel ordre (voir la Figure 4.27).

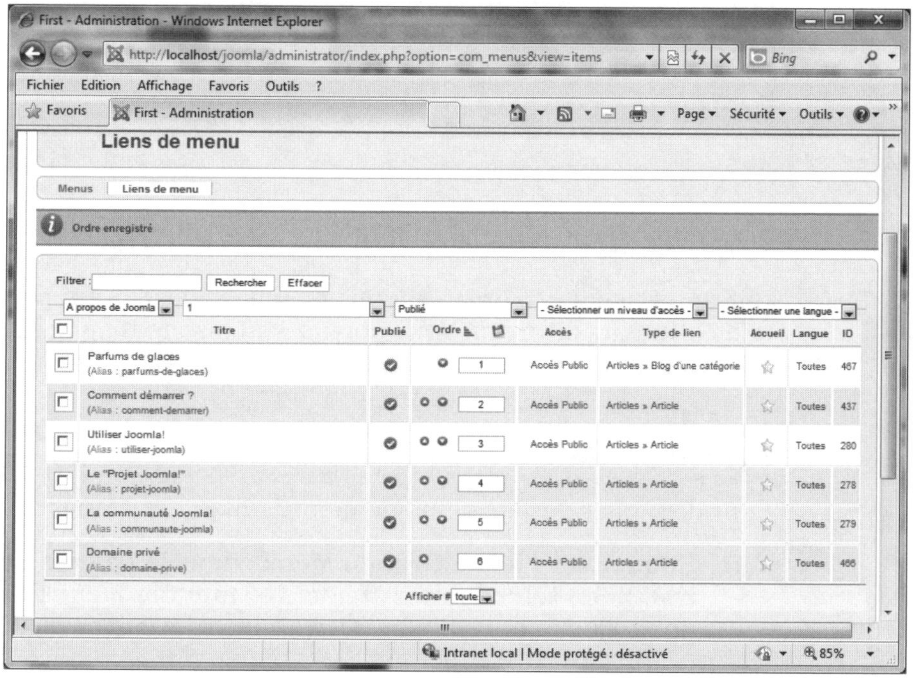

Figure 4.27 : Les éléments de menu affichés dans le nouvel ordre.

7. **Visualisez la page d'accueil.**

Les éléments de menu sont affichés dans le nouvel ordre (voir la Figure 4.28).

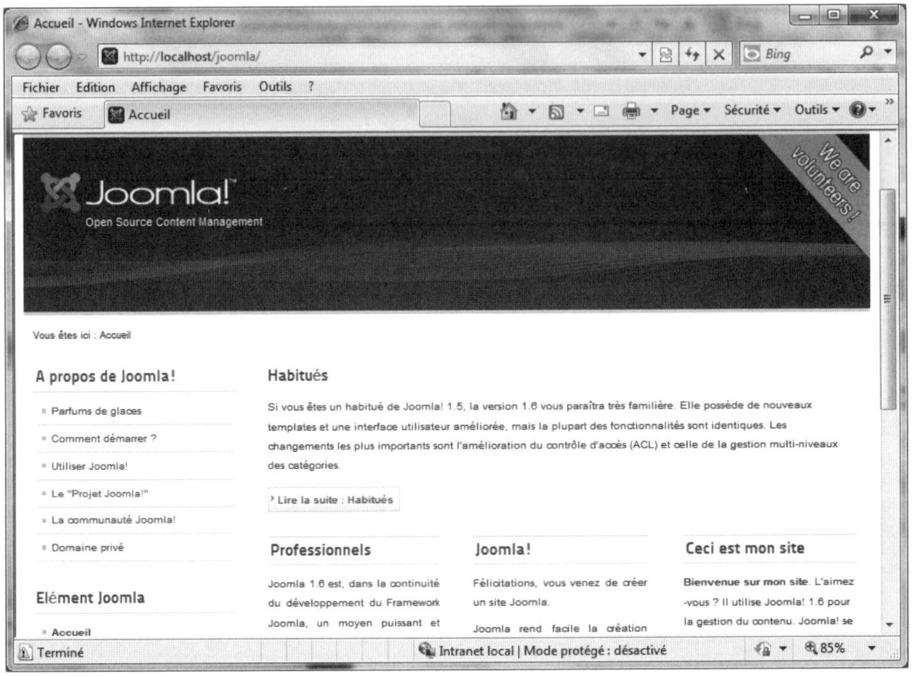

Figure 4.28 : Le nouvel ordre des éléments de menu.

Supprimer des éléments de menu

Une autre manière d'organiser vos menus consiste à supprimer certains éléments de menu. Vous pouvez soit les mettre à la corbeille, soit les dépublier.

Dépublier des éléments

Pour dépublier des éléments de menu, suivez ces étapes :

1. **Cliquez sur l'icône Gestion Menus dans le panneau d'administration ou sélectionnez Menus/Gestion des menus dans n'importe quelle page d'administration.**

   La gestion des menus s'ouvre.

2. **Cliquez sur l'onglet Liens de menu en haut de la page.**

Le gestionnaire de liens de menu s'ouvre.

3. **Cochez la case des éléments de menu que vous voulez dépublier.**

   Pour cet exercice, cochez les éléments de menu suivants :

   - Utiliser Joomla!
   - La communauté Joomla!
   - Le Projet Joomla!

4. **Cliquez sur le bouton Dépublier en haut de la page.**
5. **Observez la page d'accueil.**

Supprimer des éléments

Outre dépublier des éléments dans Joomla, vous pouvez les supprimer en les mettant à la corbeille. Alors, vaut-il mieux dépublier ou supprimer des éléments inutilisés en les mettant à la corbeille ?

Mettre un élément à la corbeille (puis le supprimer en vidant la corbeille) est irréversible. Aussi, nous vous conseillons plutôt de les dépublier pour pouvoir facilement les republier si l'envie vous prend. Cependant, avec le temps, les performances de votre site peuvent se dégrader de manière significative si vous possédez trop d'éléments dépubliés puisque Joomla doit continuer à les gérer en arrière-plan.

Donc, si vous avez des éléments (éléments de menu, articles et ainsi de suite) que vous êtes sûr de ne plus utiliser, mettez-les à la corbeille. Voici comment procéder :

1. **Exécutez les étapes 1 et 2 de la section « Dépublier des éléments » afin d'ouvrir le gestionnaire des liens de menu.**
2. **Cochez la case située au début de la ligne de l'élément à dépublier.**
3. **Cliquez sur l'icône Corbeille située dans l'angle supérieur droit de la page.**

   Vous venez de déplacer l'élément dans la corbeille. Pour le supprimer définitivement, vous devez en informer Joomla.

4. **Dans le menu déroulant Sélectionner un statut, sélectionnez Corbeille.**

   Le gestionnaire des liens de menu filtre les éléments de menu supprimés.

5. **Cochez la case située au début de la ligne de chaque élément à supprimer.**

6. **Cliquez sur l'icône Vider la corbeille dans l'angle supérieur droit de la page.**

   La gestion de la corbeille supprime définitivement l'élément.

Chapitre 5

Naviguer dans son site avec les menus

Dans ce chapitre :

- Comprendre les menus dans Joomla.
- Ajouter des sous-menus.
- Agencer des listes.
- Utiliser les options de menu.
- Créer un élément de menu par défaut.
- Utiliser les séparateurs de menu.

Dans Joomla, les menus sont incontournables, bien plus que la plupart des gens ne l'imaginent. En fait, vous ne pouvez pas voir une page Web de Joomla si un élément de menu ne la pointe pas. De même, lorsque vous créez un élément de menu, vous définissez la mise en page de la page Web qu'il pointe.

Joomla propose de nombreuses possibilités avec ses menus. Ce chapitre leur est consacré.

Tout ce qu'il faut savoir sur les menus de Joomla

Comme les pages Web n'existent pas dans Joomla avant que les données de ces pages ne soient atteintes *via* un élément de menu, Joomla englobe tous les détails de présentation des pages Web dans des éléments de menu. Si les modèles (voir Chapitre 9) ont en charge l'aspect et la disposition des éléments d'une page en utilisant un mélange de HTML et de CSS, ce sont les éléments de menu qui déterminent la mise en page que Joomla utilise pour agencer la page Web résultante.

Lorsque vous créez un élément de menu, vous spécifiez la mise en page que Joomla utilise pour afficher la page Web associée. Vous disposez pour cela d'un grand nombre d'options. Ainsi, vous pouvez créer des pages Web standard (contenant des articles complets) ou des pages de catégorie (qui présentent un résumé de tous les articles d'une catégorie donnée). Vous pouvez publier sur la page d'accueil de votre site ou sur des sites externes. Vous pouvez également associer des types de modules spécifiques : zones de recherche, encapsuleurs (qui permettent de présenter des pages externes à l'intérieur d'une page Joomla, voir le Chapitre 8) et ainsi de suite.

Toutes ces options de mise en page mettent à votre disposition un ensemble d'outils bien plus intéressant que dans d'autres systèmes de gestion de contenu. Les chapitres précédents vous ont indiqué comment travailler avec les éléments de menu car, dans Joomla, vous n'allez nulle part sans eux. Toutefois, ce chapitre vous montre tout le prestige des menus.

N'OUBLIEZ PAS

Pour mieux comprendre la création de menu, nous utilisons un seul exemple tout au long de ce chapitre, n'hésitez pas cependant à lui substituer vos textes ou votre structure de site.

Créer des éléments de sous-menu

Comme il est impossible d'afficher des pages Web dans Joomla sans que des éléments de menu n'y fassent référence, nous avons vu dans les Chapitres 3 et 4 les bases de l'utilisation des menus. Dans ce chapitre, nous vous démontrons plus encore la puissance des menus.

Nous commençons par vous indiquer comment créer des éléments de *sous-menu* : il s'agit d'éléments de menu qui apparaissent en dessous d'autres éléments de menu.

Pour exemple, nous utilisons ici un site Web disposant d'une catégorie Glaces et d'une catégorie imbriquée Barres contenant les articles suivants :

```
Barres
    |
    |__ Barre SuperHyperMega
    |
    |__ Barre aux fruits
    |
    |__ Barre au brocoli
```

Vous pouvez utiliser trois sous-menus pour afficher ces articles.

Créer des pages de catégorie et de catégorie imbriquée

En premier lieu, vous devez créer une page de catégorie et une page de catégorie imbriquée. Pour cela, suivez ces étapes :

1. **Cliquez sur l'icône Gestion Catégories dans le panneau de contrôle ou sélectionnez Contenu/Gestion des catégories dans n'importe quelle page d'administration pour ouvrir la gestion des catégories.**

2. **Cliquez sur le bouton Nouveau pour ouvrir une nouvelle page de catégorie.**

   Si vous avez déjà créé une catégorie Glaces pour les exercices du Chapitre 4, ignorez les étapes 2 à 4.

3. **Entrez le titre de la nouvelle catégorie dans la zone de texte Titre.**

   Pour cet exercice, entrez « Glaces ».

4. **Cliquez sur le bouton Enregistrer & Fermer.**

5. **Cliquez sur le bouton Nouveau pour ouvrir la page Ajouter une catégorie.**

6. **Entrez le titre de la nouvelle catégorie dans la zone de texte Titre.**

   Pour cet exercice, entrez « Barres ».

7. **Dans le menu déroulant Parent, sélectionnez l'emplacement de la nouvelle catégorie.**

   Pour cet exemple, choisissez Glaces.

8. **Entrez une description dans la zone de texte Description au bas de la page.**

   Pour cet exemple, entrez « Cette catégorie présente l'excellente gamme de barres glacées SuperHyperMegaCorp ».

   À ce stade, vos paramètres doivent ressembler à ceux de la Figure 5.1.

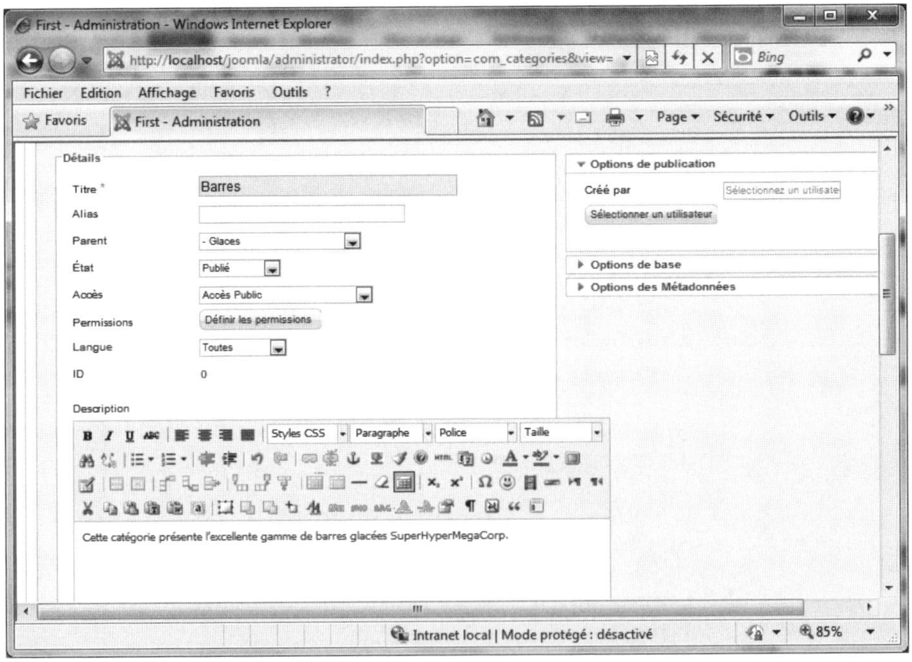

Figure 5.1 : Créer une catégorie.

9. **Cliquez sur le bouton Enregistrer & Fermer.**

   Vous retournez dans la gestion des catégories qui affiche maintenant la nouvelle catégorie. Si vous avez effectué l'exercice du Chapitre 4, vous devez également voir la catégorie Esquimaux.

Créer des pages Web cibles

Nous devons à présent créer un article pour chaque élément de sous-menu : la page Web cible que le sous-menu pointe. Pour ce faire, suivez ces étapes :

1. **Cliquez sur l'icône Ajouter un article dans le panneau d'administration ou sélectionnez Contenu/Gestion des articles/Ajouter un nouvel article.**

   La page Ajouter un article s'ouvre.

2. **Entrez le titre de l'article dans la zone de texte Titre.**

   Pour cet exercice, entrez « Barre SuperHyperMega ».

3. **Sélectionnez la catégorie appropriée dans le menu déroulant Catégorie.**

   Pour cet exercice, sélectionnez la catégorie Barres. Notez que Joomla présente Barres comme une catégorie imbriquée dans la catégorie Glaces.

4. **Entrez le texte de l'article dans la zone Texte de l'article en bas de la page.**

   Pour cet exercice, entrez le texte suivant : « La gamme SuperHyperMegaCorp de barres glacées met entre vos mains le goût divin de ses glaces… dans une forme particulièrement facile à déguster » (voir la Figure 5.2).

5. **Cliquez sur le bouton Enregistrer & Fermer.**

   Vous retournez dans la gestion des articles.

6. **Répétez les étapes 1 à 5 pour ajouter d'autres articles.**

   Créez, pour cet exercice, deux articles supplémentaires : Barre aux fruits et Barre au brocoli. Assignez ces deux éléments à la catégorie Barres de la catégorie Glaces. Lorsque vous avez terminé, retournez dans la page de gestion des articles, entrez Barre dans la zone Filtrer et cliquez sur le bouton Rechercher. Une fois que Joomla a filtré les résultats, votre gestion des articles doit ressembler à celle présentée dans la Figure 5.3.

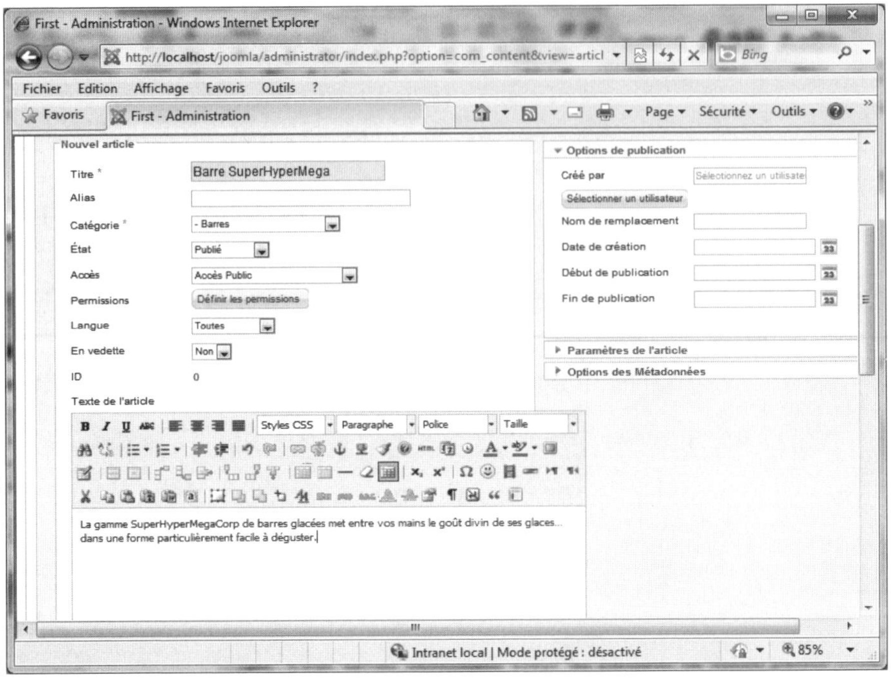

Figure 5.2 : Créer un article pour une page Web cible.

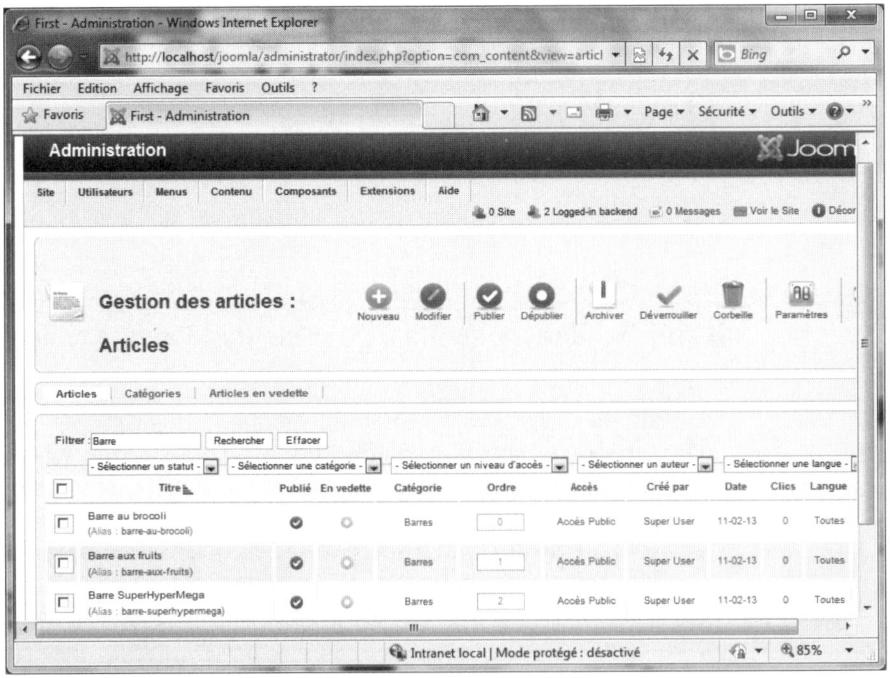

Figure 5.3 : Trois articles pour les trois pages Web cibles.

Créer un élément de menu parent

Vous disposez maintenant des articles associés aux éléments de sous-menus. Vous devez désormais créer un élément de menu parent (voir Chapitre 4) pour les éléments de sous-menu. Suivez ces étapes :

1. **Créez un nouvel article.**

   Pour cet exercice, l'article sera intitulé Barres Glacées.

2. **Retournez dans le panneau d'administration : cliquez sur le lien Administration en haut de n'importe quelle page d'administration et sélectionnez Menus/Gestion des menus pour ouvrir la gestion des menus.**

   La gestion des menus s'ouvre.

3. **Cliquez sur le nom du menu dans lequel vous voulez placer le nouveau sous-menu.**

   Pour cet exercice, sélectionnez Menu Principal.

4. **Cliquez sur le bouton Nouveau.**

   La page Ajouter un lien de menu s'ouvre.

5. **Cliquez sur le bouton Sélection situé à côté de la zone Type de lien de menu et sélectionnez un type.**

   Pour cet exemple, sélectionnez Blog d'une catégorie. La page Type de lien de menu se ferme et la page Ajouter un lien de menu s'ouvre à nouveau en développant la section Paramètres requis.

6. **Entrez le titre du nouvel élément de menu dans la zone de texte Titre.**

   Pour cet exercice, entrez « Barres Glacées ».

7. **Sélectionnez un statut dans le menu déroulant État.**

   Pour cet exercice, sélectionnez Publié.

8. **Sélectionnez un emplacement dans le menu déroulant Menus.**

   Pour cet exercice, sélectionnez À propos de Joomla.

9. **Dans la section Paramètres requis, cliquez et sélectionnez la catégorie Barres dans le menu déroulant Sélection de catégorie.**

10. **Cliquez sur Enregistrer & Fermer.**

    La page Liens de menu s'ouvre.

11. **Si vous voulez modifier l'ordre d'affichage des éléments de menu, modifiez les numéros dans la colonne Ordre et cliquez sur l'icône en forme de disquette en haut de la colonne.**

    Pour cet exercice, entrez « 4 » dans la colonne Ordre pour l'élément de menu Barres glacées.

12. **Cliquez sur Voir le Site pour visualiser votre site.**

    Joomla affiche le menu mis à jour, qui doit ressembler à celui de la Figure 5.4.

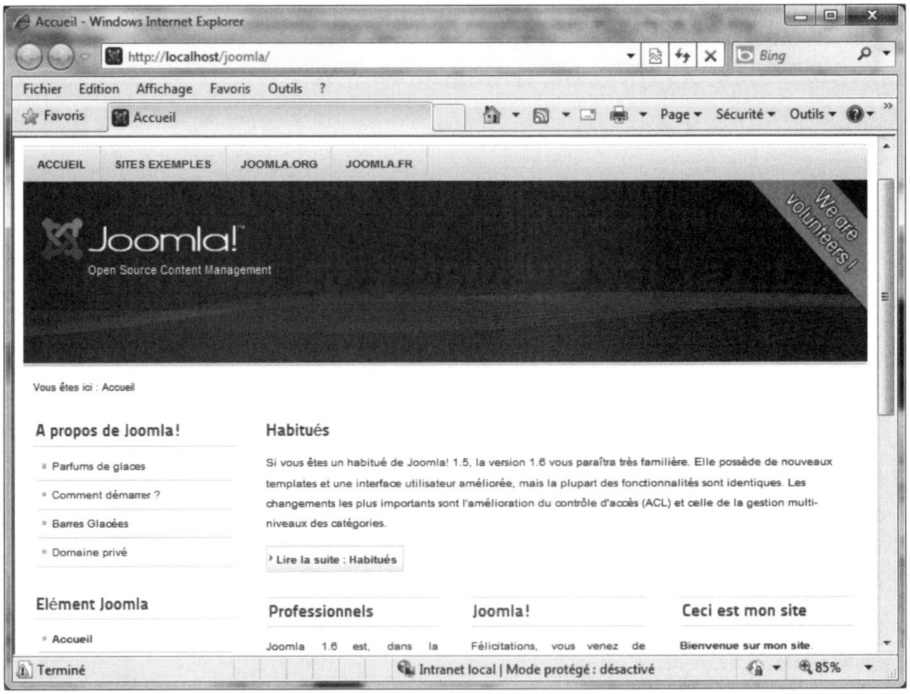

Figure 5.4 : Le nouvel élément de menu parent sur le site Web.

Créer des éléments de sous-menu

Pour ajouter des éléments de sous-menu, suivez ces étapes:

1. **Sélectionnez Menus/Gestion des menus dans n'importe quelle page d'administration pour ouvrir la gestion des menus.**
2. **Cliquez sur le menu à utiliser comme menu parent.**

   Pour cet exercice, sélectionnez Menu Principal.

   La page Liens de menu s'ouvre.
3. **Cliquez sur Nouveau.**

   La page Ajouter un lien de menu s'ouvre.
4. **Cliquez sur le bouton Sélection situé à côté de la zone Type de lien de menu et sélectionnez un type.**

   Pour cet exercice, sélectionnez Article.
5. **Entrez le titre de l'élément de sous-menu dans la zone de texte Titre.**

   Pour cet exercice, entrez « Barre SuperHyperMega ».
6. **Dans le menu déroulant Élément parent, sélectionnez le menu parent du nouvel élément de sous-menu.**

   Pour cet exercice, sélectionnez Barres glacées.

   À ce stade, vos paramètres doivent ressembler à ceux de la Figure 5.5.
7. **Cliquez sur le bouton Enregistrer & Fermer.**

   Le nouvel élément de sous-menu est enregistré et la page Liens de menu s'ouvre.
8. **Répétez les étapes précédentes pour créer autant d'éléments de sous-menu que vous souhaitez.**

   Pour cet exercice, créez deux éléments de sous-menu supplémentaires : Barre aux fruits et Barre au brocoli.
9. **Cliquez sur le lien Voir le Site pour voir le résultat sur votre site.**

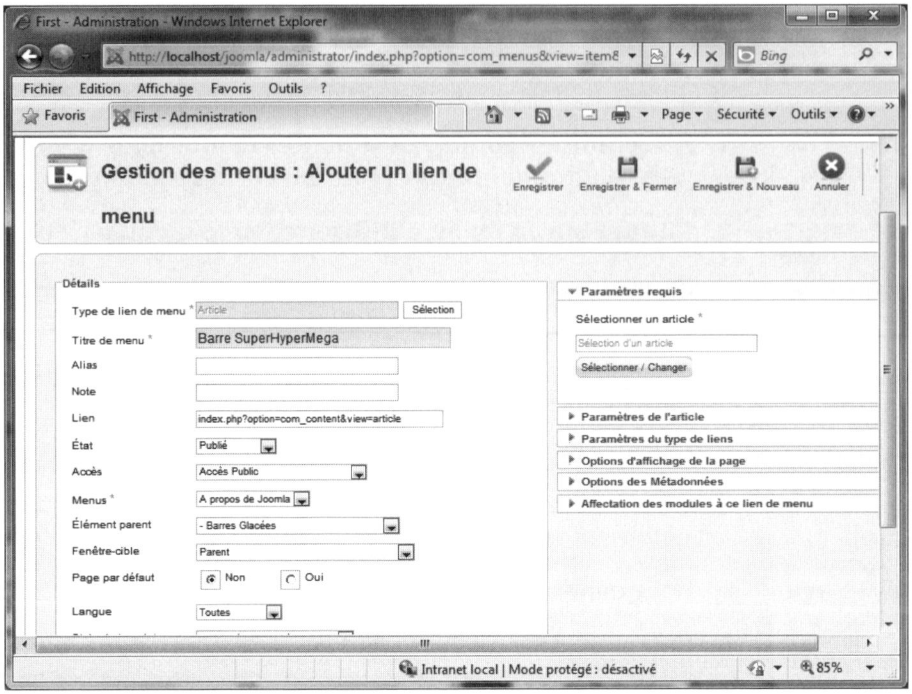

Figure 5.5 : Créer un élément de sous-menu.

Lorsque vous cliquez sur le nouvel élément de sous-menu, vous basculez directement dans la page à laquelle l'élément est lié. Quand vous cliquez sur l'élément de menu Barres glacées, Joomla affiche les nouveaux éléments de sous-menu, qui doivent ressembler à ceux de la Figure 5.6.

Modifier l'ordre des articles au format liste

Si les articles ne s'affichent pas dans l'ordre souhaité, vous pouvez les réorganiser. Vous utilisez la gestion des catégories ? Non. La gestion des articles ? Non plus. Vous devez utiliser la gestion des menus.

Dans Joomla, la mise en page d'une page est définie dans l'élément de menu qui renvoie à cette page (et le modèle utilisé dans cette page).

Pour modifier l'ordre des articles dans la liste, suivez ces étapes :

1. **Sélectionnez Menus/Gestion des menus dans n'importe quelle page d'administration pour ouvrir la gestion des menus.**

2. **Cliquez sur le nom du menu parent de l'élément à modifier.**

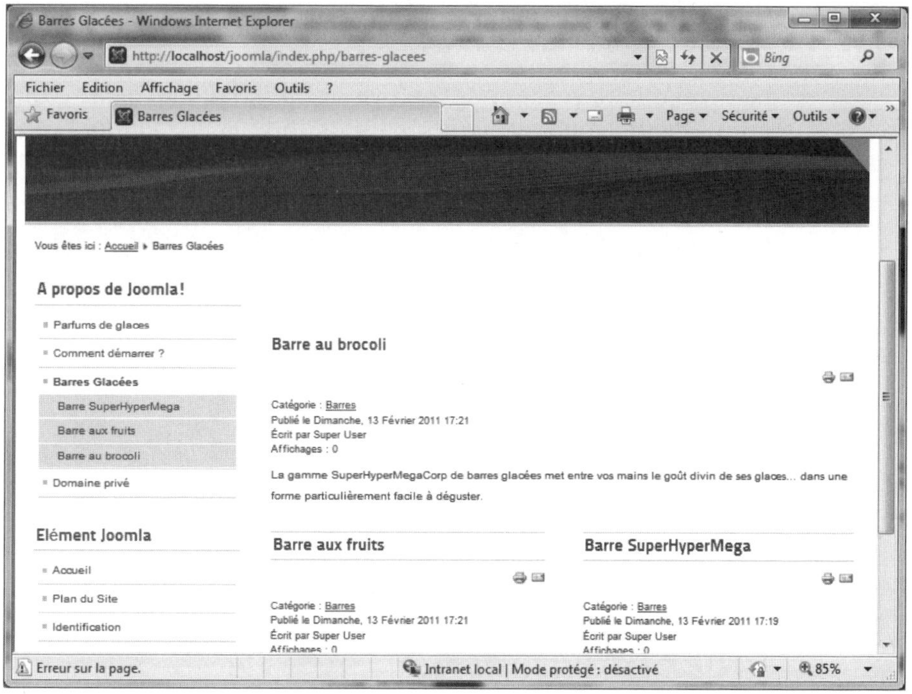

Figure 5.6 : Les nouveaux éléments de menu parent et de sous-menu.

Pour cet exercice, sélectionnez Menu Principal.

La page Liens de menu s'ouvre.

3. **Cliquez sur le nom de l'élément de menu à modifier pour ouvrir la page Modifier un lien de menu.**

4. **Ouvrez les options avancées.**

5. **Sélectionnez un nouvel ordre dans le menu déroulant Ordre des articles.**

   Pour cet exercice, sélectionnez Les plus anciens en premier.

6. **Cliquez sur le bouton Enregistrer & Fermer.**

Comme l'élément de menu auquel un article est lié détermine comment Joomla affiche cet article, nous attirons votre attention sur les options possibles. Le Chapitre 4 présente les formats article et blog. L'autre type de format est liste que nous abordons dans la section suivante.

Utiliser le format liste

Le format liste ressemble au format blog dans la mesure où il s'utilise pour afficher un aperçu des articles Joomla. Cependant, au lieu d'afficher les premières lignes de chaque article, le format liste affiche une simple liste de liens vers les articles.

Pour l'exemple de cette section, nous allons créer une catégorie Cônes imbriquée dans la catégorie Glaces et appliquer le format liste aux articles contenus dans cette catégorie :

```
Cônes
   |
   |__ Cône SuperHyperMega
   |
   |__ Cône aux vermicelles
   |
   |__ Cône béarnaise
```

Créer la catégorie

Pour commencer, créez une nouvelle catégorie, comme ci-dessous :

1. **Cliquez sur l'icône Gestion Catégories dans le panneau d'administration ou sélectionnez Contenu/Gestion des catégories dans n'importe quelle page d'administration afin d'ouvrir la page de gestion des catégories.**
2. **Cliquez sur le bouton Nouveau pour ouvrir la page Ajouter une catégorie.**
3. **Entrez le titre de la nouvelle catégorie dans la zone Titre.**

   Pour cet exercice, entrez « Cônes ».
4. **Sélectionnez une catégorie dans le menu déroulant Parent.**

   Pour cet exercice, choisissez Glaces.
5. **Dans la zone Description située en bas de la page, entrez la description de cette nouvelle catégorie.**
6. **Cliquez sur le bouton Enregistrer & Fermer.**

   Vous retournez dans la gestion des catégories.

Créer les articles

À présent, il vous faut créer les articles de cette nouvelle catégorie. Suivez ces étapes :

1. **Cliquez sur l'icône Ajouter un article dans le panneau d'administration ou choisissez Contenu/Gestion des articles dans n'importe quelle page d'administration pour ouvrir la gestion des articles**

2. **Cliquez sur le bouton Nouveau.**

   La page Ajouter un article s'ouvre.

3. **Entrez le titre de l'article dans la zone de texte Titre.**

   Pour cet exercice, entrez « Cône SuperHyperMega ».

4. **Choisissez la catégorie appropriée dans le menu déroulant Catégorie.**

   Pour cet exercice, choisissez la catégorie imbriquée Cônes.

5. **Dans la zone de texte située en bas de la page, entrez le texte de l'article.**

6. **Cliquez sur le bouton Enregistrer & Fermer.**

   Vous retournez dans la page de gestion des articles.

8. **Répétez les étapes 1 à 6 pour ajouter autant d'articles que vous souhaitez.**

   Pour cet exercice, ajoutez deux articles supplémentaires : Cône aux vermicelles et Cône béarnaise. Assignez ces articles à la catégorie Cônes.

Créer l'élément de menu

Pour créer l'élément de menu auquel vous allez lier les nouveaux articles, suivez ces étapes :

1. **Sélectionnez Menus/Gestion des menus dans n'importe quelle page d'administration afin d'ouvrir la page de gestion des menus.**

2. **Cliquez sur le menu auquel vous voulez ajouter le nouvel élément.**

   Pour cet exercice sélectionnez À propos de Joomla.

   La page Liens de menu s'ouvre.

3. **Cliquez sur le bouton Nouveau en haut de la fenêtre.**

   La page Ajouter un lien de menu s'ouvre.

4. **Cliquez sur le bouton Sélection situé à côté de la zone Type de lien de menu et sélectionnez un type.**

   Pour cet exercice, sélectionnez Liste de toutes les catégories.

5. **Entrez le titre du nouvel élément de menu dans la zone Titre.**

   Pour cet exercice, entrez « Cônes glacés ».

6. **Dans le menu déroulant Menus, choisissez le menu parent du nouvel élément de menu.**

   Pour cet exercice, choisissez À propos de Joomla.

7. **Sélectionnez un statut dans le menu déroulant État.**

   Pour cet exercice, choisissez Publié.

8. **Choisissez une option dans le menu déroulant Accès.**

   Pour cet exercice, sélectionnez Public.

9. **Sélectionnez une option dans la liste Élément parent.**

   Pour cet exercice, vous créez un nouvel élément de menu racine dans le menu À propos de Joomla. C'est pourquoi vous sélectionnez Liens de menu racine.

10. **Ouvrez le menu déroulant Fenêtre-cible.**

    Pour cet exercice, sélectionnez Parent.

11. **Dans la section Paramètres requis, sélectionnez la catégorie dans le menu déroulant Catégorie principale.**

    Pour cet exercice, indiquez Cônes. Vos paramètres doivent maintenant correspondre à ceux de la Figure 5.7.

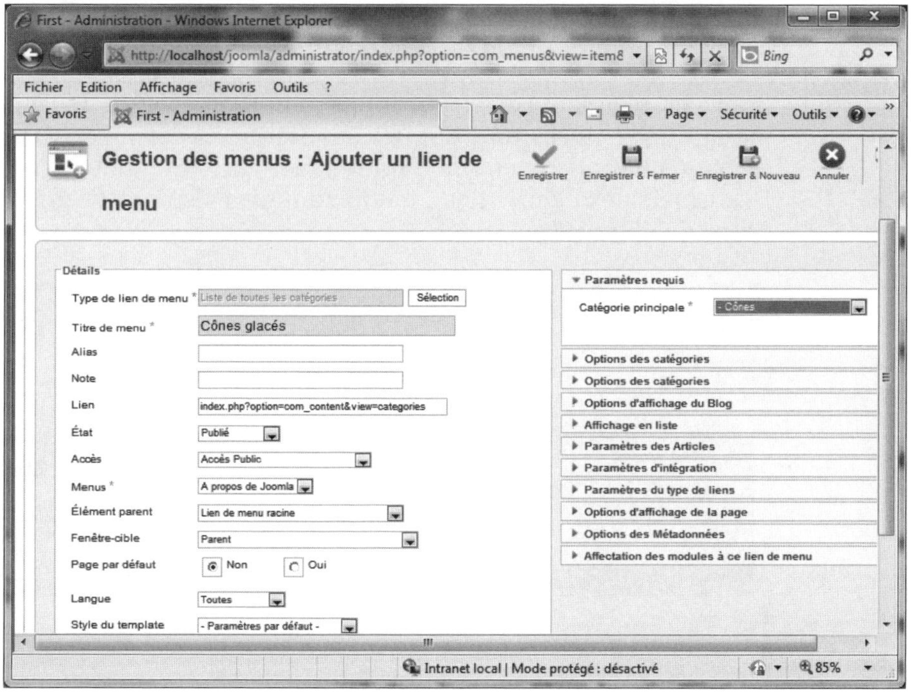

Figure 5.7 : Création d'un élément de menu.

12. **Cliquez sur le bouton Enregistrer & Fermer.**

    Vous retournez dans la gestion des menus qui affiche le nouvel élément de menu.

TRUC

Peut-être vous demandez-vous ce qu'est une fenêtre cible. Quand vous travaillez avec Joomla, une fenêtre cible est la fenêtre de navigation que le SGC doit utiliser pour que vous puissiez visualiser un composant tel qu'un article lorsqu'un élément de menu ou un lien est sélectionné. Joomla propose trois options pour la fenêtre cible : Parent (la fenêtre de navigation dans laquelle figure l'élément de menu ou l'hyperlien), Nouvelle fenêtre avec barre de navigation et Nouvelle fenêtre sans barre de navigation.

Modifier l'ordre des éléments de menu

Vous pouvez observer le nouvel élément de menu dans la gestion des menus. Il a été ajouté tout en bas de la liste et apparaîtra donc en dernière position dans le menu parent. Vous pouvez modifier cet ordre en entrant une nouvelle valeur dans la colonne Ordre puis en cliquant sur l'icône en forme de disquette située en haut de la colonne.

Pour cet exercice, entrez « 4 » dans la colonne Ordre de l'élément de menu Cônes glacés puis cliquez sur l'icône en forme de disquette située en haut de la colonne pour sauvegarder ce nouvel ordre. Désormais, les éléments de menu sont classés dans l'ordre souhaité (voir la Figure 5.8).

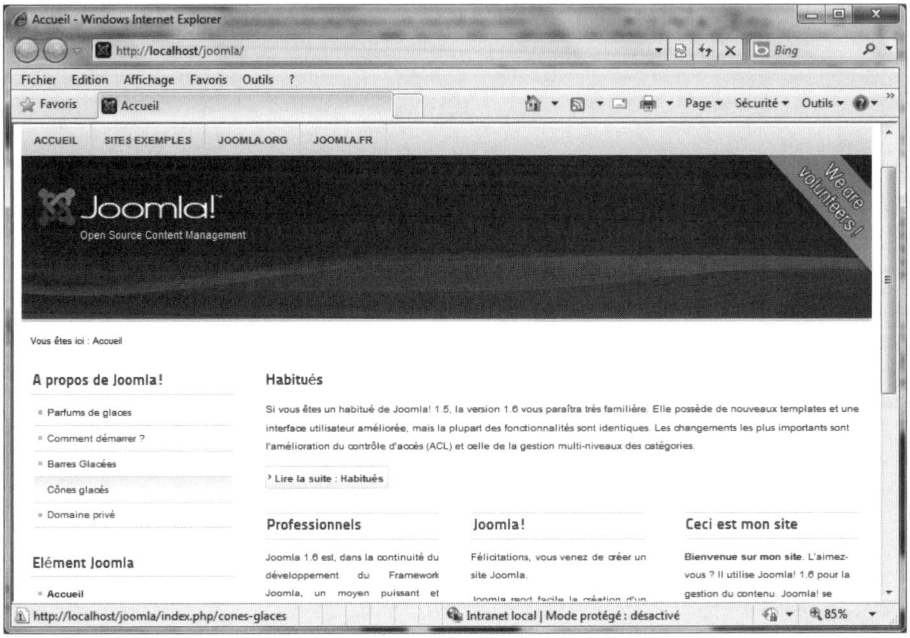

Figure 5.8 : Les éléments de menu fraîchement réorganisés dans la page d'accueil.

Observer l'aspect de la liste

Pour voir à quoi ressemble votre site, cliquez sur le lien Voir le Site situé en haut de toutes les pages d'administration. Vous devez voir le nouvel élément de menu que vous venez d'ajouter. Quand vous cliquez sur cet élément de menu, vous devez voir les articles que vous lui avez associés, affichés sous forme de liste. La Figure 5.9 vous en donne un exemple. Les titres des articles de la liste sont associés à des liens sur lesquels vous pouvez cliquer pour ouvrir les articles correspondants.

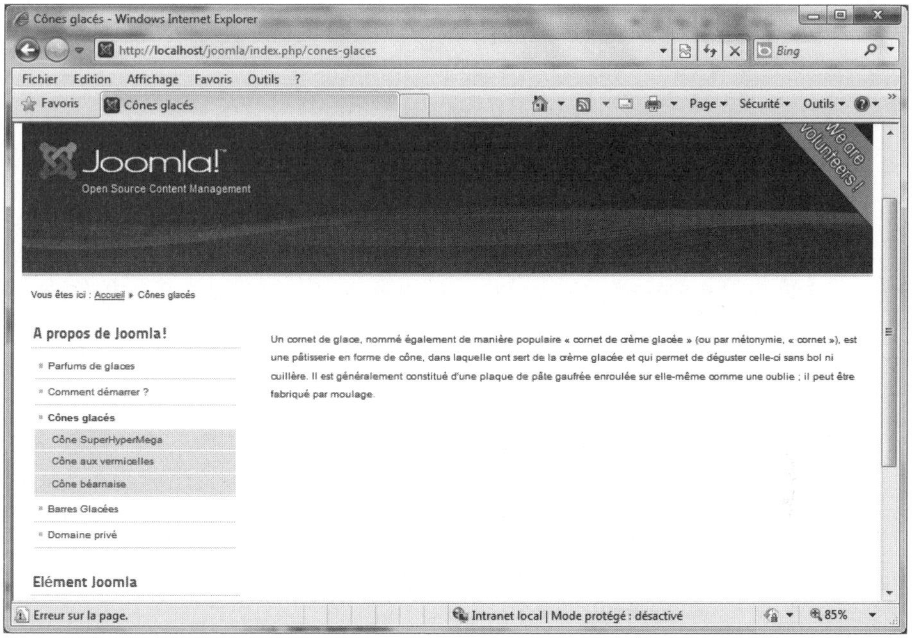

Figure 5.9 : Un nouvel élément de menu affichant des articles au format liste.

Vous maîtrisez le format liste !

Les sections suivantes vous offrent un aperçu des options disponibles pour les trois types de format des éléments de menu les plus courants : Article, Blog d'une catégorie, Liste de toutes les catégories. Ces trois types sont très utilisés pour les éléments de menu dans les sites Joomla et vous devez connaître leurs options pour les utiliser efficacement.

Découvrir les options de la gestion des menus

Joomla propose un grand choix d'options pour les différents types de format, notamment celles illustrées dans la Figure 5.10.

Les options, présentées dans des sections de paramètres dans la partie droite de la page Modifier un lien de menu, dépendent du type d'élément de menu sur lequel vous travaillez, c'est-à-dire Blog d'une catégorie, Article ou Liste de toutes les catégories. De prime abord, un choix aussi vaste d'options différentes peut être intimidant, même

Figure 5.10 : Paramètres disponibles pour les articles.

pour les développeurs Web confirmés. Cependant, nous pensons que ce nombre impressionnant d'options est une preuve, parmi d'autres, de la puissance de Joomla. Après tout, si vous ne pouviez pas configurer votre site exactement comme vous le voulez, Internet serait ennuyeux. La variété met du piment dans la vie !

Il n'y a pas assez de place dans ce livre pour examiner toutes ces options, nous nous contentons donc de vous en donner un bref aperçu en nous focalisant sur l'utilisation de quelques-unes d'entre elles. Ceci dit, dès que nous abordons des options disponibles dans d'autres sections au fil de ce livre, nous les étudions plus précisément.

Si vous avez un doute sur l'effet d'une option spécifique, pointez-la avec la souris. Après quelques secondes, une info-bulle s'affiche pour vous fournir des précisions.

Comme nous avons utilisé les formats Blog d'une catégorie et Liste de toutes les catégories dans ce chapitre, les sections suivantes se penchent sur trois paramètres disponibles pour ces deux types d'élément de menu : Paramètres requis, Options des catégories et Paramètres des articles.

Joomla est conçu pour faciliter la gestion de contenu. Les paramètres vous permettent d'activer ou de désactiver une option en toute simplicité. Dommage que tout ne soit pas aussi simple dans la vie ! Cependant, pour rendre la gestion de votre site encore plus facile, l'équipe de développement de Joomla a ajouté une option supplémentaire à la plupart des menus déroulants des paramètres : Paramètres globaux. Cette option puissante vous permet de définir une préférence pour refléter les paramètres par défaut du reste de votre site Joomla. N'est-ce pas magique ?

Paramètres requis

Quand vous créez un nouvel élément de menu, Joomla refuse de l'enregistrer avant que les paramètres proposés dans la section Paramètres requis ne soient configurés. Les éléments proposés sont *dynamiques*, c'est-à-dire qu'ils varient en fonction de ce sur quoi vous travaillez. Par exemple, si vous créez un élément de menu qui renvoie vers un blog de catégorie, la section Paramètres requis vous demande de choisir une catégorie à lister pour le blog de catégorie.

Options des catégories

La section Options des catégories propose un nombre limité d'options. Généralement, vous y sélectionnez le comportement des catégories ou sous-catégories. Voici les options de la section Options des catégories :

- **Titre de la catégorie** : cette option vous permet d'afficher ou de masquer le titre de la catégorie dans le format blog des menus.
- **Description** : cette option vous permet d'afficher ou de masquer la description de la catégorie.

- **Image** : cette option vous permet d'afficher ou de masquer une image associée à la catégorie. Pour plus d'informations sur l'utilisation de fichiers image dans Joomla, reportez-vous au Chapitre 6.
- **Sous-catégories** : cette option détermine le nombre de niveaux de sous-catégories à afficher dans l'élément de menu avec lequel vous travaillez.
- **Catégories vides** : si aucune page ou aucun menu n'est associé à une catégorie, cette option vous permet de spécifier si les catégories sans articles doivent être visibles pour les visiteurs du site.
- **Messages d'alerte** : si vous sélectionnez Afficher, cette option affiche un message aux visiteurs de votre site, indiquant qu'une catégorie spécifique ne possède aucun article associé (à condition que l'option Afficher soit sélectionnée pour le paramètre Catégories vides).
- **Desc. Sous-catégories** : cette option vous permet d'afficher ou de masquer une description de sous-catégorie pour les visiteurs du site.
- **Nombre d'articles** : si vous sélectionnez Afficher, cette option spécifie aux visiteurs du site le nombre d'articles contenus dans une catégorie donnée.

Paramètres des articles

Les éléments de la section Paramètres de l'article sont identiques pour la plupart des types de format : Article, Blog d'une catégorie, Liste de toutes les catégories, etc. Voici les paramètres les plus fréquents :

- **Titre de l'article** : cette option vous permet d'afficher ou de masquer le titre de l'article.
- **Titre cliquable** : cette option détermine si le titre agit comme un lien vers l'article qu'il représente. Nous traitons cette option dans la section suivante.
- **Texte d'introduction** : cette option vous permet d'afficher ou de masquer le texte d'introduction de chaque article.

- **Titre de la catégorie** : cette option vous permet d'afficher ou de masquer le titre de la catégorie.
- **Titre cliquable** : cette option détermine si le nom de la catégorie est un lien vers la catégorie.
- **Titre de catégorie parente** : si Afficher est défini pour cette option, le titre de l'article de la catégorie parente est affiché.
- **Titre cliquable** : si Oui est défini pour cette option (et Afficher pour l'option Titre de catégorie parente), le titre de la catégorie parente renvoie vers la catégorie parente.
- **Auteur de l'article** : cette option vous permet d'afficher ou de masquer le nom de l'auteur.
- **Lien de contact** : si Afficher est défini pour cette option (et pour l'option Auteur de l'article), le nom de l'auteur est un lien qui renvoie vers le profil utilisateur de l'auteur.
- **Date de création** : cette option vous permet d'afficher ou de masquer la date et l'heure de création de l'article.
- **Date de modification** : cette option vous permet d'afficher ou de masquer la date et l'heure de la dernière modification.
- **Date de publication** : cette option vous permet d'afficher ou de masquer la date et l'heure de publication de l'élément.
- **Navigation entre articles** : si Afficher est défini pour cette option, elle affiche les liens de navigation du site (Suivant, Précédent, etc.) pour aider les utilisateurs à naviguer entre les articles de la catégorie.
- **Lire la suite...** : cette option vous permet d'afficher ou de masquer un lien Lire la suite pour chaque article.
- **Icônes de l'article** : cette option vous permet d'afficher les liens d'impression et de messagerie sous forme d'icônes ou de texte.
- **Icônes « Imprimer »** : cette option vous permet d'afficher ou de masquer l'icône « Imprimer ».
- **Icônes « E-mail »** : cette option vous permet d'afficher ou de masquer l'icône « E-mail ».

- **Nombre d'affichages** : cette option vous permet d'afficher ou de masquer le nombre d'affichages de l'article de la catégorie. Que vous décidiez d'afficher ou de masquer le nombre d'affichages d'un article donné, il est bon de savoir que Joomla effectue un suivi pour vous.

TRUC

Il est très intéressant de pouvoir configurer toutes les options d'affichage d'un article sur une page mais répéter l'opération dès que vous postez du nouveau contenu sur votre site peut vite devenir pénible. Heureusement, Joomla vous permet d'utiliser l'option Paramètres globaux qui spécifie que l'article doit s'afficher de la même manière que le reste de votre site. En revanche, si vous voulez qu'un article ait des paramètres d'affichage spécifiques, vous devez opter pour Utiliser les paramètres des articles.

Configurer des options de menu

Joomla propose de très nombreuses options pour configurer les éléments de menu. Dans les sections suivantes, vous allez en voir certaines à l'œuvre. La maîtrise de ces options est cruciale pour créer un site d'aspect professionnel.

Transformer les titres d'articles en liens

Lorsque vous utilisez le format liste, tous les titres des articles d'une catégorie sont liés automatiquement. Ce n'est pas le cas lorsque vous utilisez le format blog. Vous pouvez y remédier grâce aux paramètres de la section Paramètres des articles. Agissez comme suit :

1. **Sélectionnez Menus/Gestion des menus dans une page d'administration pour ouvrir la gestion des menus.**

   La gestion des menus s'ouvre.

2. **Cliquez sur l'onglet Liens de menu en haut de la fenêtre de gestion des menus.**

   La page Liens de menu s'ouvre.

3. **Cliquez sur l'élément de menu correspondant à l'article souhaité.**

Pour cet exercice, sélectionnez l'élément de menu Parfums de glaces.

4. **Ouvrez la section Paramètres des articles.**

   La section Paramètres des articles s'ouvre.

5. **Repérez le menu déroulant Titre cliquable dans les paramètres des articles.**

   Pour cet exercice, sélectionnez Oui dans le menu déroulant. À ce stade, vos paramètres doivent ressembler à ceux de la Figure 5.11.

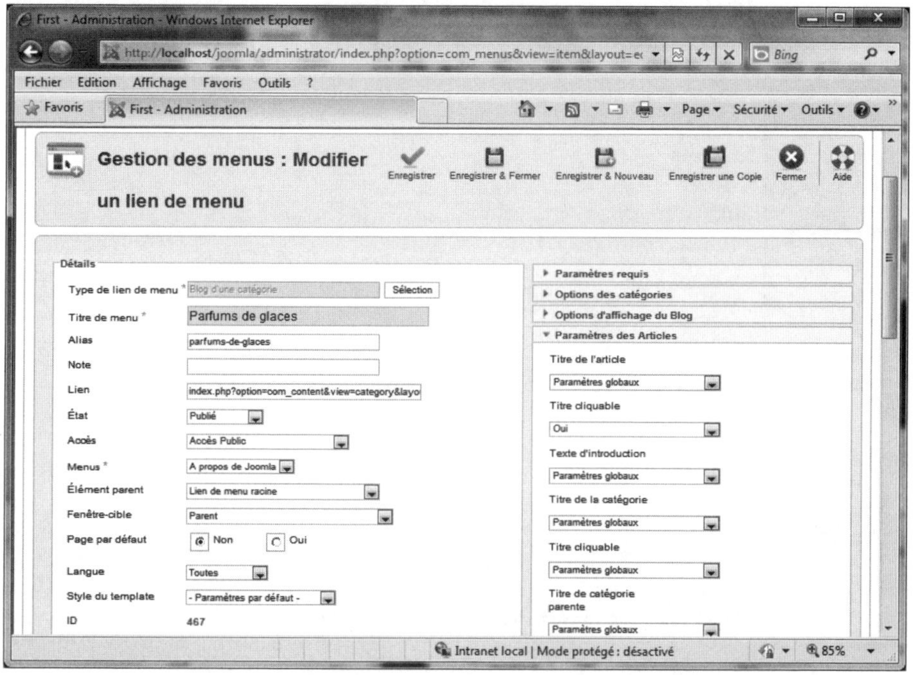

Figure 5.11 : Configurer les options des liens pour les articles.

6. **Cliquez sur le bouton Enregistrer (pour sauvegarder la modification) ou sur le bouton Enregistrer & Fermer (pour sauvegarder la modification et fermer la page modifier un lien de menu).**

Cliquez sur le bouton Voir le Site dans l'angle supérieur droit de la page pour observer les modifications apportées à votre site. Cliquez sur l'élément de menu Parfums de glaces situé dans le menu À propos de Joomla!. Une fois que la page d'articles s'ouvre, pointez la souris sur les titres des articles de la page. Notez que les titres des articles agissent comme des liens vers les articles (voir la Figure 5.12). Beau travail !

Figure 5.12 : Titres d'articles cliquables.

TRUC Nous vous conseillons de toujours définir vos titres d'articles comme des liens quand vous utilisez le format blog car les utilisateurs s'attendent à ce les titres soient des liens.

Définir l'accès au menu

Supposez que vous vouliez limiter l'accès à certains articles aux seuls utilisateurs enregistrés. Pour cela suivez ces étapes :

1. **Sélectionnez Menus/Gestion des menus dans une page d'administration pour ouvrir la gestion des menus.**

   La gestion des menus s'ouvre.

2. **Cliquez sur l'onglet Liens de menu en haut de la fenêtre de gestion des menus.**

La page Liens de menu s'ouvre.

3. **Cliquez sur l'élément de menu correspondant à l'article souhaité.**

   Pour cet exercice, sélectionnez l'élément de menu Parfums de glaces.

4. **Sélectionnez une option dans le menu déroulant Accès.**

   Pour cet exercice, sélectionnez Accès Enregistrés (uniquement les utilisateurs enregistrés).

5. **Cliquez sur le bouton Enregistrer.**

   Désormais, les utilisateurs qui ne sont pas enregistrés sur votre site n'ont plus accès à l'article associé à l'élément de menu.

TRUC

Même si vous limitez l'affichage de l'article via l'élément de menu aux seuls utilisateurs enregistrés, les visiteurs de votre site peuvent toujours trouver l'article *via* un autre élément de menu ou comme résultat d'une recherche. Pour restreindre totalement l'accès, vous devez modifier le niveau d'accès de l'article lui-même.

Ouvrir des articles dans une nouvelle fenêtre

Si vous souhaitez que certains éléments de menu soient ouverts dans une nouvelle fenêtre du navigateur, suivez les étapes ci-dessous :

1. **Sélectionnez Menus/Gestion des menus dans une page d'administration pour ouvrir la gestion des menus.**

   La gestion des menus s'ouvre.

2. **Cliquez sur l'onglet Liens de menu en haut de la fenêtre de gestion des menus.**

   La page Liens de menu s'ouvre.

3. **Cliquez sur l'élément de menu souhaité.**

4. **Sélectionnez une fenêtre cible dans le menu déroulant Fenêtre-cible.**

   Pour cet exercice, choisissez Nouvelle fenêtre avec barre de navigation (voir la Figure 5.13).

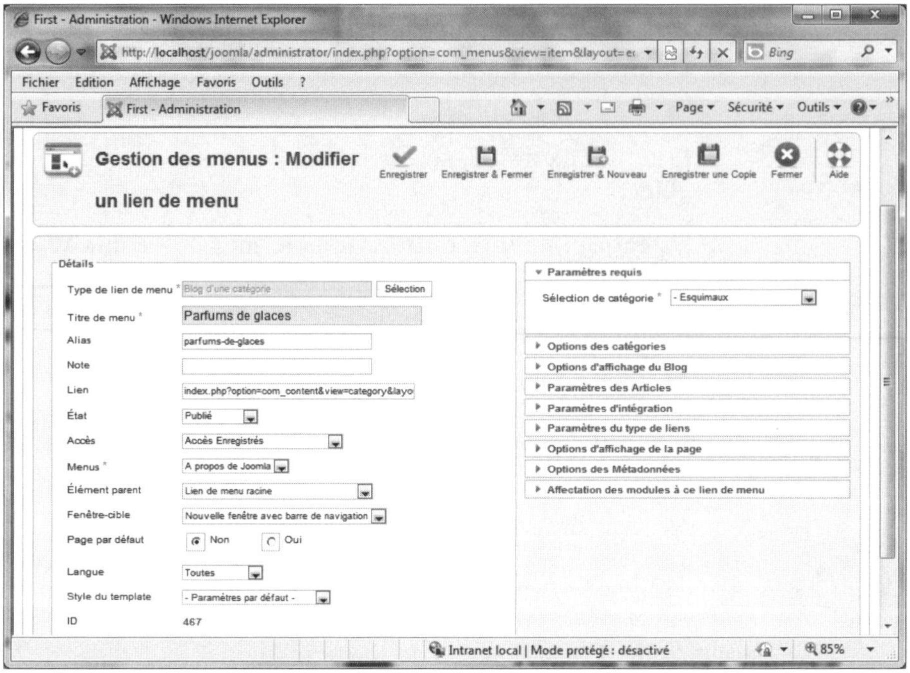

Figure 5.13 : Définir l'ouverture dans une nouvelle fenêtre de navigation.

5. **Cliquez sur le bouton Enregistrer &Fermer.**

   À présent, lorsqu'un utilisateur clique sur l'élément de menu, la liste des articles de cette catégorie s'ouvre dans une nouvelle fenêtre. Lorsque l'utilisateur clique sur le titre d'un article spécifique, il s'affiche dans la même fenêtre.

TRUC

Si vous voulez ouvrir une nouvelle fenêtre sans barre de navigation, barre d'outils ou barre de menu, sélectionnez Nouvelle fenêtre sans barre de navigation à l'étape 3.

Masquer le nom de l'auteur

Il se peut que vous souhaitiez aérer quelque peu les pages de votre site Joomla. Pour ce faire, vous pouvez masquer le nom de l'auteur ou de tous les auteurs pour un article donné ou pour tous les articles de votre site. Nous allons vous indiquer les deux méthodes dans les sections suivantes.

Pour un élément de menu

Pour masquer le nom de l'auteur dans un ou plusieurs articles associés à un élément de menu, suivez ces étapes :

1. **Sélectionnez Menus/Gestion des menus dans une page d'administration pour ouvrir la gestion des menus.**

   La gestion des menus s'ouvre.

2. **Cliquez sur l'onglet Liens de menu en haut de la fenêtre de gestion des menus.**

   La page Liens de menu s'ouvre.

3. **Cliquez sur l'élément de menu souhaité.**

4. **Ouvrez la section Paramètres des articles.**

   La section Paramètres des articles s'ouvre.

5. **Sélectionnez Masquer dans le menu déroulant Auteur de l'article (voir la Figure 5.14).**

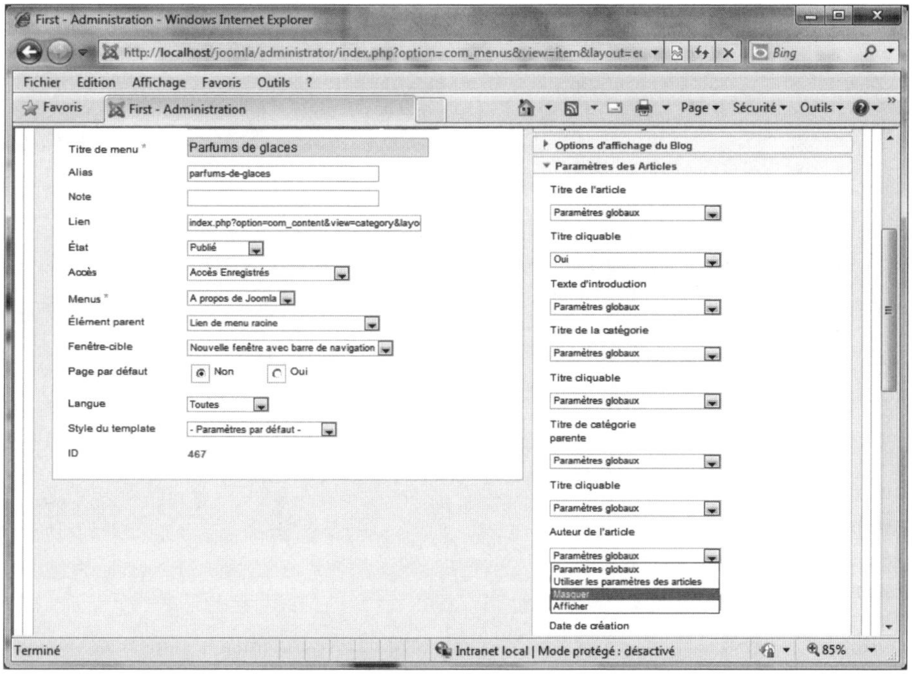

Figure 5.14 : Masquer un nom d'auteur.

6. **Cliquez sur le bouton Enregistrer & Fermer.**

7. **Cliquez sur le lien Voir le Site pour visualiser votre site.**

   Le nom de l'auteur n'apparaît plus dans les articles liés à l'élément de menu.

Pour tout le site

Vous pouvez également masquer le nom des auteurs de *tous* les articles de votre site en configurant les paramètres généraux des articles. Suivez ces étapes :

1. **Sélectionnez Contenu/Gestion des articles dans n'importe quelle page d'administration pour ouvrir la gestion des articles.**

2. **Cliquez sur le bouton Paramètres situé dans l'angle supérieur droit de la page.**

   Une fenêtre s'ouvre, affichant les paramètres généraux des articles (voir la Figure 5.15).

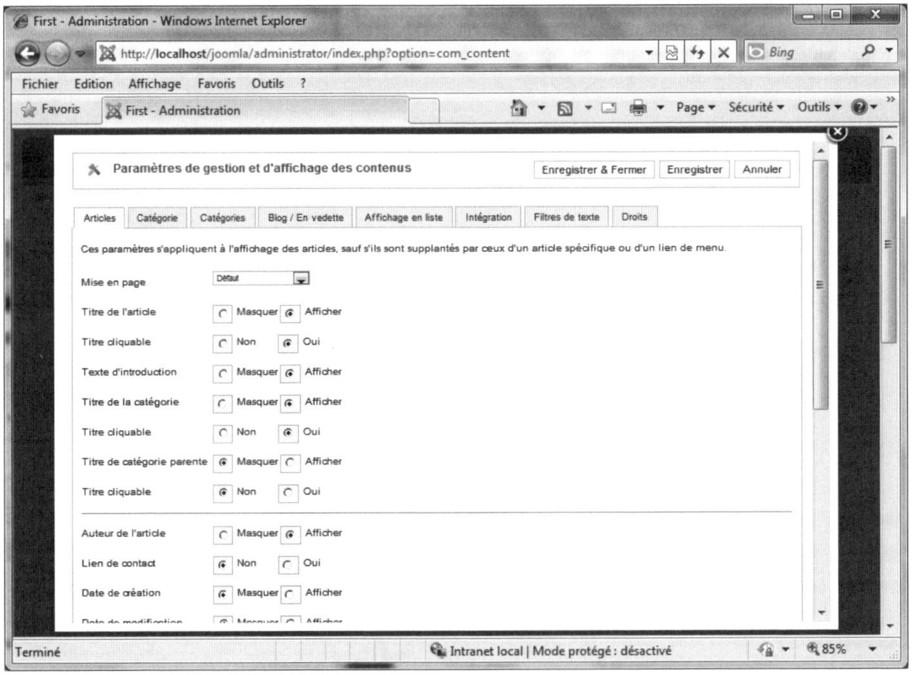

Figure 5.15 : Paramètres généraux des articles.

3. **Cochez la case Masquer en regard de l'option Auteur de l'article.**
4. **Cliquez sur le bouton Enregistrer & Fermer pour retourner dans la gestion des articles.**
5. **Cliquez sur le lien Voir le Site afin d'observer votre site.**

   Le nom des auteurs n'apparaît plus dans les articles.

Afficher les liens entre les articles

Avec Joomla 1.6, vous avez la possibilité d'afficher les liens de navigation entre les articles d'une catégorie. Dans la section Paramètres des articles d'un élément de menu (pour y accéder, cliquez sur l'élément dans la page Liens de menu puis sur la barre Paramètres des articles dans la partie droite de la page Modifier un lien de menu), sélectionnez Afficher dans le menu déroulant Navigation entre articles (voir la Figure 5.16) et cliquez sur le bouton Enregistrer & Fermer.

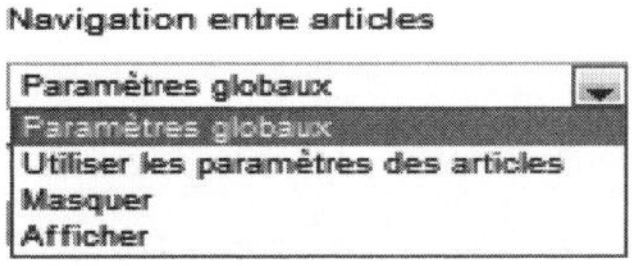

Figure 5.16 : Affichage des liens de navigation.

TRUC

Puisqu'il est question de navigation, les liens de navigation par défaut sont appelés fils d'Ariane. Il est possible de les désactiver dans la gestion des modules. Reportez-vous au Chapitre 7 pour plus de détails.

Configurer les éléments de menu par défaut

Certains éléments de menu sont activés par défaut dans Joomla, comme l'élément Accueil dans Menu Principal car il pointe vers la page d'accueil. Vous pouvez déterminer quel élément de menu est l'élément par défaut en observant la colonne Accueil dans la gestion des menus. Accueil est l'élément par défaut dans Menu Principal lors de l'installation de Joomla mais vous pouvez modifier ce paramètre.

Pour configurer un nouvel élément de menu par défaut, suivez ces étapes :

1. **Sélectionnez Menus/Gestion des menus pour ouvrir la gestion des menus.**

2. **Cliquez sur l'onglet Liens de menu en haut de la fenêtre de gestion des menus.**

   La page Liens de menu s'ouvre.

3. **Cochez la case de l'élément de menu à définir comme l'élément par défaut.**

4. **Cliquez sur le bouton Accueil situé en haut de la page Liens de menu (voir la Figure 5.17).**

   La page Liens de menu s'actualise et une étoile dorée s'illumine dans la colonne Accueil.

Figure 5.17 : Le bouton Accueil.

TRUC : Pour restaurer votre site, répétez cette opération pour restituer l'élément par défaut d'origine.

Créer des séparateurs de menu

Cette section vous indique comment réaliser des séparateurs de menu. Un *séparateur de menu* est un élément de menu inactif que vous pouvez utiliser pour grouper ou décaler les autres éléments de menu. Pour créer des séparateurs, utilisez un élément de menu de type Séparateur.

Pour créer un séparateur de menu en modifiant le type d'un élément de menu, suivez ces étapes :

1. **Sélectionnez Menus/Gestion des menus pour ouvrir la gestion des menus.**

2. **Cliquez sur l'onglet Liens de menu en haut de la fenêtre de gestion des menus.**

   La page Liens de menu s'ouvre.

3. **Cliquez sur l'élément de menu souhaité.**

4. **Cliquez sur le bouton Sélection à côté de la zone Type de lien de menu et sélectionnez un type (voir la Figure 5.18).**

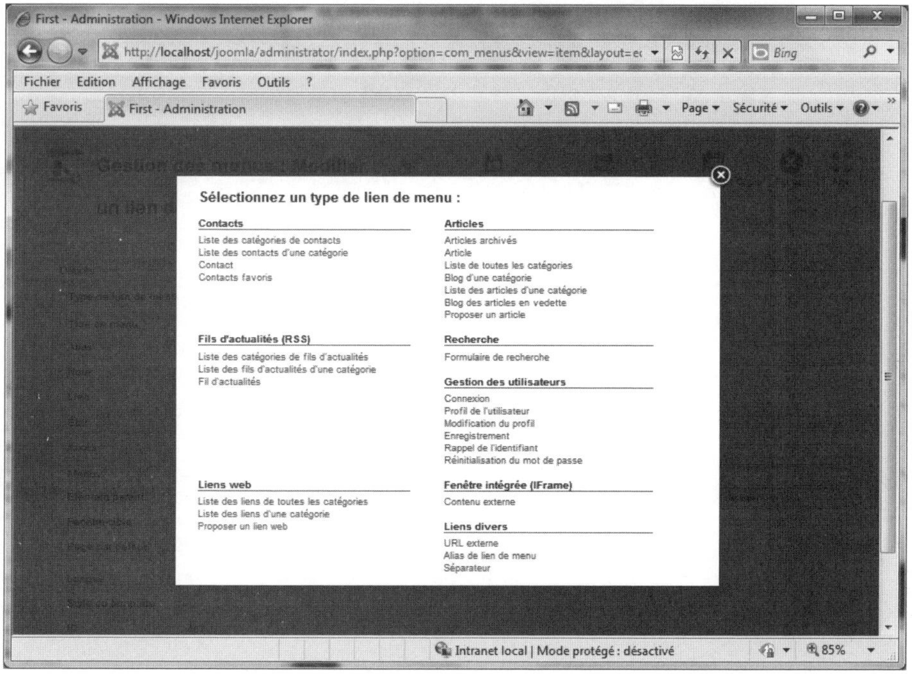

Figure 5.18 : La page de sélection d'un type de lien de menu.

Pour cet exemple, sélectionnez Séparateur, sous Liens divers.

La page de sélection se ferme.

5. **Dans la zone de texte Titre de menu, entrez le(s) caractère(s) que vous voulez afficher comme séparateur.**

Pour cet exercice, entrez un trait d'union (-).

6. **Cliquez sur le bouton Enregistrer.**

7. **Cliquez sur le lien Voir le Site pour visualiser votre site.**

Vous pouvez voir le nouveau séparateur dans le menu (voir la Figure 5.19).

TRUC

Vous pouvez également créer un séparateur de menu en partant de zéro. Il suffit de sélectionner le type de menu Séparateur lorsque vous créez un nouvel élément de menu.

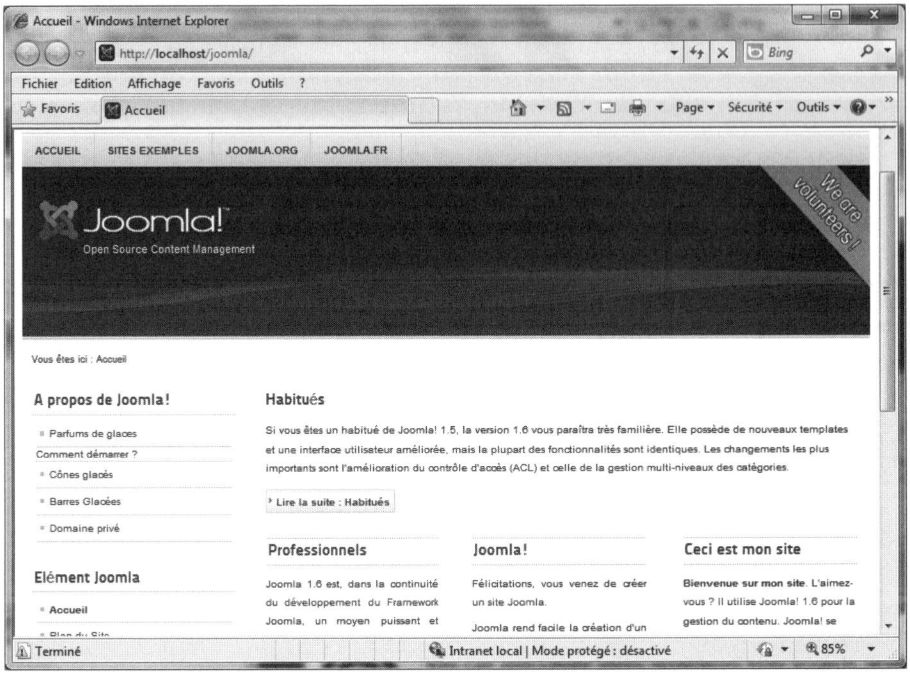

Figure 5.19 : Le nouveau séparateur de menu.

Chapitre 6

Maîtriser la création de pages Web

Dans ce chapitre :

- Modifier les options des articles.
- Travailler avec l'éditeur.
- Mettre en forme et embellir les articles.
- Utiliser des tableaux et des colonnes.
- Ajouter une table des matières.
- Planifier la publication (et la dépublication).
- Déconnecter le site.

Joomla dispose d'un potentiel incroyable pour créer des pages Web et ce chapitre va vous le démontrer en détails. Vous pouvez configurer des articles de sorte que Joomla les publie ou les dépublie automatiquement à une certaine date. Vous pouvez insérer des images dans les articles, compter le nombre d'affichages d'une page, définir les articles en colonnes et créer des tables des matières automatiques.

Voilà les sujets dont il est question dans ce chapitre. Nous avons déjà abordé la création du contenu d'une page Web dans le Chapitre 4 mais ici, nous allons entrer dans les détails. Pour commencer, vous allez apprendre à maîtriser le processus de création d'un article en découvrant les options disponibles et en les mettant à l'œuvre.

Travailler avec les options des articles

Jetez un œil à la Figure 6.1 : l'éditeur d'article de Joomla affiche une politique de protection des données non catégorisée. Pour ouvrir cette page, cliquez sur l'icône Gestion Articles dans le panneau d'administration ou sélectionnez Contenu/Gestion des articles dans n'importe quelle page de l'administration. Cliquez ensuite sur le nom de l'article à modifier.

Vous allez souvent voir cette page en travaillant avec Joomla. C'est pourquoi il est primordial de bien connaître toutes ses possibilités. Les sections suivantes vous donnent un aperçu des options que vous y trouvez. Nous vous guidons ensuite dans l'utilisation de certaines d'entre elles.

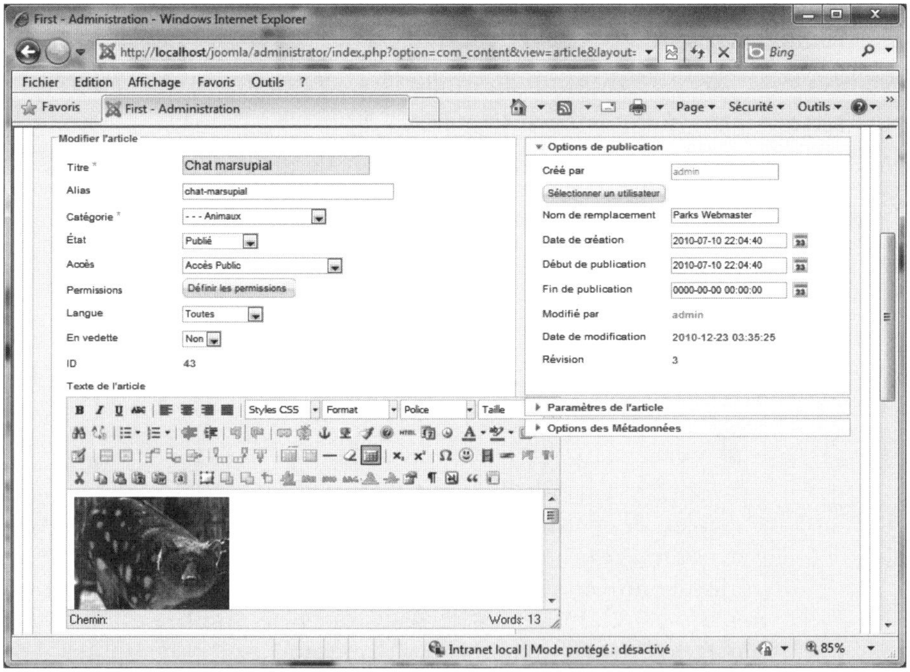

Figure 6.1 : Un article ouvert dans l'éditeur d'article.

Options de publication

Les options de publication figurent dans la partie droite de la page de l'éditeur d'article :

- **Créé par :** nom du créateur de l'article.
- **Nom de remplacement :** cette option permet d'entrer le pseudonyme de l'auteur de l'article. Jean Dupont peut, par exemple, utiliser le pseudonyme Jeannot.
- **Date de création :** date de création de l'article.
- **Début de publication :** cette option très intéressante vous permet de spécifier à Joomla la date et l'heure de publication de l'article.
- **Fin de publication :** entrez une date et une heure pour indiquer à Joomla quand l'article doit être dépublié de votre site.
- **Date de modification :** ce paramètre indique si l'article a été modifié et spécifie la date de cette modification.
- **Révision :** ce paramètre indique combien de fois l'article a été modifié.
- **Clics :** ce paramètre indique combien de fois l'article a été consulté.

Sous la liste des options de publication, vous trouvez les paramètres de l'article que nous allons décrire dans les sections suivantes.

Paramètres de l'article

La section Paramètres de l'article, située sous les options que nous venons de passer en revue, contient les éléments suivants :

- **Titre de l'article** : cette option vous permet d'afficher ou de masquer le titre de l'article.
- **Titre cliquable** : cette option détermine si le titre agit comme un lien vers l'article qu'il représente. Nous traitons cette option dans la section suivante.
- **Texte d'introduction** : cette option vous permet d'afficher ou de masquer le texte d'introduction de chaque article.
- **Titre de la catégorie** : cette option vous permet d'afficher ou de masquer le titre de la catégorie.

- **Titre cliquable** : cette option détermine si le nom de la catégorie est un lien vers la catégorie.
- **Titre de catégorie parente** : si Afficher est défini pour cette option, le titre de l'article de la catégorie parente est affiché.
- **Titre cliquable** : si Oui est défini pour cette option (et Afficher pour l'option Titre de catégorie parente), le titre de la catégorie parente renvoie vers la catégorie parente.
- **Auteur de l'article** : cette option vous permet d'afficher ou de masquer le nom de l'auteur.
- **Lien de contact** : si Afficher est défini pour cette option (et pour l'option Auteur de l'article), le nom de l'auteur est un lien qui renvoie vers le profil utilisateur de l'auteur.
- **Date de création** : cette option vous permet d'afficher ou de masquer la date et l'heure de création de l'article.
- **Date de modification** : cette option vous permet d'afficher ou de masquer la date et l'heure de la dernière modification.
- **Date de publication** : cette option vous permet d'afficher ou de masquer la date et l'heure de publication de l'élément.
- **Navigation entre articles** : si Afficher est défini pour cette option, elle affiche les liens de navigation du site (Suivant, Précédent, etc.) pour aider les utilisateurs à naviguer entre les articles de la catégorie.
- **Lire la suite...** : cette option vous permet d'afficher ou de masquer un lien Lire la suite pour chaque article.
- **Icônes de l'article** : cette option vous permet d'afficher les liens d'impression et de messagerie sous forme d'icônes ou de texte.
- **Icônes « Imprimer »** : cette option vous permet d'afficher ou de masquer l'icône "Imprimer".
- **Icônes « E-mail »** : cette option vous permet d'afficher ou de masquer l'icône « E-mail ».
- **Nombre d'affichages** : cette option vous permet d'afficher ou de masquer le nombre d'affichages de l'article de la catégorie. Que vous décidiez d'afficher ou de masquer le nombre d'affichages

d'un article donné, il est bon de savoir que Joomla effectue un suivi pour vous.

Permissions sur les articles

La section Permissions sur les articles contient un grand nombre d'outils que vous pouvez utiliser pour contrôler les droits d'accès aux articles des utilisateurs qui visitent votre site, des administrateurs aux super utilisateurs en passant par les visiteurs non enregistrés.

Pour chaque type d'utilisateur, vous disposez de quatre lignes (voir la Figure 6.2) vous permettant de gérer les paramètres suivants :

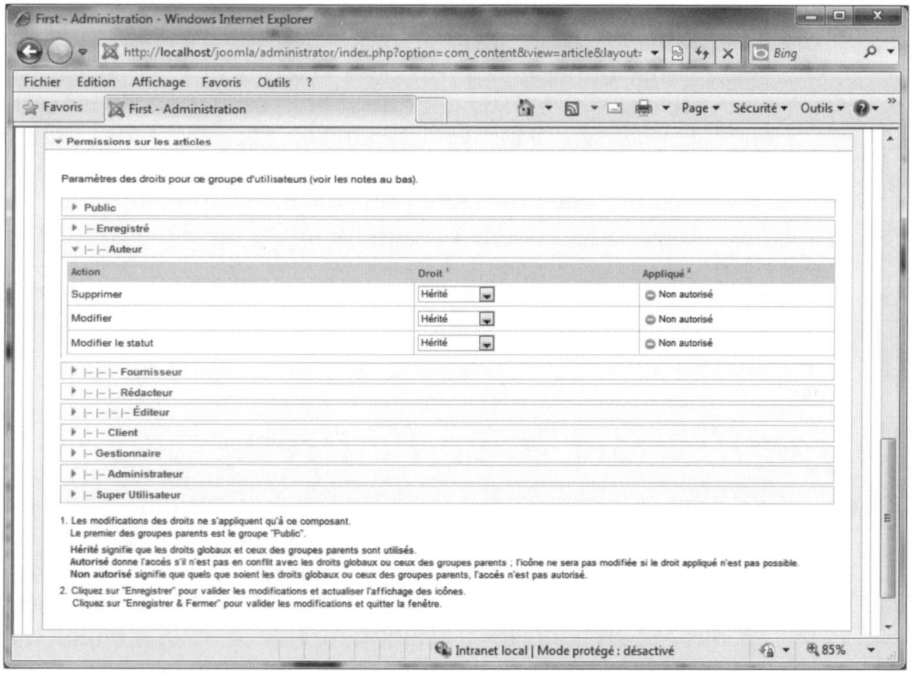

Figure 6.2 : La section Permissions sur les articles.

- **Action :** cette ligne résume les droits définis dans les autres lignes : Supprimer, Modifier et Modifier le statut.
- **Supprimer :** cette ligne permet de définir les droits de suppression de l'article.
- **Modifier :** cette ligne permet de définir les droits de modification de l'article.

- **Modifier le statut :** cette ligne permet de définir les droits de publication ou de dépublication de l'article.

Options des métadonnées

Vous pouvez aussi saisir des métadonnées sur l'article, qui sont stockées dans des balises HTML <meta>. Les moteurs de recherche tels que Google, Yahoo! et Bing utilisent les métadonnées pour catégoriser votre article. Voici les éléments de la section Options des métadonnées de l'éditeur d'article :

- **Description :** une description de l'article à afficher comme résultat de recherche de l'article dans un moteur de recherche.
- **Mots clés :** une liste de mots clés séparés par des virgules que vous souhaitez utiliser pour référencer votre page. L'insertion de mots clés dans chaque article ou page aide les utilisateurs à trouver votre site en lançant une recherche dans un moteur de recherche. Les mots clés saisis ici peuvent être utilisés par les visiteurs de votre site pour localiser du contenu en utilisant les fonctionnalités de recherche intégrées dans Joomla.
- **Clé de référence :** une référence optionnelle utilisée pour renvoyer vers des sources de données externes à votre site Joomla.

Se familiariser avec l'éditeur

Toute la procédure de création d'un article se déroule dans la zone située dans l'angle inférieur gauche de l'éditeur d'article (voir la Figure 6.1). Pour des informations détaillées sur la création d'un article, reportez-vous au Chapitre 4. TinyMCE, l'éditeur intégré à Joomla, n'a pas été créé par les développeurs de Joomla. En fait, Joomla utilise la version 2.0 de ce puissant éditeur basé sur JavaScript.

TinyMCE est un éditeur WYSIWYG (*what you see is what you get* : ce que vous voyez à l'écran correspond au résultat que vous obtenez au final) disposant de trois barres d'outils dans sa configuration par défaut et quatre barres d'outils dans sa configuration étendue. Ces barres d'outils vous permettent d'accéder à ces fonctionnalités (parmi d'autres) :

- Gestion de la couleur du texte et de l'arrière-plan.
- Insertion d'images, de HTML, de liens, de repères horizontaux, d'émoticônes et plus encore.
- Création et manipulation de tableaux.
- Gestion de calques.
- Support total de CSS.

N'OUBLIEZ PAS

Une fois que vous avez créé un article dans n'importe quel éditeur, vous devez créer un élément de menu qui pointe vers l'article ou la catégorie à laquelle le nouvel article appartient en utilisant la gestion des menus. Si vous voulez modifier la position ou l'apparence des menus dans Joomla, vous pouvez le faire avec le gestionnaire de modules (auquel vous accédez en sélectionnant Extensions/Gestion des modules). Pour plus de détails, reportez-vous au Chapitre 7.

Habiller les articles avec des émoticônes et des images

Les *émoticônes* et les images sont deux éléments incontournables des pages Web modernes. Joomla vous permet de travailler avec les deux. Vous pouvez les intégrer à votre article en un tour de main. Suivez simplement les instructions suivantes.

Ajouter des émoticônes

Les émoticônes sont de petites icônes colorées qui représentent des visages joyeux ou tristes. Elles permettent d'ajouter une note d'émotion à votre texte, difficile à symboliser autrement.

Supposons que votre site applique une politique de protection du domaine privé contenant ce texte :

« En fait, nous n'avons pas de politique de protection des données personnelles bien définie.

Cela signifie-t-il que nous allons envoyer votre adresse email à des spammeurs ?

Ça se pourrait… »

Cela semble assez menaçant, n'est-ce pas ? Alors pourquoi ne pas ajouter une petite émoticône à la fin ? Pour ce faire, vous devez d'abord activer les fonctionnalités étendues de TinyMCE. Agissez comme suit :

1. **Sélectionnez Extensions/Gestion des plug-ins dans une page d'administration.**

   La gestion des plug-ins s'ouvre.

2. **Repérez la ligne Éditeur - TinyMCE et cliquez sur le nom de l'éditeur.**

   La page Gestion du plug-in : Éditeur - TinyMCE s'ouvre.

3. **Dans Paramètres de base, sélectionnez Étendu dans le menu déroulant Mode de l'éditeur.**

   À ce stade, vos paramètres doivent ressembler à ceux de la Figure 6.3.

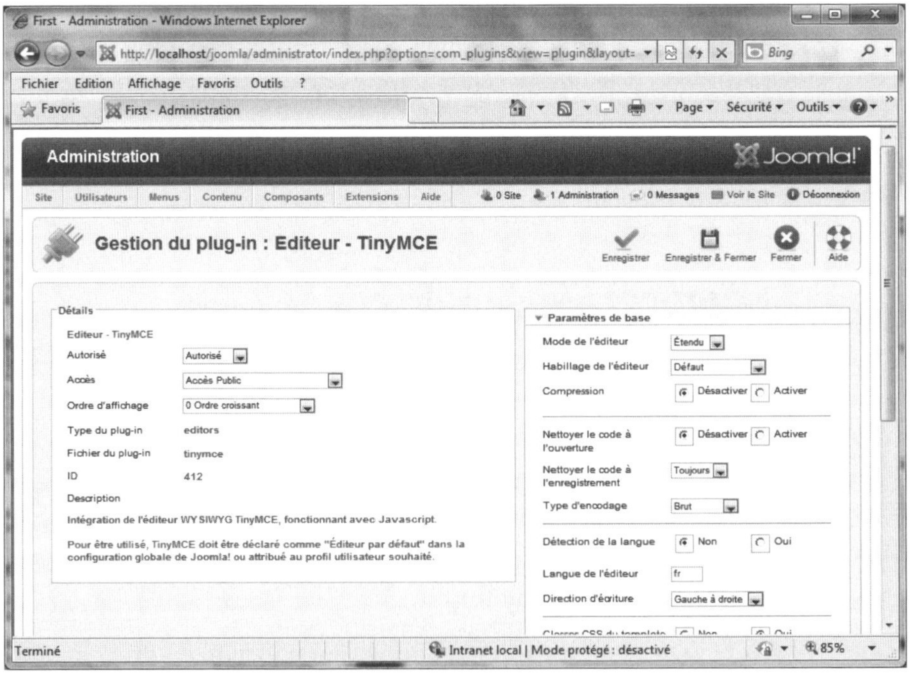

Figure 6.3 : Activer les fonctionnalités étendues de TinyMCE.

4. Cliquez sur le bouton Enregistrer & Fermer.

Cette opération pour modifier l'interface de l'éditeur de Joomla a-t-elle fonctionné ? Pour vérifier, sélectionnez Contenu/Gestion des articles dans une page d'administration. Recherchez et ouvrez l'article relatif à la politique de protection du domaine privé. Pour cela, utilisez le filtre de recherche intégré dans la gestion des articles ou faites défiler la page pour le localiser manuellement. Notez ensuite à quel point les options offertes par l'interface TinyMCE ont augmenté. Beau travail !

Maintenant que vous avez activé les fonctionnalités étendues de TinyMCE, mettons-nous au travail. Pour ajouter une émoticône à l'article sur la politique de protection du domaine privé, placez le curseur à la fin du texte et cliquez sur le bouton Emoticônes situé au centre de la barre d'outils de l'éditeur TinyMCE pour ouvrir la boîte de dialogue Insérez une émoticône (voir la Figure 6.4).

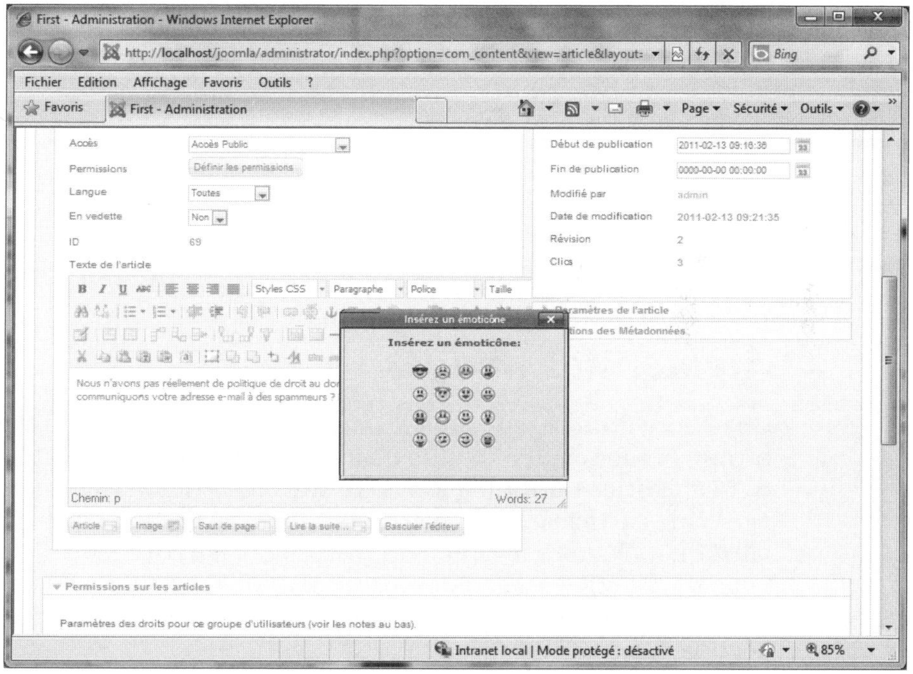

Figure 6.4 : Les émoticônes de TinyMCE.

Cliquez sur l'émoticône que vous voulez insérer dans le texte. Cliquez ensuite sur Enregistrer & Fermer. De retour dans la page Gestion des articles : Articles, cliquez sur le lien Voir le Site pour visualiser la page d'accueil de votre site. Si vous avez fait l'exercice du Chapitre 4 consistant à ajouter un élément de menu à votre site, vous devez disposer d'un lien vers votre article fraîchement mis à jour. Cliquez dessus et voilà ! La politique de protection du domaine privé n'est plus menaçante mais drôle (voir la Figure 6.5).

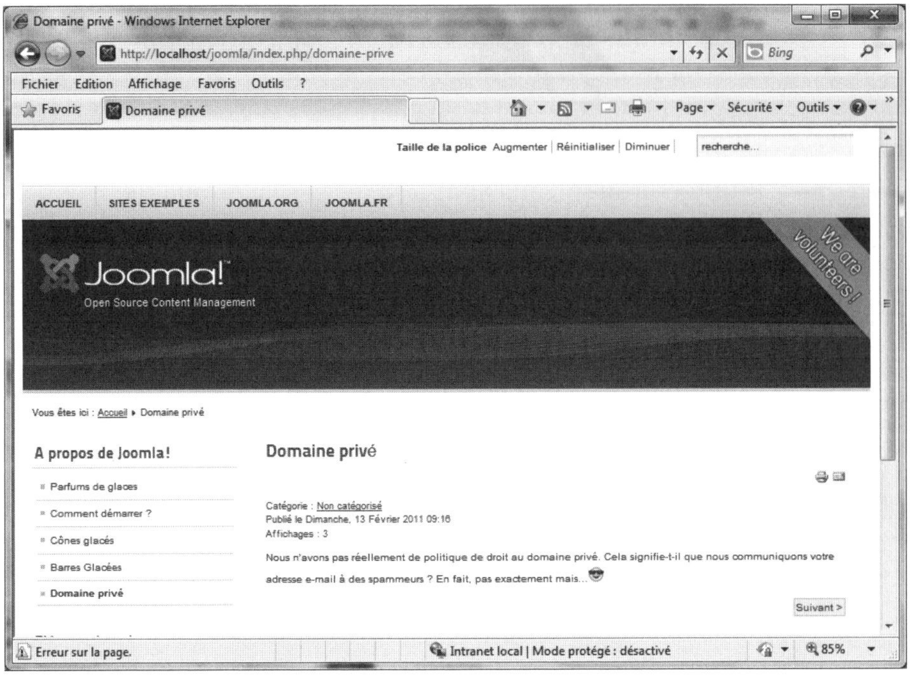

Figure 6.5 : Une émot-icône insérée.

Ajouter des images

Une petite note personnalisée permet d'offrir à votre site Web sa propre personnalité. En plus d'ajouter des menus, des catégories et des catégories imbriquées à votre site, vous pouvez ajouter des images à des articles, à des pages de catégorie et même à des menus ainsi qu'un logo pour vraiment personnaliser votre site. Pour ce faire, vous devez utiliser les puissantes fonctions de la gestion des médias de Joomla. Avant tout, nous vous invitons à vous familiariser avec la gestion des médias.

Travailler avec la gestion des médias

L'objectif de la gestion des médias n'est pas un mystère ; elle gère vos médias ! Où que vous vouliez inclure des images ou d'autres contenus multimédias tels que des fichiers Flash, SilverLight ou QuickTime dans votre site Joomla, la gestion des médias vous aide à réaliser cette tâche. La gestion des médias vous permet de charger, visualiser et gérer tout contenu média sur votre site Joomla. Dans cette section, nous vous offrons un aperçu du fonctionnement de la gestion des médias.

N'OUBLIEZ PAS

Les images, tout comme la musique ou les films peuvent être protégés par un copyright. Avant de poster un média sur votre site Web, assurez-vous d'en avoir le droit ou mieux encore utilisez votre propre contenu !

Pour travailler avec la gestion des médias, ouvrez le panneau d'administration et cliquez sur l'icône Gestion Médias. La gestion des médias s'ouvre (voir la Figure 6.6).

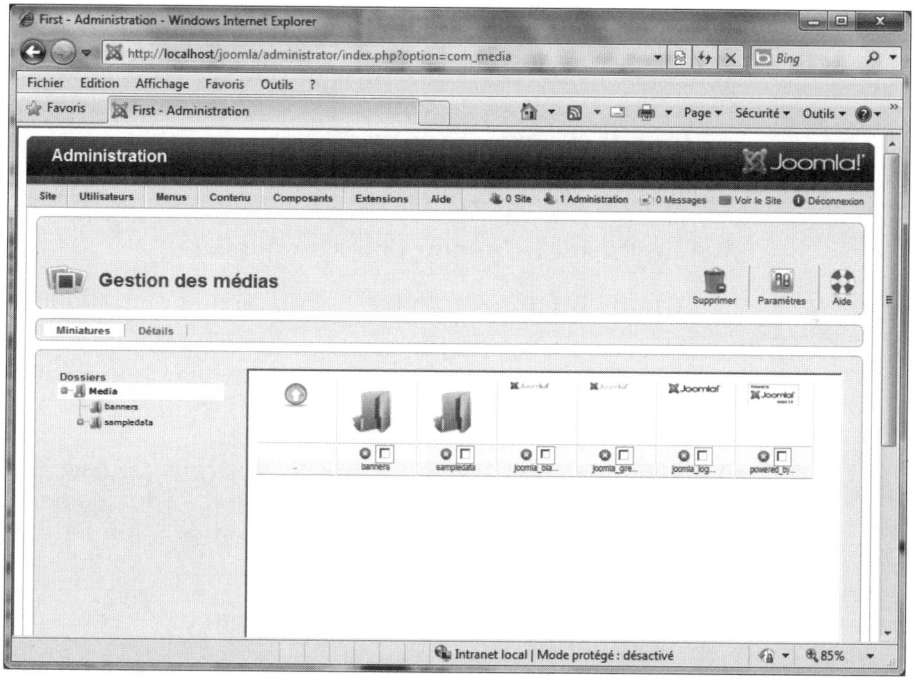

Figure 6.6 : La gestion des médias.

S'organiser avec des dossiers

Jetez un œil à la Figure 6.6. Dans la partie gauche de la gestion des médias se trouve une arborescence de dossiers fournis avec l'installation par défaut de Joomla : Media, banners et sampledata. Joomla utilise ces dossiers basiques pour organiser les quelques photos fournies avec l'installation par défaut du SGC. Vous pouvez aussi utiliser ces dossiers pour classer les fichiers médias que vous chargez dans votre site Joomla. Cependant, plus votre site devient imposant et complexe, plus il est difficile d'organiser et d'utiliser le contenu chargé dans le site. Mieux vaut ajouter de nouveaux dossiers à l'arborescence pour bien organiser vos fichiers médias. Par exemple, supposons que vous prévoyez d'ajouter une image à votre article sur la politique de protection du domaine privé et voulez que l'image ait son propre dossier. Pour créer un nouveau dossier dans la gestion des médias, respectez ces étapes :

1. **Dans le panneau d'administration, cliquez sur l'icône Gestion Médias ou sélectionnez Contenu/Gestion des médias dans n'importe quelle page d'administration.**

   La gestion des médias s'ouvre.

2. **Entrez le nom de votre dossier dans la zone située à côté du bouton Créer un dossier qui se trouve dans l'angle inférieur droit de la gestion des médias.**

   Pour cet exercice, entrez « Privé ».

3. **Cliquez sur le bouton Créer un dossier.**

   Le nouveau dossier apparaît, comme le montre la Figure 6.7.

Charger une image

Maintenant que vous avez créé un dossier, vous pouvez le remplir. Pour cet exercice, vous chargez une image dans le dossier Privé et l'utilisez dans la section suivante pour illustrer comment insérer une image dans un article Joomla.

Pour charger une image, agissez comme suit :

1. **Dans le panneau d'administration, cliquez sur l'icône Gestion Médias ou sélectionnez Contenu/Gestion des médias dans n'importe quelle page d'administration.**

   La gestion des médias s'ouvre.

2. **Cliquez sur l'icône du dossier Privé.**

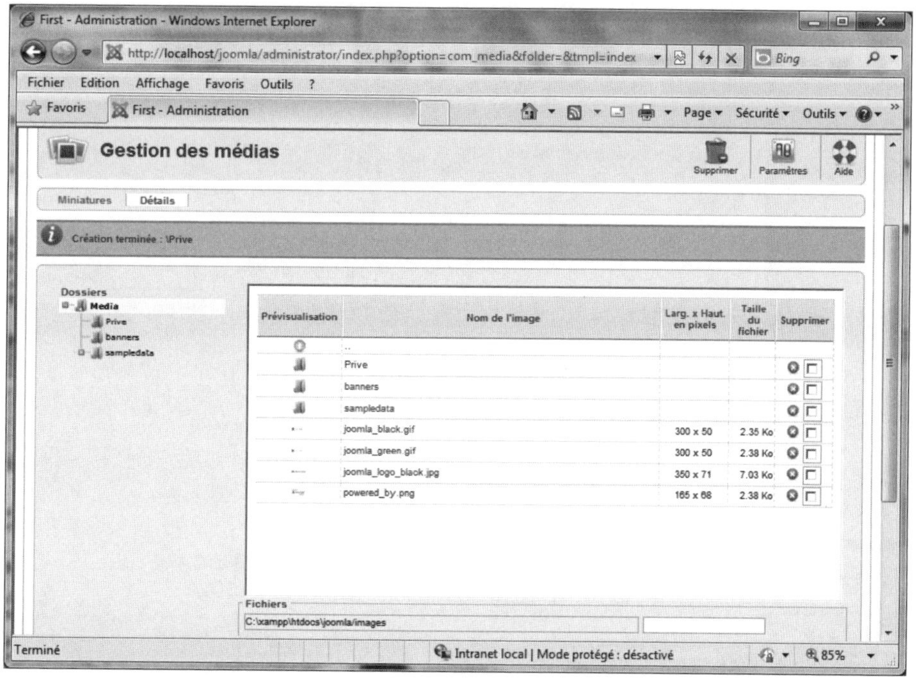

Figure 6.7 : Un nouveau dossier dans la gestion des médias.

La fenêtre du dossier s'ouvre. À ce stade, votre fenêtre doit ressembler à celle de la Figure 6.8.

3. **Cliquez sur le bouton Parcourir dans la section Transfert de fichiers.**

   La fenêtre de sélection de fichier s'ouvre.

4. **Sélectionnez le fichier que vous voulez charger et cliquez sur le bouton Ouvrir.**

   Pour cet exercice, choisissez n'importe quel fichier disponible.

5. **Cliquez sur le bouton Lancer le transfert dans la section Transfert de fichiers.**

   Le fichier image sélectionné est chargé.

Le fichier chargé est désormais visible dans la gestion des médias. Cliquez sur la miniature du fichier pour visualiser l'image, comme dans la Figure 6.9.

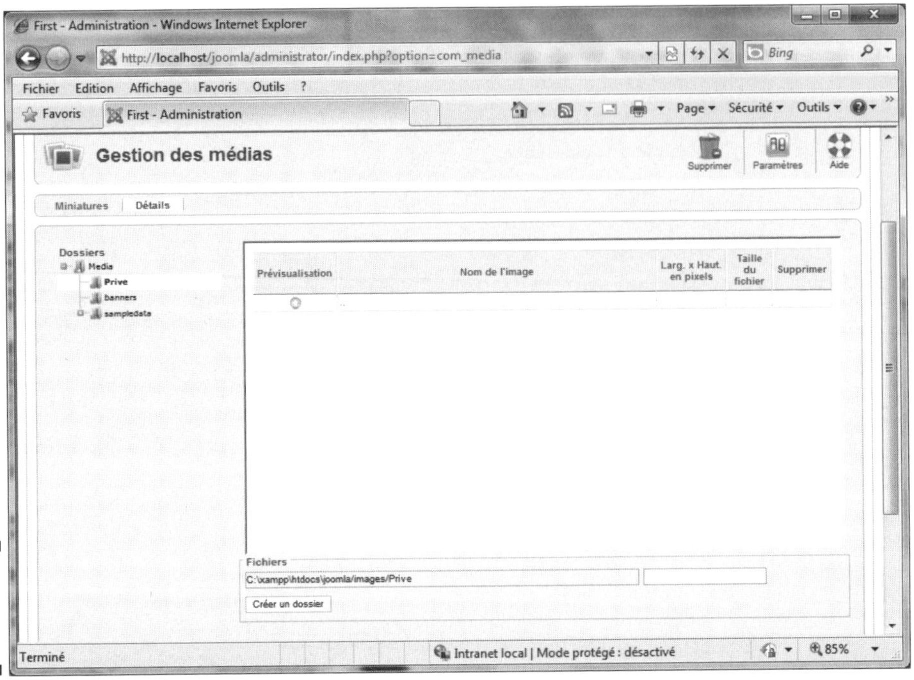

Figure 6.8 : Le fichier Privé ouvert.

Figure 6.9 : Le fichier image chargé, affiché à l'écran.

Insérer une image

Pour insérer une image dans un article, respectez cette démarche :

1. **Ouvrez l'article dans lequel vous voulez insérer l'image. Pour ce faire, sélectionnez Contenu/Gestion des articles et cliquez sur le nom de l'article pour l'ouvrir dans l'éditeur d'article.**

   Pour cet exercice, choisissez Domaine privé.

2. **Cliquez à l'endroit où vous voulez insérer l'image.**
3. **Cliquez sur le bouton Image sous la fenêtre Texte de l'article.**

   La boîte de dialogue pour l'insertion d'image s'ouvre (voir la Figure 6.10).

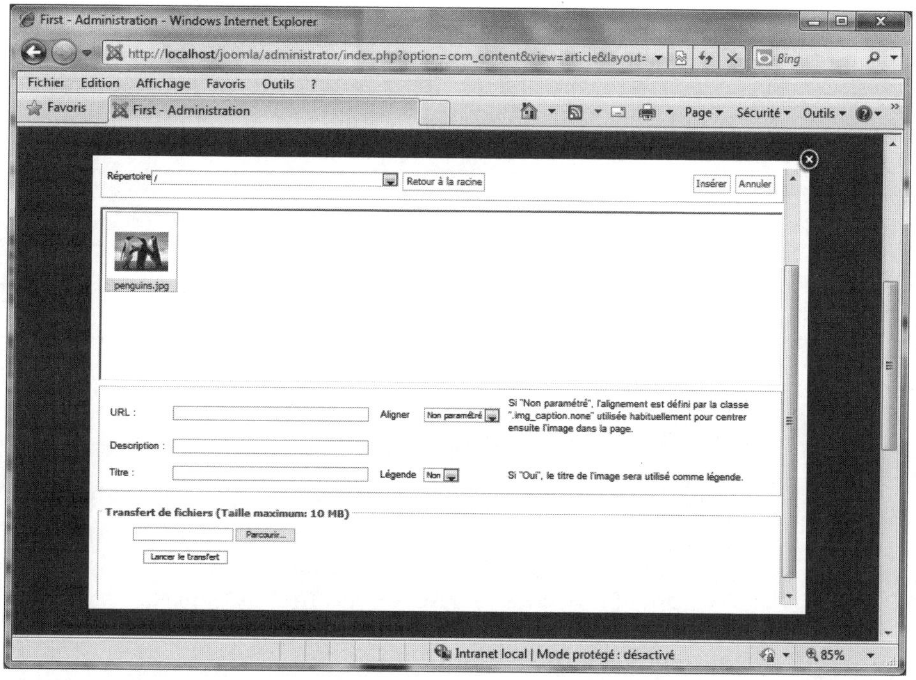

Figure 6.10 : La boîte de dialogue pour l'insertion de l'image.

4. **Dans le dossier principal de la gestion des médias ou dans l'un des sous-dossiers, repérez le fichier image à insérer.**
5. **Cliquez sur la miniature de l'image à inclure dans votre article.**

Pour cet exercice, sélectionnez le fichier chargé dans la gestion des médias lors de l'exercice de la section précédente.

6. **Cliquez sur le bouton Insérer dans la boîte de dialogue d'insertion.**

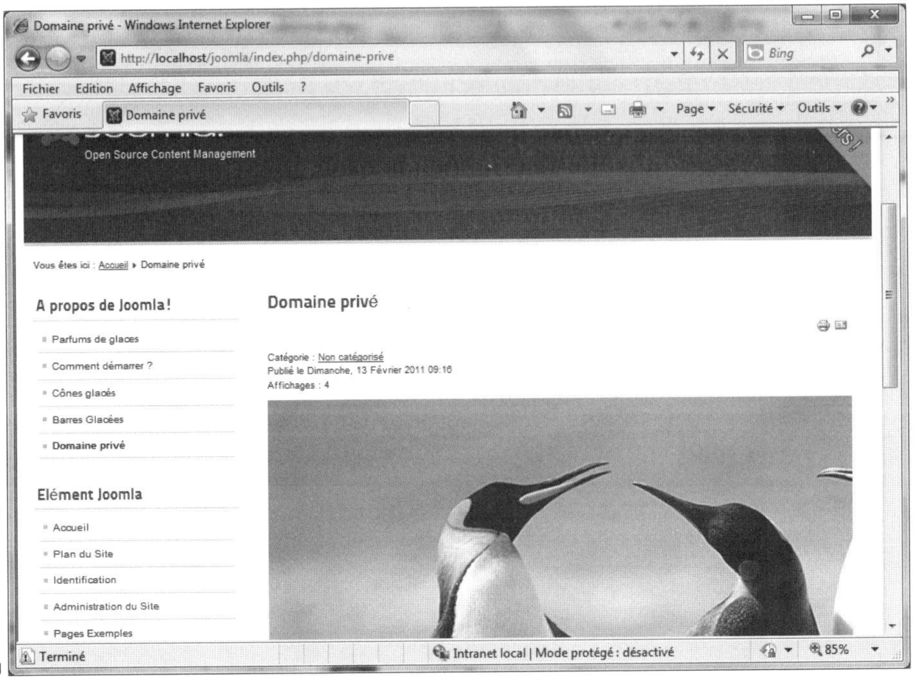

Figure 6.11 : L'image insérée dans l'article.

Joomla insère l'image dans l'article.

7. **Cliquez enfin sur le bouton Enregistrer & Fermer.**

Vous retournez dans la gestion des articles. Utilisez le lien Voir le Site en haut de la page pour observer votre travail. Naviguez jusqu'à la page de politique de protection du domaine privé et appréciez l'image insérée qui met la page en valeur.

De la même manière que vous pouvez insérer des images, vous pouvez aussi insérer tout type de média. Cliquez sur le bouton Insérer/Éditer un média dans la barre d'outils de l'éditeur TinyMCE. Notez qu'au lieu de naviguer dans la gestion des médias dès que vous voulez charger une image pour un article, vous pouvez ajouter des images à la volée grâce aux options disponibles après un clic sur le bouton Image, situé sous la zone Texte de l'article. Pratique ! Si vous envisagez d'utiliser une image stockée ailleurs que sur votre ordinateur (un compte Dropbox ou Flickr, par exemple), entrez l'adresse HTML de l'image ou copiez-la dans la zone URL.

À présent, vous êtes en mesure d'insérer des images dans des articles et donc dans des pages Web. Que faire encore ?

Problèmes de taille d'image

Prenez le temps de vérifier la taille de l'image et du fichier avant d'ajouter une image dans votre site. Si une image est trop grande, son insertion dans l'un de vos articles peut perturber la mise en page de votre site plutôt que de l'améliorer. Si le fichier image est trop volumineux, les visiteurs de votre site risquent d'attendre longtemps jusqu'à ce que l'image s'affiche à l'écran. Heureusement, les programmes de traitement d'image modernes comme Photoshop CS5 ou GIMP permettent de modifier la taille de n'importe quelle image ou fichier.

Mettre en forme les articles avec des balises HTML

Vous pouvez embellir un article en ajoutant des balises HTML dans la page de l'éditeur d'article. Pour insérer des balises HTML dans l'éditeur TinyMCE, suivez ces étapes :

1. **L'article que vous souhaitez mettre en forme étant ouvert dans l'éditeur d'article, cliquez sur le bouton Éditer le code HTML dans la barre d'outils.**

   La fenêtre de l'éditeur de source HTML apparaît. Elle affiche le texte de votre article compris entre des balises de paragraphe (`<p>` et `</p>`).

2. **Pour saisir un titre, tapez** `<h1>titre</h1>`**, où** `titre` **correspond au texte du titre.**

   Si vous travaillez avec la politique de protection du domaine privé, saisissez `<h1>PRIVE</h1>` (voir la Figure 6.12).

3. **Cliquez sur le bouton Mettre à jour.**

   Le résultat s'affiche dans la fenêtre de texte (voir la Figure 6.13).

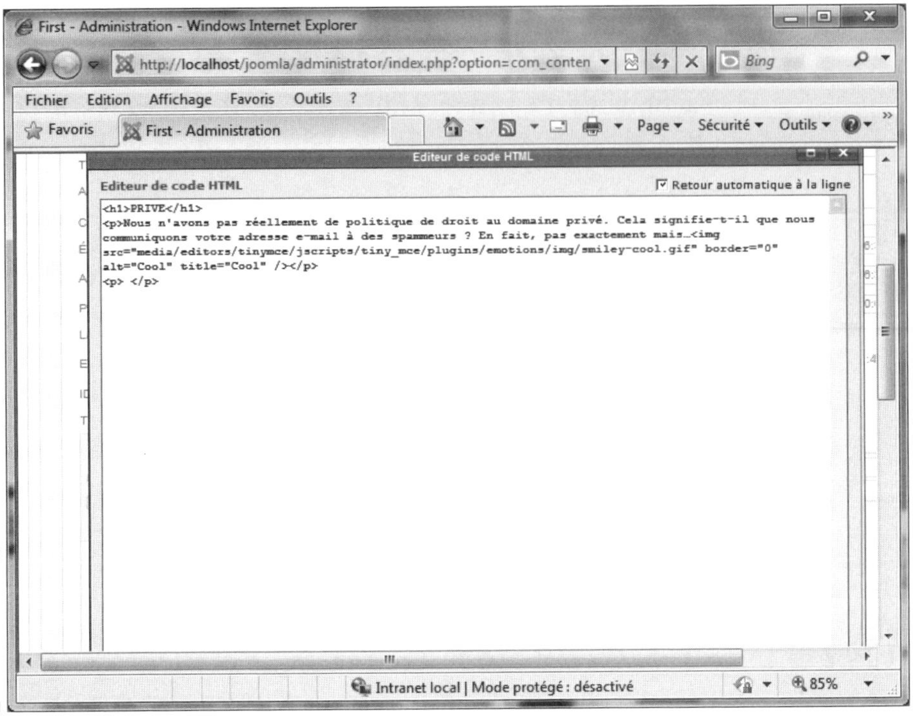

Figure 6.12 : Saisir des balises de titre HTML.

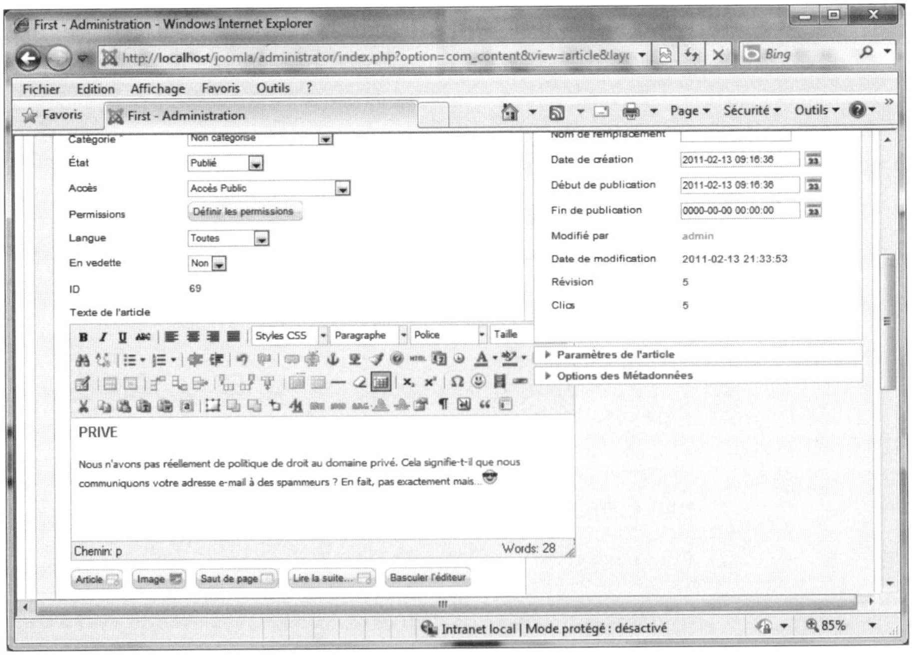

Figure 6.13 : Un nouveau titre.

En fait, l'éditeur HTML de TinyMCE n'est pas si pratique que ça. Vous pourriez appliquer les mêmes modifications en tapant le texte du titre dans une fenêtre de texte puis en le sélectionnant et en cliquant sur Titre 1 dans le menu déroulant Format.

Si vous insérez des balises HTML que TinyMCE ne considère pas comme standard, comme une balise `<marquee>` pour créer une barre de défilement dans Internet Explorer, TinyMCE supprime la balise (mais pas le texte qu'elle contient). Il en va de même pour JavaScript. Si vous essayez d'insérer une balise HTML `<form>` pour intégrer un contrôle tel qu'un bouton dans votre article, TinyMCE supprime cette balise de l'article.

Travailler avec des tableaux et des colonnes

Si vous voulez organiser visuellement des données dans vos pages Web, quelle meilleure solution que de recourir à un tableau ? Rien de tel qu'un tableau pour présenter vos données lisiblement.

Supposons que vous êtes en train de créer le site d'une école et que vous voulez dresser la liste des étudiants les mieux classés dans un article. Pourquoi ne pas créer un tableau tel que celui-ci ?

Etudiant	Rang
Alexandre	1
Mariella	2
Constance	3
Guillaume	4
Sacha	5

Créer un tableau dans un article

Pour insérer un tableau dans un article, suivez ces étapes :

1. **L'article étant ouvert dans l'éditeur d'article, cliquez sur Insérer/Éditer un tableau, situé à l'extrémité gauche de la troisième barre d'outils.**

   La boîte de dialogue Insérer/Modifier un tableau s'ouvre.

2. **Dans l'onglet General, sélectionnez les options que vous voulez utiliser.**

   La Figure 6.14 vous montre un exemple.

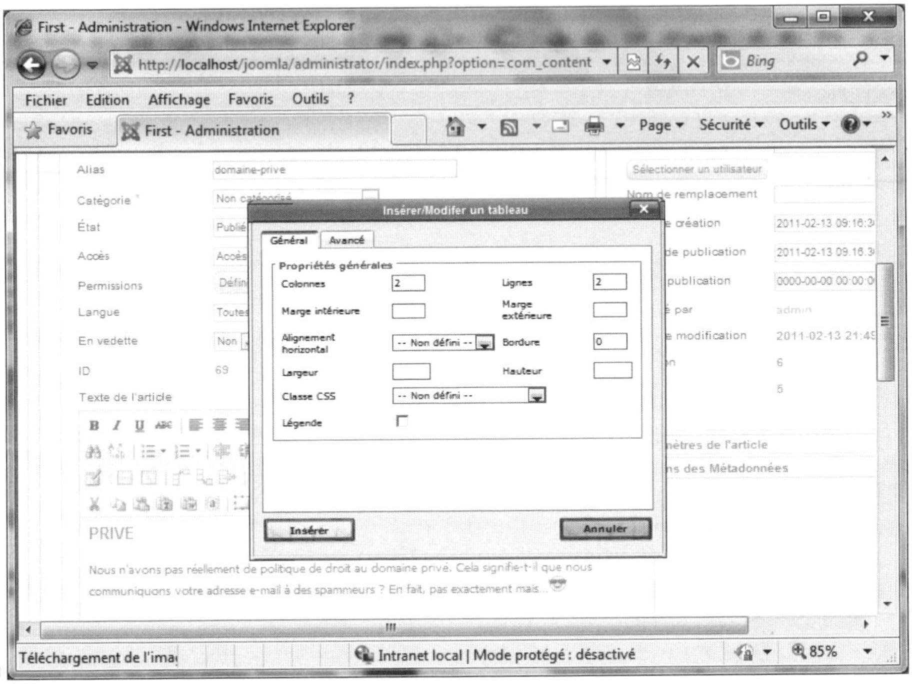

Figure 6.14 : Spécifier les options d'un tableau.

3. **Cliquez sur le bouton Insérer.**

   Une grille de tableau vide apparaît dans votre article.

4. **Saisissez le texte dans les cellules du tableau (voir la Figure 6.15).**

Mettre en forme un tableau

Tout cela est bien mais vous souhaitez maintenant mettre en forme le tableau pour que les titres des colonnes ressortent et peut-être aussi ajouter une bordure. Pour mettre en forme un tableau, suivez ces étapes :

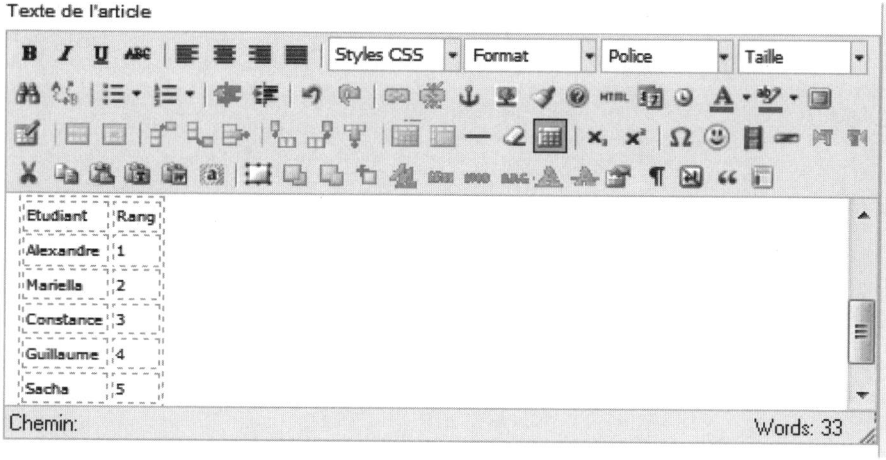

Figure 6.15 : Ajouter du texte dans un tableau.

1. **Sélectionnez la ligne supérieure du nouveau tableau et cliquez sur le bouton Propriétés de ligne dans la barre d'outils de l'éditeur TinyMCE.**

   La boîte de dialogue Propriétés de ligne s'ouvre.

2. **Dans le menu déroulant Ligne du tableau, sélectionnez En-tête (voir la Figure 6.16) puis cliquez sur le bouton Mettre à jour.**

   Joomla convertit les en-têtes dans la première ligne de votre tableau en véritables en-têtes de tableau (c'est-à-dire que la balise `<th>` est utilisée pour les en-têtes et non pas la balise `<td>`).

3. **Pour appliquer une bordure à votre tableau, cliquez dans le tableau puis cliquez sur le bouton Propriétés de la cellule dans la barre d'outils de l'éditeur.**

   La boîte de dialogue Propriétés de cellule s'ouvre.

   Par défaut, toutes les bordures du tableau sont blanches, si bien qu'elles n'apparaissent pas dans une page Web dont l'arrière-plan est blanc. Mais vous pouvez modifier ce paramètre.

4. **Ouvrez l'onglet Avancé, cliquez sur le bouton Explorateur à côté de la zone Couleur de bordure et sélectionnez une nouvelle couleur dans la palette de couleurs qui apparaît.**

   Vous pouvez choisir le noir (code hexadécimal #000000), par exemple.

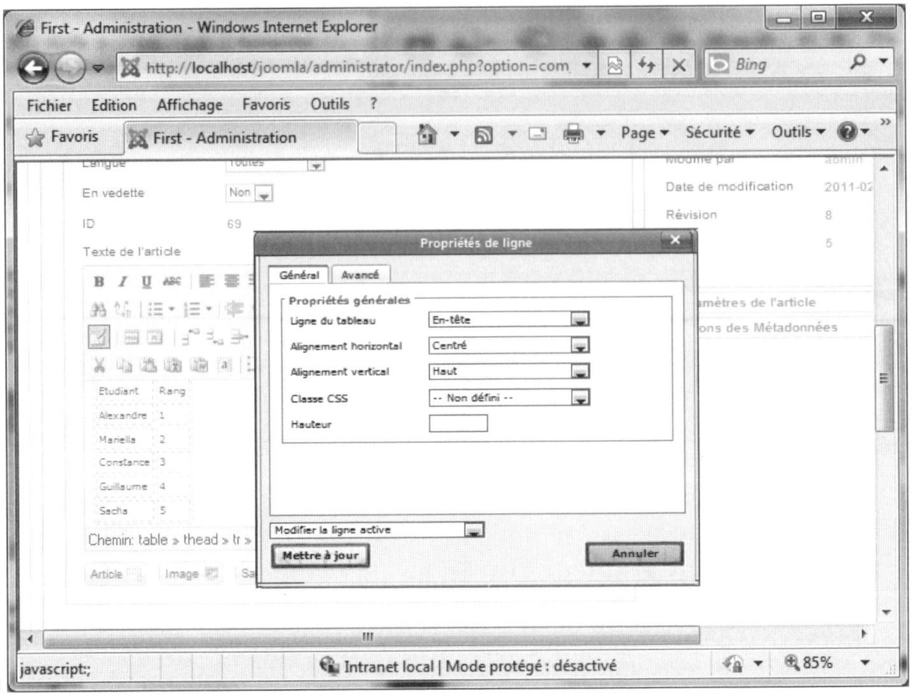

Figure 6.16 : La boîte de dialogue Table row properties.

5. **Pour appliquer la nouvelle couleur à toutes les bordures de toutes les cellules, retournez dans l'onglet Général et sélectionnez Modifier toutes les cellules du tableau dans le menu déroulant qui se trouve dans l'angle inférieur gauche de la boîte de dialogue (voir la Figure 6.17).**

6. **Cliquez sur le bouton Mettre à jour.**

   Comme vous pouvez le voir dans la zone Texte de l'article, votre tableau présente désormais de belles bordures noires (voir la Figure 6.18).

Créer une table des matières

Joomla vous permet de diviser vos articles en ajoutant une table des matières, ce qui est particulièrement intéressant pour les articles les plus longs. Si l'un de vos articles dépasse les 30 pages, par exemple, mieux vaut éviter à vos utilisateurs d'attendre la fin du chargement de toutes les pages. Il est alors préférable de diviser l'article en pages do-

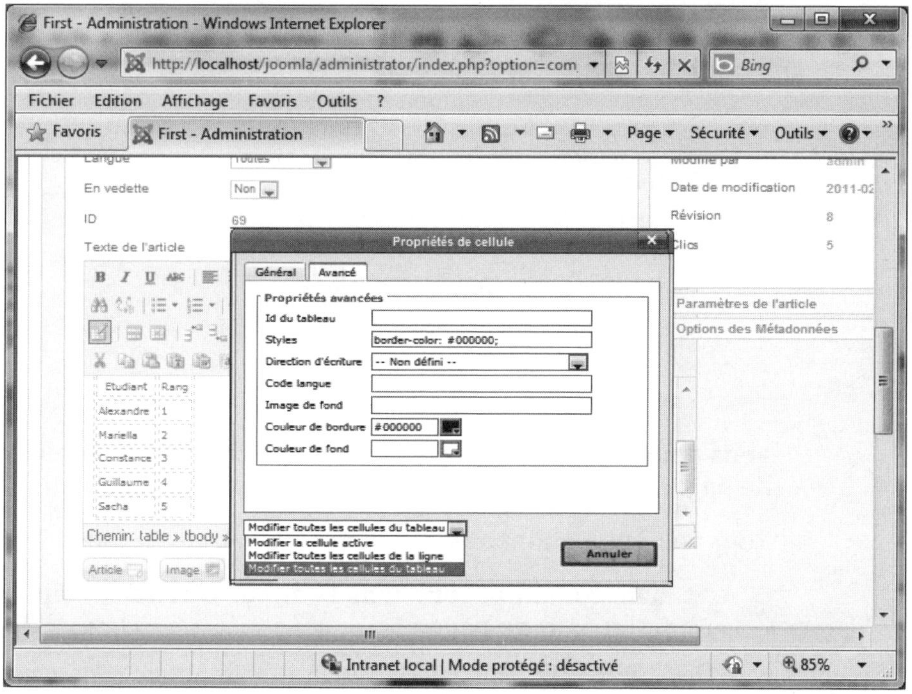

Figure 6.17 : Appliquer une couleur de bordure.

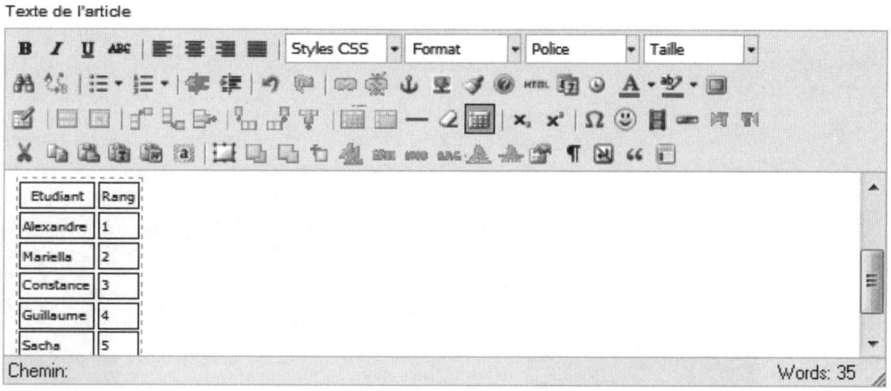

Figure 6.18 : Le nouveau tableau dans la zone Texte de l'article.

tées d'un titre, ce qui sera d'autant plus facile à faire que la fonctionnalité de saut de page de Joomla est particulièrement facile à utiliser.

Supposons que vous relisez, dans l'éditeur d'article, un article sur un pique-nique qu'un groupe de voisins organise. Voici le texte de l'article :

> « Nous organisons un pique-nique !

Où :

Parc André Citroën

Quand :

Demain

Ce qu'il faut apporter :

Des salades de pomme de terre

Des sandwichs

Des boissons »

Vous pouvez diviser cet article en pages en cliquant sur le bouton Saut de page qui se trouve sous la fenêtre de texte de l'éditeur d'article.

Pour voir la fonctionnalité à l'œuvre, suivez ces étapes :

1. **L'article étant ouvert dans l'éditeur d'article, cliquez sur le bouton Saut de page.**

   Une boîte de dialogue apparaît et vous invite à spécifier le titre de la nouvelle page (voir la Figure 6.19).

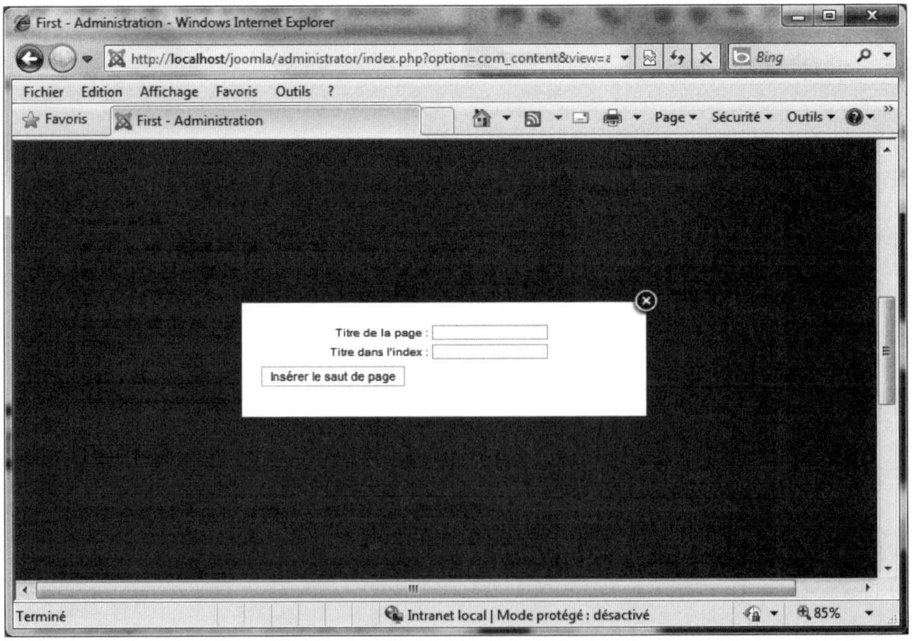

Figure 6.19 : Insérer un saut de page.

2. **Saisissez le titre de la page et cliquez sur le bouton Insérer le saut de page.**

3. **Répétez les étapes 1 et 2 pour créer d'autres nouvelles pages.**

4. **Cliquez sur le bouton enregistrer ou Enregistrer &Fermer dans l'éditeur d'article.**

5. **Ouvrez l'article dans le site.**

   Vous voyez apparaître la table des matières de l'article (voir la Figure 6.20).

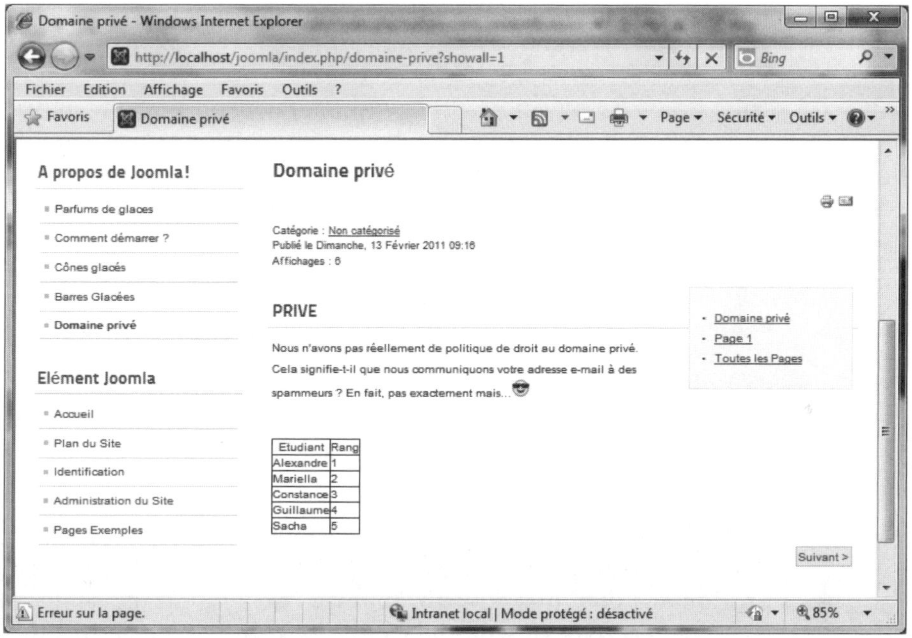

Figure 6.20 : Table des matières.

Dans la Figure 6.20, notez que Joomla utilise le titre de l'article comme titre de la première page de l'article. Les liens texte reprennent les noms des sauts de page et Joomla affiche les liens << Précédent et Suivant >> pour permettre aux utilisateurs de naviguer de page en page. Le lien Toutes les Pages dans la table des matières affiche tout le contenu de l'article sans les sauts de page.

Retour (et progression) dans le futur : publier à différents moments

Peut-être souhaitez-vous que des articles n'apparaissent qu'à un certain moment. Supposons que vous faites la promotion d'un pique-nique (et que vous devez en retirer la notification une fois qu'il s'est déroulé) ou d'une représentation théâtrale (et que vous devez ne l'annoncer que tant que des billets sont disponibles). Joomla vous aide à réaliser cette tâche.

Publier des articles ultérieurement

Vous pouvez créer des articles qui seront publiés ultérieurement. Supposons que votre association caritative organise une tombola à partir d'aujourd'hui jusqu'au 2 septembre 2011 et que vous voulez le faire savoir. Pour créer cet article, cliquez sur l'icône Ajouter un article dans le panneau d'administration ou sur le bouton Nouveau dans la gestion des articles.

Maintenant, supposons que vous ne voulez pas que cet article apparaisse avant juillet. Pour vous en assurer, modifiez les paramètres de publication dans la section Options de publication qui se trouve sur le côté droit de l'éditeur d'article. Pour commencer à publier le 1er juillet 2011 à minuit, par exemple, saisissez « 2011-07-01 00:00 » dans la zone Début de publication.

N'OUBLIEZ PAS

Plutôt que de saisir la date manuellement lorsque vous définissez une date de début ou de fin de publication, utilisez l'icône de calendrier proposée à côté des zones Début de publication et Fin de publication de la section Options de publication. Après avoir cliqué sur l'icône, un calendrier s'ouvre. Cliquez simplement sur la date souhaitée, comme dans la Figure 6.21.

Dépublier des articles ultérieurement

Vous pouvez aussi arrêter de publier un article à une certaine date. Pour continuer avec l'exemple précédent, la tombola prend fin le 2 septembre 2011 et vous souhaitez donc arrêter la publication de son annonce à cette date.

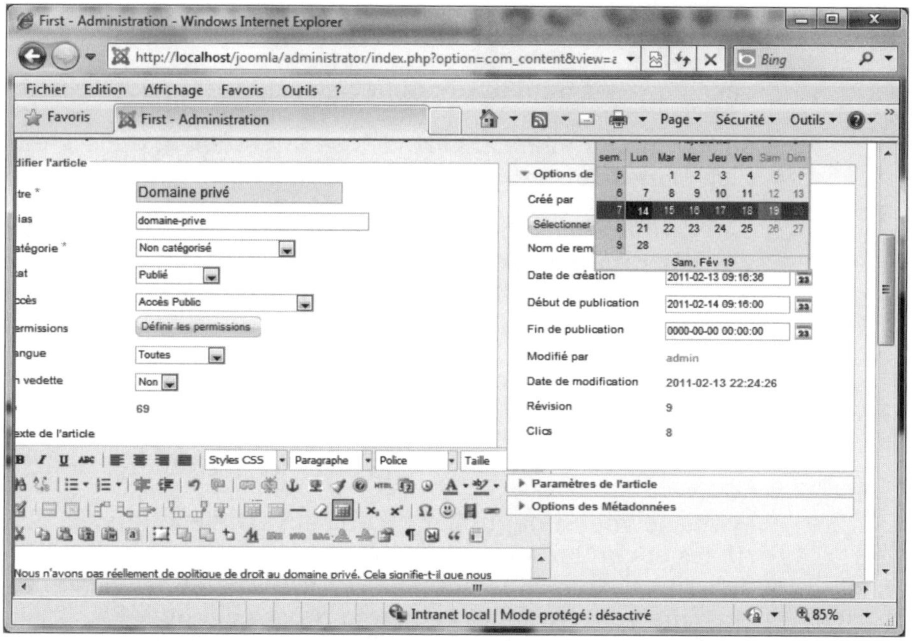

Figure 6.21 : Spécifier une date pour commencer à publier l'article.

Rien de plus facile. Pour que Joomla dépublie un article, saisissez une date de fin de publication dans la zone Fin de publication de la section Options de publication (voir la Figure 6.22).

N'OUBLIEZ PAS

Veillez à bien utiliser le format *aaaa-mm-jj* pour la date et un système horaire de 24 heures dans les zones Début de la publication et Fin de la publication. Là aussi, épargnez-vous la saisie de ces données et utilisez le calendrier proposé à côté des zones Début de la publication et Fin de la publication.

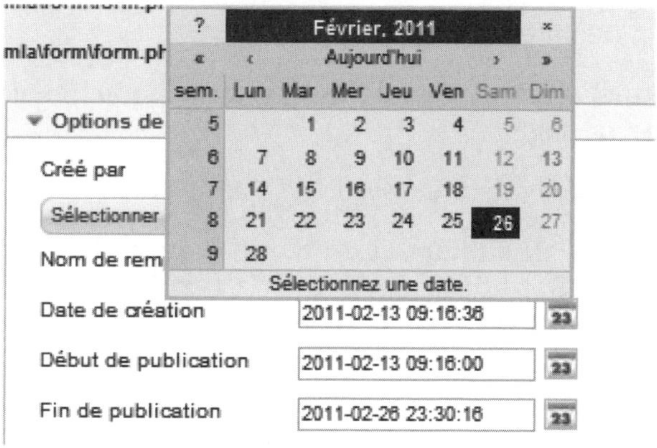

Figure 6.22 : Dépublier un article automatiquement.

Dépublier maintenant

Pour finir, vous pouvez dépublier un article immédiatement.

Pour dépublier plusieurs articles simultanément dans Joomla, respectez les étapes suivantes :

1. **Cliquez sur l'icône Gestion Articles dans le panneau d'administration ou sélectionnez Contenu/Gestion des articles dans n'importe quelle page d'administration pour ouvrir la gestion des articles.**

2. **Cochez les cases des articles à dépublier.**

3. **Pour dépublier les articles sélectionnés, cliquez sur le cercle rouge situé en haut de la page de gestion des articles.**

Si vous ne voulez dépublier qu'un seul article, ouvrez la gestion des articles et cliquez sur l'encoche verte de la colonne Publié de l'article concerné. Cette action actualise la gestion des articles et transforme l'encoche verte (publié) en cercle rouge (dépublié).

N'OUBLIEZ PAS

Dépublier un article ne supprime pas l'élément du menu qui le pointe. Cet élément de menu figure toujours dans le menu d'origine. Si les utilisateurs cliquent sur cet élément, ils sont renvoyés vers une page d'erreur. Vous devez donc aussi dépublier cet élément de menu. Pour dépublier un élément de menu :

1. **Cliquez sur l'icône Gestion Menus dans le panneau d'administration ou sélectionnez Menus/Gestion des menus dans n'importe quelle page d'administration pour ouvrir la gestion des menus.**

   La gestion des menus s'ouvre.

2. **Cliquez sur l'onglet Liens de menu dans la partie supérieure gauche de la page.**

   La page Liens de menu s'ouvre.

3. **Cochez la case de l'élément de menu à dépublier. Cliquez sur le bouton Dépublier en forme de cercle rouge, situé dans l'angle supérieur droit de la page.**

Déconnecter le site

Un jour ou l'autre, vous pouvez recevoir un appel d'un client qui hurle dans le combiné « Nous ne sommes pas prêts ! Déconnectez le site ! »

Déconnecter le site ? Comme faire ? Vous pouvez utiliser les fonctionnalités de configuration générale. Suivez ces étapes :

1. **Sélectionnez Site/Configuration dans n'importe quelle page d'administration.**

   ou

   Cliquez sur l'icône Configuration dans le panneau d'administration.

   D'une manière ou d'une autre, la page Configuration s'ouvre.

   Dans l'onglet Site, notez la première option de la section Paramètres du site : Site hors-ligne. C'est cette option dont vous avez besoin.

2. **Sélectionnez l'option Oui en regard de Site hors-ligne.**

3. **Cliquez sur le bouton Enregistrer.**

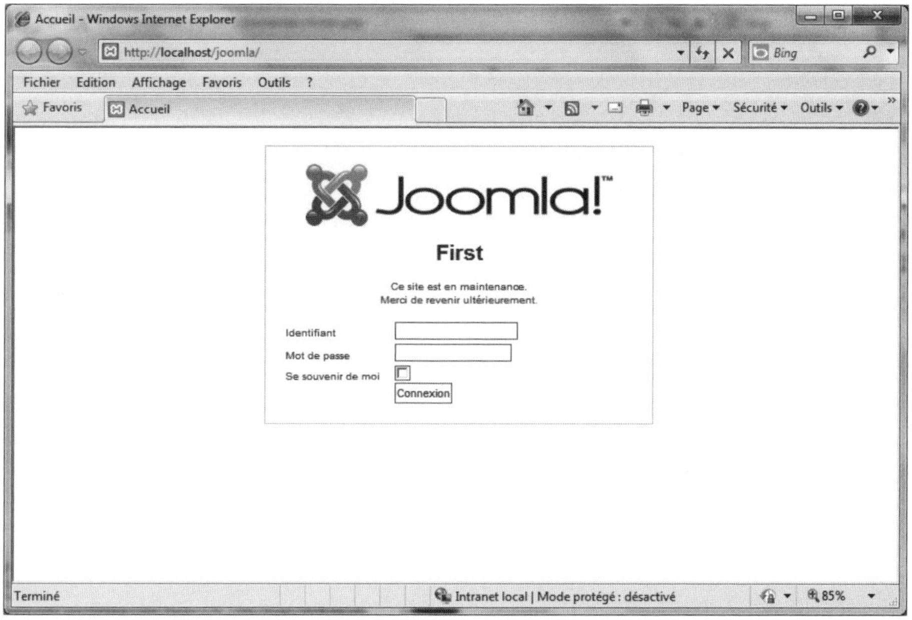

Figure 6.23 : Le site est déconnecté.

Votre site est déconnecté et les internautes voient s'afficher le message représenté dans la Figure 6.23.

Vous voulez remettre le site en ligne ? Suivez ces étapes :

1. **Rouvrez la page Configuration.**
2. **Sélectionnez l'option Non, en regard de Site hors-ligne.**

   Votre site est de nouveau connecté.

Troisième partie

Travailler avec les modules et les modèles dans Joomla

« OK, je crois qu'on a tous compris où Jerry voulait en venir avec sa carte de site. »

Dans cette partie…

Cette partie est consacrée aux modules et aux modèles Joomla. Les *modules* sont ces éléments qui apparaissent à la périphérie de vos pages : les menus, les sondages, les informations flash, les bannières, les zones de recherche, le HTML personnalisé et plus encore. Joomla est livré avec des dizaines de modules intégrés et c'est dans cette partie du livre que vous allez apprendre à les maîtriser.

Nous allons aussi parler du travail avec les modèles Joomla. Les *modèles* déterminent tous les aspects de la présentation de vos pages, de l'endroit où les modules sont positionnés aux images et aux couleurs qu'ils utilisent. Bien que Joomla soit livré avec un nombre limité de modèles, vous pouvez en télécharger des milliers d'autres sur Internet.

Chapitre 7

S'initier aux modules

Dans ce chapitre :

- Comprendre les modules.
- Travailler avec les publicités.
- Archiver les articles.
- Fournir des parcours de navigation.
- Créer un module HTML personnalisé.
- Ajouter un flux RSS à son site.

Les *modules* de Joomla sont des applications intégrées qui apparaissent sur les bords de vos pages.

En fait, dans la plupart des modèles Joomla, même des éléments puissants tels que les *menus* sont affichés dans des modules.

Les chapitres des parties I et II de ce livre sont consacrés à la gestion de contenu dans Joomla. Ce chapitre et le suivant expliquent comment travailler avec des modules.

Tout sur les modules

Dans Joomla, vous gérez les modules à l'aide du gestionnaire de modules auquel vous accédez en sélectionnant Extensions/Gestion des modules dans n'importe quelle page d'administration. La Figure 7.1

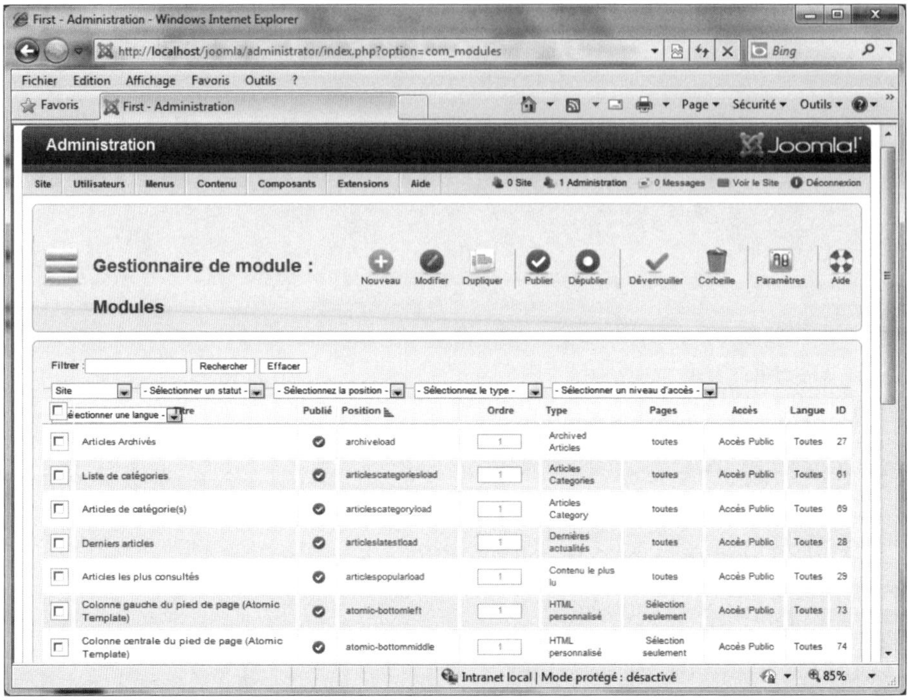

Figure 7.1 : Le gestionnaire de modules par défaut de Joomla.

représente le Gestionnaire de modules dans l'installation par défaut de Joomla.

Il s'agit de l'outil que nous utiliserons principalement dans ce chapitre et dans le Chapitre 8.

Pour travailler avec un module spécifique, cliquez sur son nom dans le gestionnaire de modules et une page dédiée à ce module s'ouvre.

Voici les modules compris dans l'installation par défaut de Joomla, par ordre alphabétique :

À propos de Joomla!

À propos du site Boutique de fruits

À propos du site des Parcs

Affichage de Flux RSS

Articles Archivés

Articles de catégorie(s)

Articles en relation

Articles les plus consultés

Bannières

Barre latérale (Atomic Template)

Boutique de fruits

Citation d'entête (Atomic Template)

Colonne centrale du pied de page (Atomic Template)

Colonne gauche du pied de page (Atomic Template)

Derniers articles

Derniers Inscrits

Elément Joomla

Extensions

Fenêtre intégrée (Iframe)

Fil de navigation

Fil de navigation

Flash Info (aléatoire)

Flash Info (dernière)

Flux RSS

Identification

Identification (Atomic Template)

Image aléatoire

Liens web

Liste de catégories

Menu

Menu Haut

Menu Haut (Atomic Template)

Menu Membre

Menu Principal

Module d'identification

Module de Bannières

Module de Recherche

Module HTML personnalisé

Parcs - Derniers articles

Parcs australiens

Pied de Page

Plan du site

Promotion !

Qui est en ligne ?

Recherche

Recherche (Atomic Template)

Sélecteur de langue

Sélecteur de langue

Statistiques

Le gestionnaire de modules compte dix colonnes pour chaque module :

- **[Case à cocher] :** une option vous permettant de travailler avec plusieurs modules simultanément.
- **Titre :** le nom du module.
- **Publié :** une option qui signale si le module est publié ou dépublié.
- **Position :** la position dans la page où le module doit apparaître.
- **Ordre :** indique l'ordre des modules que Joomla utilise quand plusieurs modules occupant la même position sont publiés sur la même page.
- **Type :** le type du module.
- **Pages :** les pages dans lesquelles le module est visible.
- **Accès :** le niveau des utilisateurs autorisés à voir le module. Les niveaux d'accès par défaut de Joomla sont les suivants : Public (tout le monde), Enregistré (utilisateurs enregistrés) ou Spécial (auteurs et niveaux supérieurs). Cependant, vous pouvez créer un nombre infini de niveaux d'accès personnalisés pour satisfaire les besoins de votre site (pour en savoir plus sur les niveaux d'accès, reportez-vous au Chapitre 10).

- **Langue :** les paramètres de langue du module.
- **ID :** l'ID Joomla du module.

Dans le reste de ce chapitre, nous allons passer en revue certains modules pour voir ce qu'ils ont à offrir. En premier lieu, nous nous penchons sur le module Bannières qui nécessite que nous vous présentions d'abord le composant Bannières.

Le composant Bannières

Petite explication : nous vous avons annoncé que nous allions étudier quelques modules mais, avant cela, nous devons vous parler des composants. Comme nous le répétons souvent dans ce livre, les composants sont au cœur d'un site Joomla, affichant des articles, des images et d'autres contenus de site destinés aux visiteurs. Les modules sont des programmes simples qui, comme une règle, indiquent au contenu de votre site (affiché par des composants) où il doit apparaître sur ce dernier. Sans les composants, les modules n'ont quasiment aucun intérêt. En revanche, les composants ont besoin d'être guidés par les modules pour savoir ce qu'ils doivent afficher sur votre site. Gardant cela à l'esprit, observons comment Joomla gère les bannières.

Les bannières sont les rectangles longs et fins de publicités pour des produits et des services, souvent présents dans les sites Web. Ajouter des bannières publicitaires dans votre site Joomla est une solution idéale pour informer les visiteurs de votre site des nouveaux produits disponibles (si vous gérez un site de vente en ligne). Vous pouvez aussi louer un espace publicitaire de votre site au mois ou au clic à des particuliers ou des entreprises qui veulent communiquer sur les produits ou services qu'ils ont à offrir aux consommateurs. La Figure 7.2 représente une bannière qui affiche un article sur les bannières contenant une bannière. Impossible d'être plus dans le vif du sujet !

Maintenant que vous comprenez pourquoi nous abordons les composants dans un chapitre dédié aux modules, vous pouvez vous mettre au travail.

Pour faire simple, le composant Bannières vous permet de gérer les bannières publicitaires de votre site Web. Pour ouvrir le composant Bannières, sélectionnez Composants/Bannières dans une page

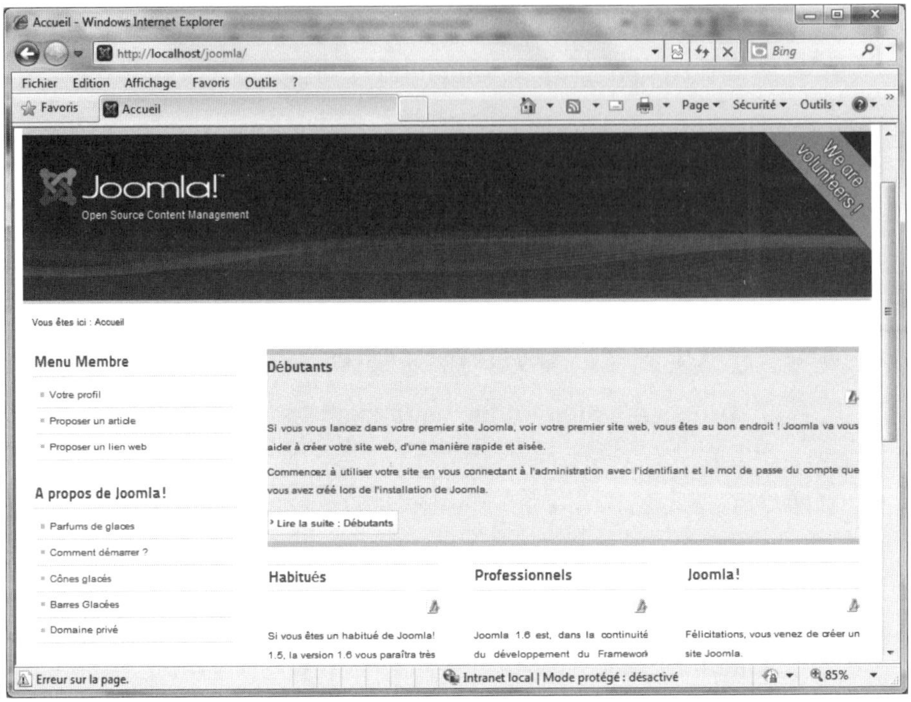

Figure 7.2 : Le module Bannières et les composant Bannières au travail.

d'administration. Vous accédez alors à la page Gestion des bannières : Bannières.

Comme vous pouvez le voir sur la Figure 7.3, l'interface de la page Gestion des bannières : Bannières est identique à celle des autres composants Joomla tels que la gestion des articles. Par exemple, elle dispose des mêmes boutons Nouveau, Modifier, Publier et Corbeille que vous avez rencontrés en utilisant d'autres modules et composants Joomla. De plus, tout comme la gestion des articles, la page de gestion des bannières organise aussi vos bannières par lignes avec des colonnes d'informations pour chacune d'entre elles.

Notez les onglets dans l'angle supérieur gauche de la page Gestion des bannières : Bannières (voir la Figure 7.3). Chaque onglet se rapporte à une fonction spécifique pour la gestion des bannières :

- **Bannières :** cet onglet permet de définir vos bannières publicitaires.
- **Catégories :** cet onglet vous invite à déterminer les catégories dans lesquelles vous classez les bannières de votre site.

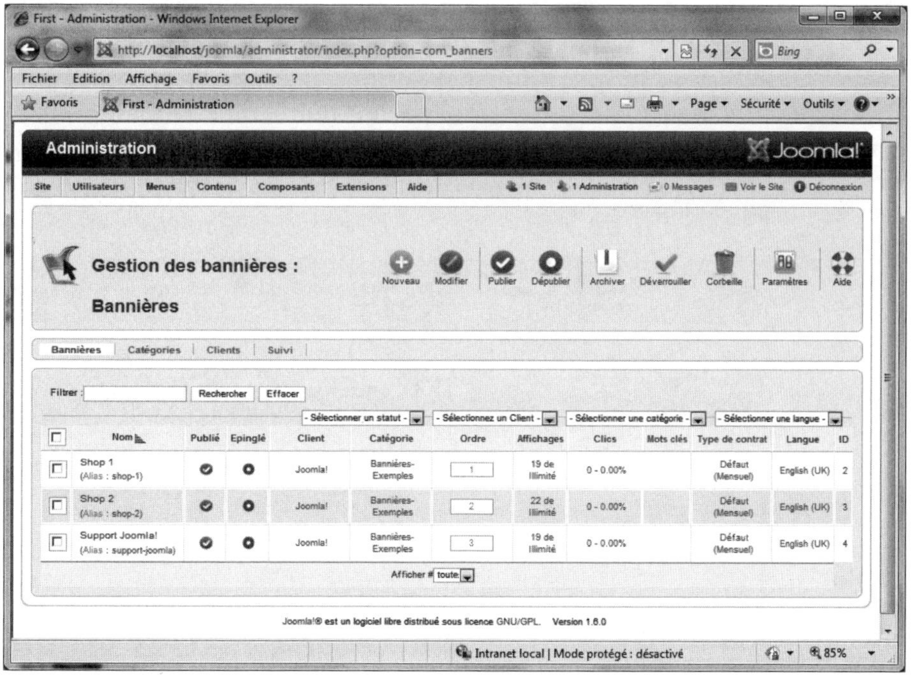

Figure 7.3 : La page Gestion des bannières : Bannières.

- **Clients :** cet onglet vous permet de définir les clients.
- **Suivi :** cet onglet affiche le « trafic » subit par vos bannières. Le suivi rend compte du nombre d'affichages et de clics sur les bannières de votre site.

Jetons un œil à ces différents onglets.

Bannières

L'onglet Bannières est l'onglet par défaut qui accueille les utilisateurs Joomla quand ils accèdent pour la première fois à la gestion des bannières. L'onglet Bannières vous permet de visualiser toutes les bannières que vous avez ajoutées à votre site, de vérifier si elles sont publiées, si elles sont épinglées (cela signifie que la bannière est prioritaire au niveau de l'affichage), quels sont les clients cibles, à quelle catégorie elles appartiennent, l'ordre (si utilisé), le nombre d'affichages et de clics ainsi que les mots clés définis, le type de contrat et la langue.

Si vous avez installé les données exemples fournies par Joomla lors de l'installation, l'onglet Bannières doit compter trois bannières préinstallées : Shop 1, Shop 2 et Support Joomla!. Pour avoir un aperçu plus précis des paramètres qui permettent à une bannière publicitaire de fonctionner dans Joomla, cliquez sur le lien Shop 1. Ce faisant, vous ouvrez la page Gestion des bannières : Modifier la bannière, illustrée par la Figure 7.4.

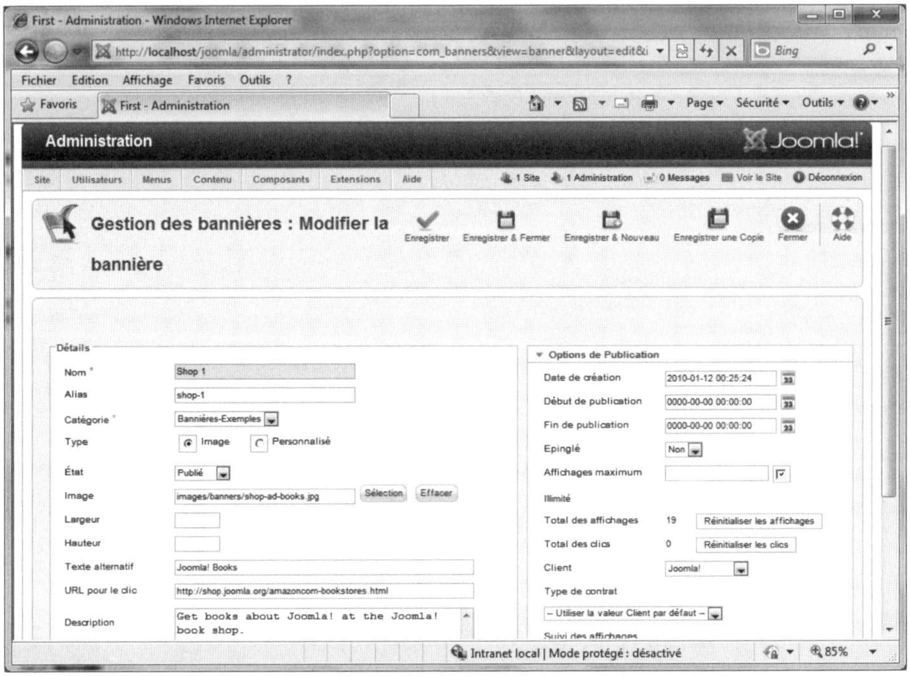

Figure 7.4 : La page Gestion des bannières : Modifier la bannière.

Les informations qui figurent dans la page Modifier la bannière de Shop 1 correspondent au minimum requis par Joomla. C'est bon à savoir si jamais vous voulez ajouter de nouvelles bannières à votre site Web.

Pour ajouter une nouvelle bannière à votre site, cliquez sur le bouton Nouveau dans la page Gestion des bannières : Bannières. Autre méthode : vous pouvez aussi cliquer sur le bouton Enregistrer & Nouveau dans n'importe quelle page Gestion des bannières : Bannières. Dans les deux cas, la page Gestion des bannières : Nouvelle bannière s'ouvre. Cette page contient les mêmes options que la page Gestion des bannières : Modifier la bannière. Les options proposées dans la zone Nouvelle bannière sont les suivantes :

- **Nom :** le nom attribué à la bannière (ce renseignement est obligatoire).
- **Catégorie :** la catégorie à laquelle la bannière appartient (cette information est obligatoire).
- **Type :** ces cases d'option vous permettent de définir si la bannière utilise une image (chargée dans la gestion des médias) ou du HTML personnalisé.
- **Largeur :** définit la largeur de la bannière.
- **Hauteur :** définit la hauteur de la bannière.
- **Texte alternatif :** cette zone sert à entrer le texte à afficher à la place des images ou du HTML personnalisé s'ils ne sont pas visibles dans le navigateur.
- **URL pour le clic :** cette zone permet de saisir l'URL qui s'ouvre quand un visiteur clique sur la bannière publicitaire.
- **Description :** cette zone permet d'entrer une description de la bannière.
- **Langue :** la langue utilisée par la bannière publicitaire.

Chaque bannière ajoutée à votre site doit avoir un nom et appartenir à une catégorie. Vous avez aussi la possibilité de choisir l'image que la bannière affiche. Pour plus d'informations sur l'ajout d'images à votre site, référez-vous au Chapitre 6.

Dans la section Options de publication, vous pouvez configurer les dates de début et de fin de publication de la bannière publicitaire. Cette fonction peut être très utile si votre site contient une bannière qui doit seulement être visible pendant un certain temps. Vous pouvez aussi définir si la bannière doit être *épinglée*, c'est-à-dire affichée dans l'ordre ou de manière aléatoire et pouvez même décider si vous souhaitez un suivi de nombre d'affichages et de clics enregistrés par la bannière.

TRUC

Le terme *épinglé* est utilisé par Joomla pour décrire un élément de contenu (dans ce cas une bannière publicitaire) à afficher en priorité. Par exemple, si vous disposez de 12 bannières publicitaires dans une catégorie dont deux sont épinglées et si vous pouvez afficher quatre bannières de cette catégorie dans des espaces de votre site Web, les deux bannières épinglées apparaissent toujours et les deux autres s'affichent de manière aléatoire.

Voilà qui résume la gestion des bannières ainsi que les possibilités offertes par les pages Modifier la bannière et Nouvelle bannière. Intéressons-nous à l'onglet suivant.

Catégories

La page Gestion des catégories : Bannières vous permet d'organiser vos catégories de bannières existantes et d'en créer de nouvelles. Pour atteindre cette page, sélectionnez Composants/Bannières dans une page d'administration et cliquez sur l'onglet Catégories.

Comme le montre la Figure 7.5, si vous avez inclus le contenu exemple lors de l'installation de Joomla, la page Gestion des catégories : Bannières contient deux catégories : Bannières-Exemples et Non catégorisé.

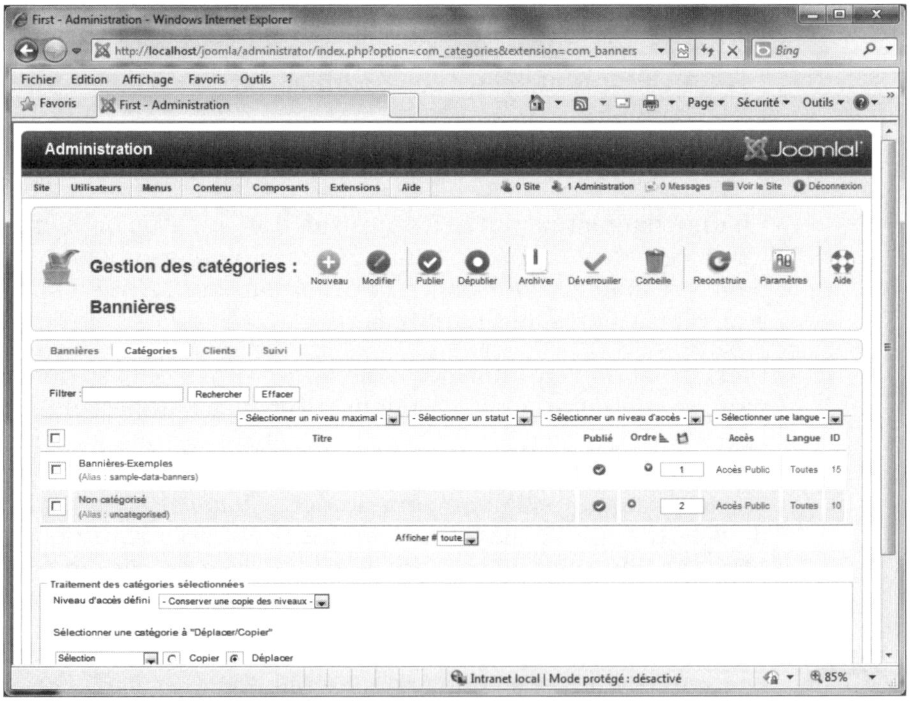

Figure 7.5 : La page Gestion des catégories : Bannières.

Pour ajouter une nouvelle catégorie afin d'y classer vos bannières publicitaires, cliquez sur le bouton Nouveau situé en haut de la page Gestion des catégories ; Bannières. Comme nous l'expliquions précédemment dans cette section, vous devez sélectionner une catégorie pour toute nouvelle bannière ajoutée à votre site.

Clients

Si vous avez l'intention de louer un espace publicitaire à d'autres sites, entreprises ou services, vous allez adorer la page Gestion des bannières : Clients. Pour l'ouvrir, sélectionnez Composants/Bannières dans une page d'administration et cliquez sur l'onglet Clients. Par défaut, la page Gestion des bannières : Clients dispose d'un client, Joomla. Quand vous cliquez sur le nom du client, vous ouvrez la page Gestion des bannières : Modifier le client, illustrée par la Figure 7.6.

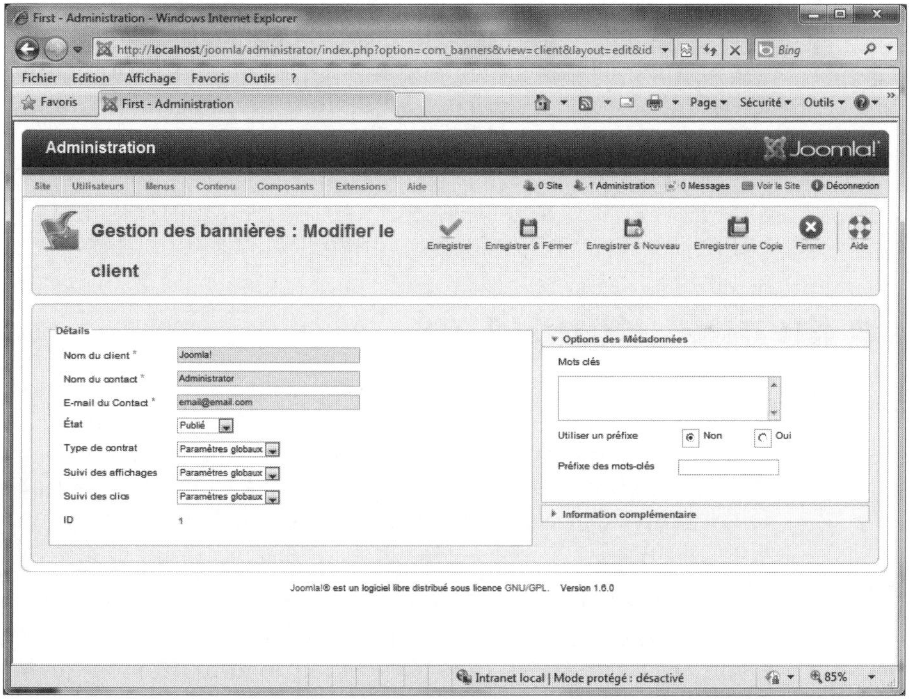

Figure 7.6 : La page Gestion des bannières : Modifier le client.

La page Gestion des bannières : Modifier le client vous permet de conserver des informations utiles sur vos clients, notamment le nom du client, le nom du contact et l'e-mail du contact. Vous pouvez aussi spécifier le type de contrat (illimité, annuel, mensuel, hebdomadaire ou journalier) et si vous souhaitez un suivi du nombre d'affichages et de clics enregistrés par une bannière spécifique du client.

Pour ajouter un nouveau client, cliquez sur le bouton Nouveau, situé en haut de la page Gestion des bannières : Clients.

Suivi

Si vous voulez effectuer le suivi du nombre d'affichages et de clics enregistrés par les bannières publicitaires de votre site Joomla, la page Gestion des bannières : Suivi est faite pour vous. Pour y accéder, sélectionnez Composants/Bannières dans une page d'administration et cliquez sur l'onglet Suivi.

La page Gestion des bannières : Suivi propose quelques options. Pour chaque bannière publicitaire pour laquelle vous décidez d'activer le suivi des affichages et des clics, vous disposez, sur la page, d'une entrée détaillant les statistiques de la bannière. Vous pouvez trier ces statistiques en spécifiant une période, le client propriétaire de la bannière et la catégorie à laquelle la bannière appartient. Mieux, vous pouvez exporter vos résultats et en transmettre une copie à vos clients pour qu'ils aient une idée du trafic généré par leurs publicités sur votre site.

Le module Bannières

Après avoir entré le contenu de la bannière dans le composant Bannières (détaillé dans la section précédente), indiquez à Joomla comment afficher ce contenu dans votre site. C'est exactement le rôle du module Bannières. En d'autres termes, le module Bannières affiche le contenu de la bannière géré par le composant Bannières sur votre site Joomla.

Pour ouvrir la page d'administration du module Bannières (Banners), sélectionnez Extensions/Gestion des modules afin d'ouvrir le gestionnaire de modules puis cliquez sur le nom du module. Vous pouvez aussi accéder au gestionnaire de modules *via* le panneau d'administration : cliquez simplement sur l'icône Gestion Modules.

Aperçu du module

La Figure 7.7 représente la page de gestion du module Bannières. Prenez un instant pour voir ce que le module a à offrir.

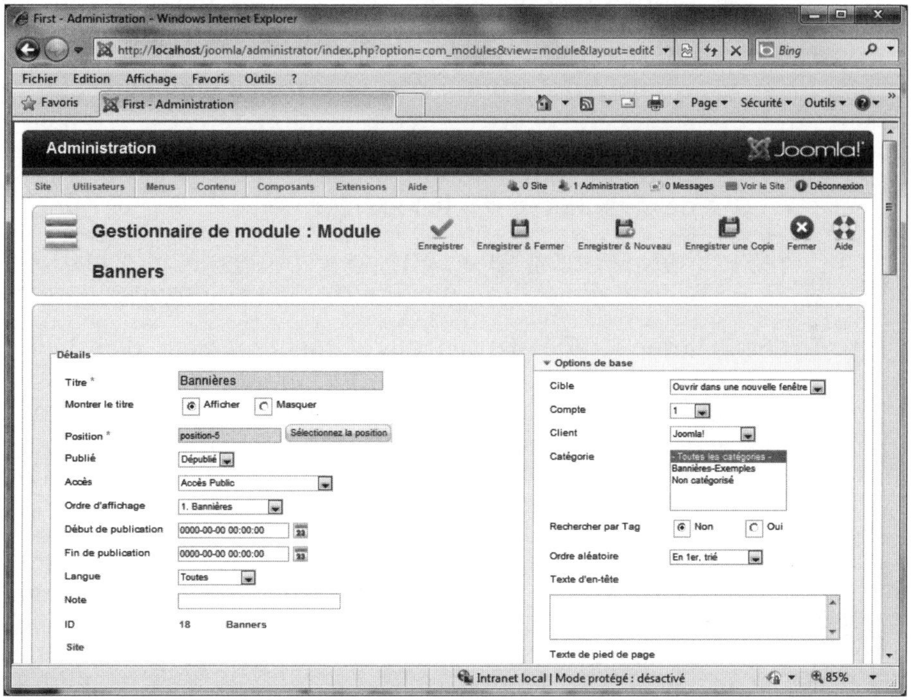

Figure 7.7 : La page de gestion du module Bannières.

Dans la section Détails du module Bannières, vous disposez des options suivantes :

- **Titre :** le titre du module.
- **Montrer le titre :** comme son nom l'indique, cette option vous permet de spécifier si vous voulez afficher ou masquer le nom du module pour les utilisateurs qui visitent votre site.
- **Position :** en fonction du modèle que votre page Joomla utilise, les options du menu déroulant Position vous permettent de définir l'emplacement de la bannière sur une page donnée.
- **Accès :** cette option sert à spécifier le niveau d'accès des utilisateurs autorisés à voir le contenu de la bannière sur une page.

- **Ordre d'affichage :** quelquefois un module peut partager un espace avec un autre module. Avec cette option, vous décidez de l'ordre d'affichage des modules quand ils sont publiés au même endroit.
- **Début de publication :** grâce à cette fonction, vous pouvez définir la date et l'heure de publication de votre module.
- **Fin de publication :** grâce à cette fonction, vous pouvez définir la date et l'heure de dépublication de votre module.
- **Langue :** cette option vous permet de déterminer la langue par défaut, utilisée par le module.
- **Note :** entrez, dans cette zone, toutes les informations relatives à ce module, que vous pourrez consulter ultérieurement.

Sous la section Détails se trouve la section Menu d'assignement. Tandis que la section Détails sert à comprendre et à contrôler certains détails du module comme la position sur une page ou le début et la fin de la publication, la section Menu d'assignement vous permet de spécifier les pages sur lesquelles le module affiche le contenu de la bannière (voir la Figure 7.8).

N'OUBLIEZ PAS

Vous risquez d'être perturbé : vous définissez les *pages* sur lesquelles le module s'affiche avec un *menu* d'assignement ? Pourtant, dans Joomla, les pages sont seulement créées quand un élément de menu est consulté. Donc vous spécifiez les pages sur lesquelles un module s'affiche en indiquant les éléments de menu qui pointent vers ces pages.

Si vous voulez qu'un module s'affiche sur toutes les pages, sélectionnez Sur toutes les pages dans le menu déroulant Assignement du module. Pour spécifier les pages sur lesquelles le module s'affiche, sélectionnez l'option Seulement sur les pages sélectionnées ou Sur toutes les pages sauf celles sélectionnées. Après avoir choisi l'une des deux options, vous pouvez préciser votre choix sous Sélection des menus et cocher les cases des pages à inclure ou exclure (en fonction de l'option sélectionnée dans le menu déroulant Assignement du module).

TRUC

Lorsque vous travaillez avec la liste Sélection des menus, vous pouvez cocher ou décocher toutes les pages de votre site Joomla en cliquant sur le bouton Inverser la sélection situé au-dessus de la liste (voir la Figure 7.8).

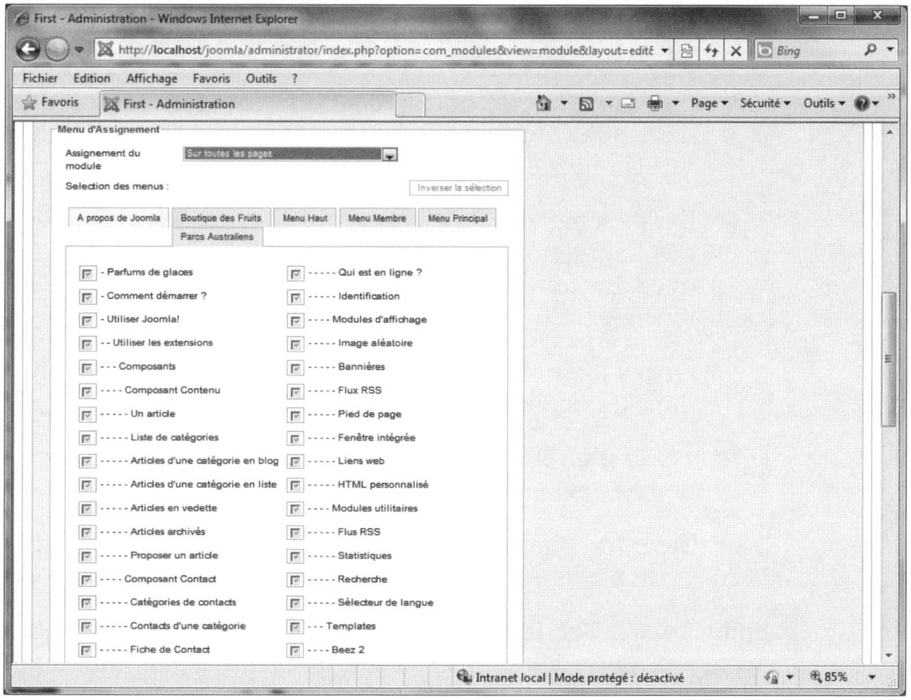

Figure 7.8 : Les options de la section Menu d'assignement.

Dans la partie droite de la page, vous disposez de la section Options de base qui propose des options permettant de contrôler précisément le comportement des bannières quand elles sont affichées sur votre site Web :

- **Cible :** cette option vous permet de contrôler l'action à exécuter lorsque les visiteurs cliquent sur une bannière. En optant pour Ouvrir dans la fenêtre parente, Ouvrir dans une nouvelle fenêtre ou Ouvrir dans une fenêtre pop-up, vous indiquez si vos visiteurs sont redirigés hors de votre site pour visualiser le contenu de la bannière, si le contenu s'affiche dans une nouvelle fenêtre de navigation ou dans une fenêtre pop-up.

- **Compte :** cette option détermine le nombre de bannières à afficher en même temps dans le module. Le paramètre par défaut est 1. Le nombre maximum de bannières que le module Bannières peut afficher est 10.

- **Client :** cette option définit un client pour le module Bannières. Vous pouvez sélectionner un client dans le menu déroulant. Si vous avez inclus les données exemples lors de l'installation,

Joomla figure dans votre liste de client. Pour y insérer plus de clients, utilisez la page Gestion des bannières : Clients.

- **Catégorie : c**ette option définit la catégorie du module Bannières. Pour créer d'autres catégories, utilisez la page Gestion des catégories : Bannières.
- **Rechercher par Tag :** cette option vous invite à sélectionner des bannières en mettant en relation les balises de la bannière avec des mots trouvés dans les pages sur lesquelles vous voulez afficher les bannières.
- **Ordre aléatoire :** cette option vous permet de définir l'ordre dans lequel les bannières s'affichent.
- **Texte d'en-tête :** cette option vous permet d'entrer le texte à afficher avant le groupe de bannières.
- **Texte de pied de page :** cette option vous permet d'entrer le texte à afficher après le groupe de bannières.

Enfin, sous la section Options de base se trouvent les Options avancées. Pour développer la section, cliquez sur son nom. Vous y découvrez les fonctionnalités suivantes :

- **Suffixe de classe CSS :** cette option vous permet, si vous savez créer du CSS personnalisé, de créer et d'identifier un nouveau style CSS s'appliquant uniquement à ce module.
- **Mise en cache :** cette option sert à définir si le contenu du module doit ou non être mis en cache. Si vous sélectionnez Paramètres globaux dans le menu déroulant, les paramètres de mise en cache utilisés sont ceux définis dans la configuration générale de votre site Joomla.
- **Période du cache :** le nombre de minutes entre deux mises en cache du module.

Travailler ensemble

Dans la section dédiée au composant Bannières, nous avons vu à quel point il est simple de créer, modifier et gérer le contenu des bannières publicitaires avec Joomla. Vous avez aussi découvert comment le composant Bannières vous permettait d'assurer le suivi des clients qui paient pour insérer le contenu publicitaire dans votre site Web ainsi que le suivi du nombre d'affichages et de clics enregistrés par vos bannières publicitaires. Dans la section précédente, nous vous avons expliqué le fonctionnement interne et l'utilité du module. Un seul élément reste flou : comment le module et le composant travaillent-ils ensemble ?

Voici un exemple qui illustre cette collaboration.

Comme votre site Joomla est extrêmement populaire, deux entreprises de taille décident de vous acheter des espaces publicitaires. L'une des entreprises souhaite payer mensuellement tandis que l'autre veut seulement placer sa bannière publicitaire sur votre site durant une semaine. Tout cela est possible grâce au composant Bannières. Les deux entreprises vous ont fourni le modèle et les informations requises pour publier leur bannière publicitaire sur votre site. Pour ajouter les nouvelles bannières à votre site, vous utilisez la gestion des bannières. Dans la page Gestion des bannières : Clients, vous avez la possibilité d'insérer les données sur vos clients telles que le contact pour chaque entreprise, la méthode de paiement (ici, mensuel et hebdomadaire). Pour votre client d'une semaine, vous utilisez la page Gestion des catégories : Bannières pour créer deux nouvelles catégories (une pour chaque entreprise) pour faciliter le suivi des bannières publicitaires associées à ces deux clients. Concentrez-vous ensuite sur le module Bannières pour indiquer à Joomla les pages sur lesquelles les nouvelles bannières doivent s'afficher et pendant combien de temps. Enfin, dans la page Gestion des bannières : Suivi, vous disposez d'un aperçu du nombre d'affichages et de clics enregistrés par les publicités de vos clients.

Un vrai travail d'équipe !

Le module Articles Archivés : le sens de l'Histoire

Archiver des articles les stocke sur votre site tout en les rendant moins visibles puisqu'ils ne sont plus affichés avec le reste du contenu de votre site. Une fois archivés, les articles peuvent uniquement être consultés *via* l'élément de menu Articles Archivés de votre site Joomla, le module Articles Archivés ou en recherchant l'article par nom en utilisant les fonctions de filtre intégrées dans Joomla.

Vous pouvez facilement archiver des articles dans la Gestion des articles. Pour l'ouvrir, cliquez sur l'icône Gestion Articles dans le panneau d'administration ou sélectionnez Contenu/Gestion des articles.

Archiver des articles

Pour archiver des articles, suivez ces étapes :

1. **Sélectionnez les articles que vous voulez archiver en cochant les cases correspondantes en début de ligne.**

2. **Cliquez sur le bouton Archiver.**

3. **Dans le menu déroulant Sélectionner un statut, sélectionnez Archivé.**

   Les articles figurent toujours dans la gestion des articles mais l'icône Archive complète leur nom. La Figure 7.9 vous montre un exemple d'articles archivés.

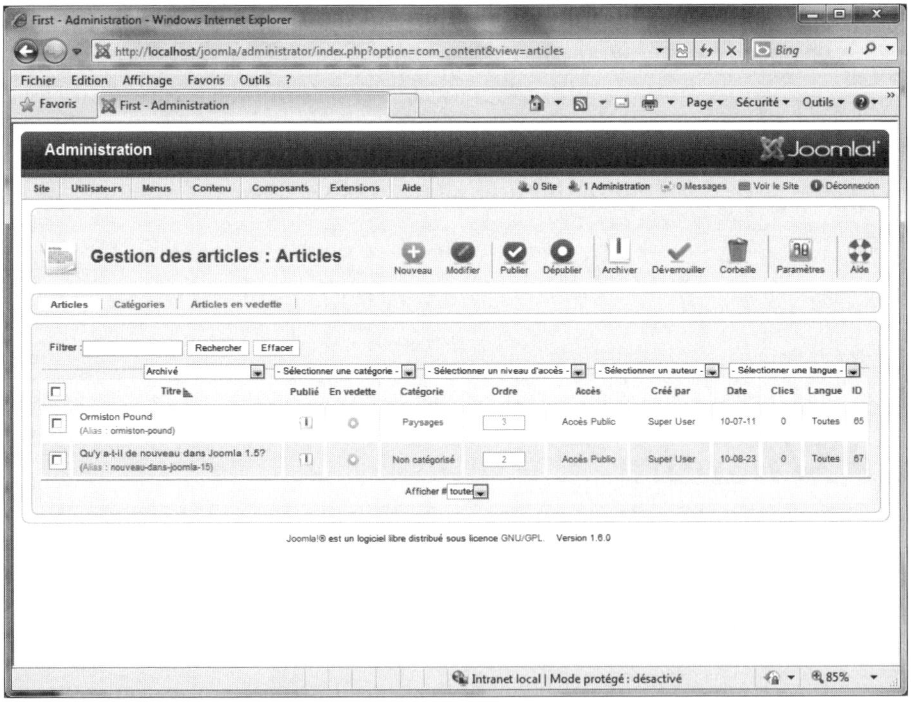

Figure 7.9 : Articles archivés dans la gestion des articles.

Afficher des listes d'articles archivés

Vous pouvez configurer le module Articles Archivés pour qu'il affiche une liste de liens vers les articles archivés, classés par mois. Suivez ces étapes :

1. **Sélectionnez Extensions/Gestion des modules dans n'importe quelle page d'administration pour accéder au gestionnaire de modules.**
2. **Cliquez sur Articles Archivés pour ouvrir la page d'administration de ce module.**
3. **Dans le menu déroulant Publié de la section Détails, sélectionnez Publié.**
4. **Cliquez sur le bouton Sélectionnez la position pour spécifier la position du module sur la page.**

   Les positions disponibles dépendent du modèle utilisé.
5. **Dans la section Menu d'assignement, spécifiez le(s) menu(s) auxquels vous voulez lier le module.**

   Par exemple, pour lier le module au menu principal, ouvrez l'onglet Menu Principal puis sélectionnez Accueil dans la liste proposée (voir la Figure 7.10).
6. **Cliquez sur le bouton Enregistrer & Fermer.**
7. **Retournez à la page d'accueil pour visualiser vos modifications.**

   La Figure 7.11 vous montre un exemple. En cliquant sur le lien, vous êtes renvoyé vers les articles archivés du mois.

Le module Breadcrumbs : comme Hansel et Gretel

Les *breadcrumbs* (fils de navigation dans la version française de Joomla ou littéralement « miettes de pain » pour celles que Hansel et Gretel sèment derrière eux pour retrouver leur chemin) sont ces

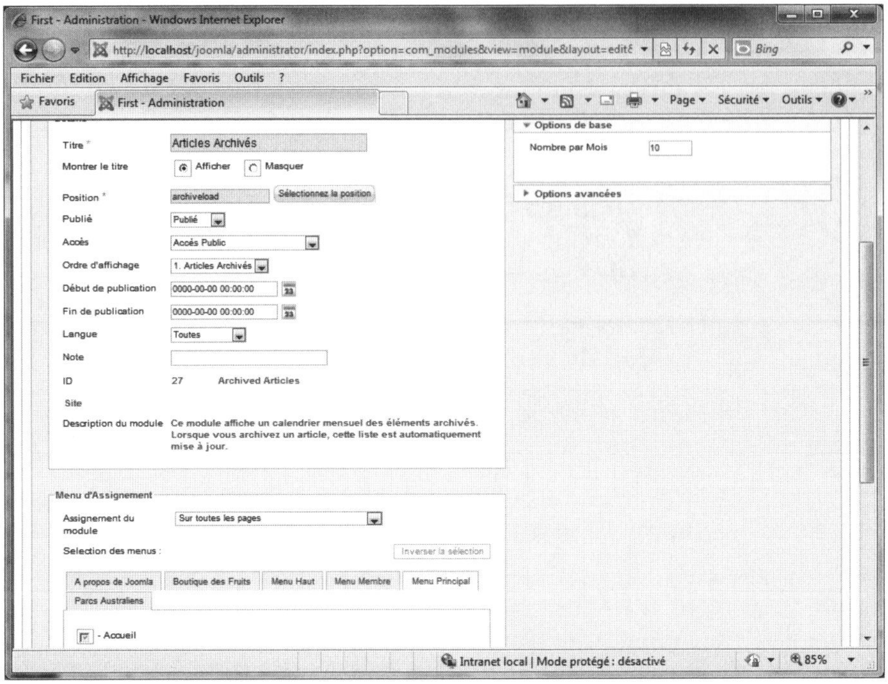

Figure 7.10 : Configurer le module Articles Archivés.

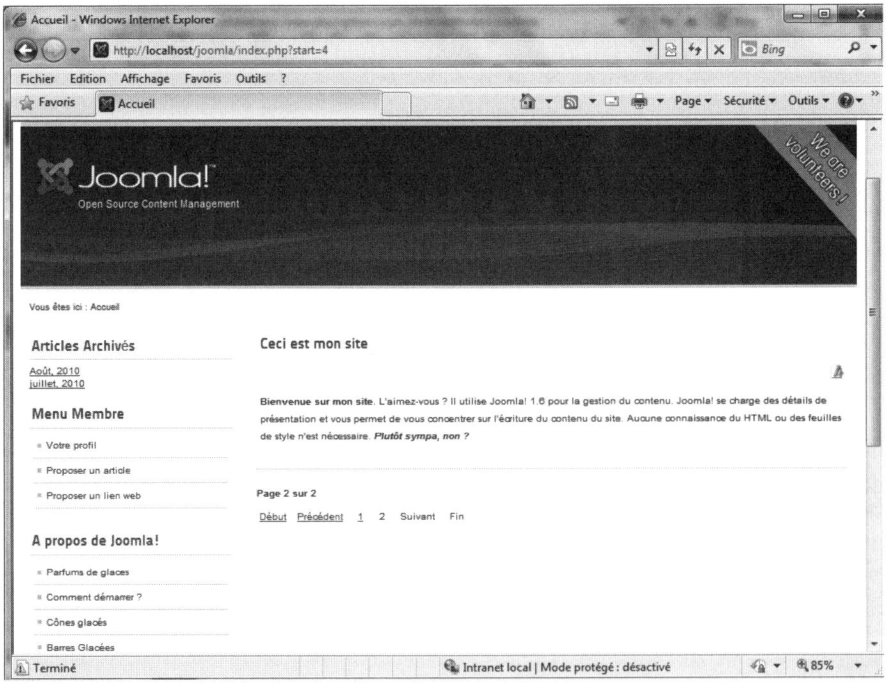

Figure 7.11 : Le module Articles Archivés sur la page d'accueil.

liens que vous voyez en haut des articles, comme celui illustré sur la Figure 7.12.

Figure 7.12 : Les fils d'Ariane à l'œuvre.

Le module Breadcrumbs peut rendre un important service aux visiteurs de votre site. Quand ce module est actif, il fournit aux utilisateurs du site une méthode supplémentaire pour se repérer pendant qu'ils naviguent sur votre site. Par exemple, s'ils trouvent un article qu'ils apprécient, il leur suffit de lire les informations fournies par les fils d'Ariane pour localiser l'article et éventuellement pour savoir où trouver un contenu similaire.

Pour modifier les paramètres du module, cliquez sur son nom dans le gestionnaire de modules afin d'ouvrir la page de gestion du module.

Le module HTML personnalisé : tout faire soi-même

L'une des grandes forces de Joomla est son incroyable flexibilité. Au moment où nous écrivons ce livre, l'installation par défaut du SGC inclut 23 modules différents pour vous aider à créer votre site. Toutefois, il se peut que vous vouliez ajouter une fonction à votre site Web que ces 23 modules ne couvrent pas. Dans ce cas, vous pouvez utiliser le module HTML personnalisé qui porte mal son nom puisqu'il n'impose pas nécessairement de travailler avec HTML.

Avec Joomla 1.6, le cadre pour créer un nouveau module personnalisé est prêt à être utilisé. Cette section explique comment.

Créer un module HTML personnalisé

Que vous vouliez afficher des extraits de code d'une autre page Web, des informations de contact pour l'équipe d'administration de votre site, une photo sur votre site Joomla sans l'intégrer dans un article ou toute autre fonction, un module HTML personnalisé est la solution.

Pour créer un module HTML personnalisé qui affiche vos heures de travail, suivez cette démarche :

1. **Sélectionnez Extensions/Gestion des modules dans n'importe quelle page d''administration.**

   Le gestionnaire de modules s'ouvre.

2. **Cliquez sur le bouton Nouveau.**

   La liste des types de modules s'affiche (voir la Figure 7.13).

3. **Sélectionnez HTML personnalisé.**

   La liste des types de modules se ferme. La page Gestionnaire de module : Module HTML personnalisé s'ouvre (voir la Figure 7.14).

4. **Dans la zone de texte Titre, saisissez « Heures de travail ».**

5. **Dans la section Personnaliser l'affichage qui se trouve en bas de la page, entrez du code HTML, du texte ou une image.**

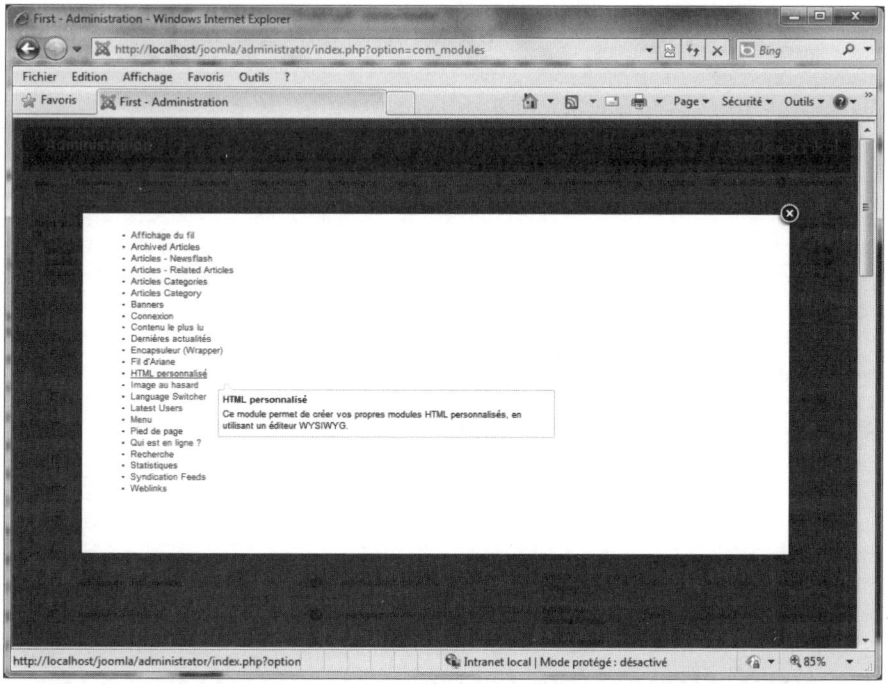

Figure 7.13 : Sélectionner un type de module.

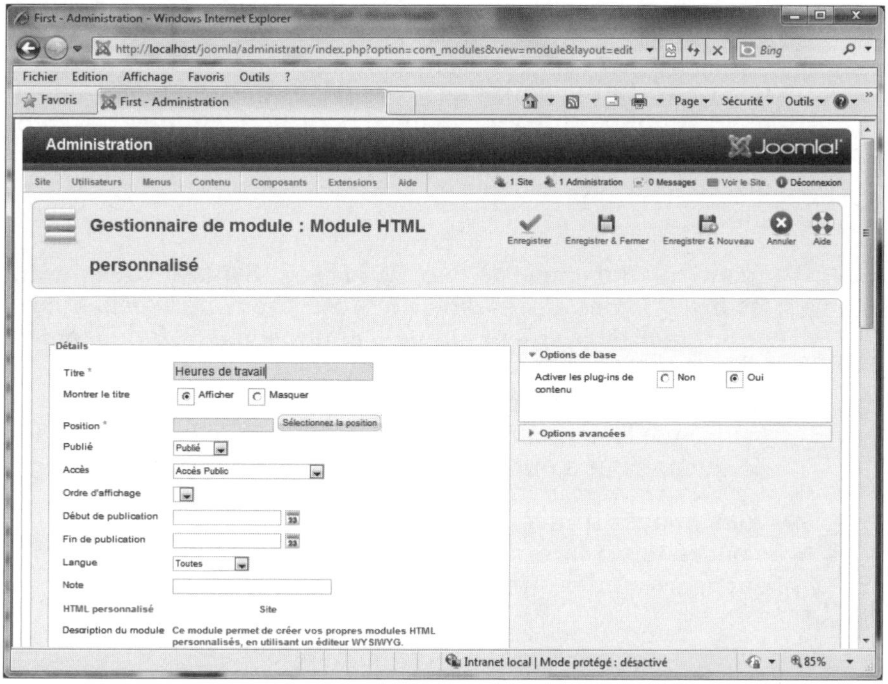

Figure 7.14 : Ajouter du texte au module HTML personnalisé.

Pour cet exercice, entrez le texte suivant : « Lundi-vendredi : 9h-17h ».

6. **Cliquez sur le bouton Enregistrer & Fermer.**

   Joomla enregistre le nouveau module et vous renvoie dans le gestionnaire de modules.

Maintenant que votre nouveau module HTML personnalisé est enregistré, rendez-vous sur une page que le module doit charger pour voir vos heures de travail (voir la Figure 7.15).

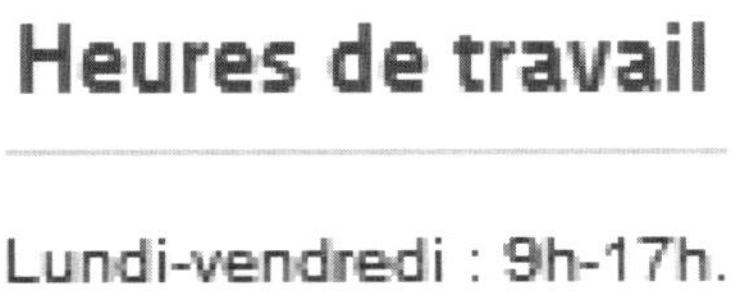

Figure 7.15 : Le nouveau module HTML personnalisé au travail.

Le module Feed Display : s'alimenter de flux RSS

RSS (abréviation pour *Really Simple Syndication* ou syndication réellement simple) est le moyen idéal pour faire circuler des informations. Les flux RSS sont gérés par des milliers de sites et vous permettent de récupérer les articles de ces sites sur un lecteur RSS ou votre site Joomla.

Le module Affichage de Flux RSS (Feed Display) vous permet d'afficher les flux RSS des autres sites sur vote site ; une excellente solution pour créer de la valeur ajoutée. Supposons que vous teniez un site qui traite des hamsters. Si vous trouvez un autre site qui propose un flux RSS sur les hamsters, vous pouvez afficher ce flux sur votre site pour éviter que le contenu de votre site ne se fige (car vous n'avez pas trop de temps pour ajouter de nouveaux articles, par exemple).

TRUC

Vous pouvez trouver des flux RSS dans des centaines de milliers d'endroits sur Internet : cliquez simplement sur le bouton XML ou RSS qui figure sur les sites que vous visitez.

Pour ajouter un flux RSS à votre site Joomla, suivez ces étapes :

1. **Sélectionnez Extensions/Gestion des modules dans n'importe quelle page d'administration pour ouvrir le gestionnaire de modules.**

2. **Cliquez sur Affichage de Flux RSS pour ouvrir la page de gestion du module.**

3. **Cliquez sur le bouton Sélectionnez la position et sélectionnez une position sur votre page pour afficher votre flux RSS.**

   Pour cet exercice, sélectionnez position-9 qui place le flux RSS dans l'angle inférieur gauche de la page.

4. **Dans le menu déroulant Publié de la section Détails, sélectionnez Publié.**

5. **Dans la section Menu d'assignement, choisissez les pages sur lesquelles le module doit s'afficher.**

   Pour cet exercice, sélectionnez Sur toutes les pages dans le menu déroulant Assignement du module.

6. **Repérez l'option URL du fil dans la section Options de base. Entrez l'URL du flux à ajouter à votre site.**

   Par exemple, si vous voulez ajouter le flux RSS de la Une du journal *Libération*, saisissez cette URL :

   ```
   http://rss.feedsportal.com/c/32268/f/438243/index.rss
   ```

   À ce stade, vos paramètres doivent ressembler à ceux de la Figure 7.16.

7. **Cliquez sur le bouton Enregistrer.**

8. **Visualisez votre site dans un navigateur.**

   Le flux RSS est ajouté à votre site (voir la Figure 7.17).

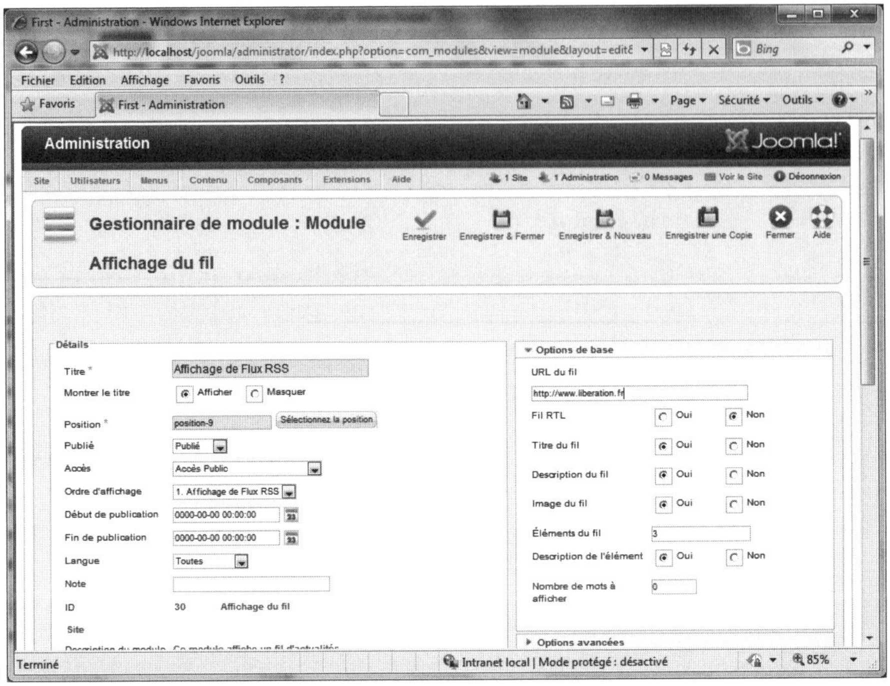

Figure 7.16 : Configurer le module Affichage de Flux RSS.

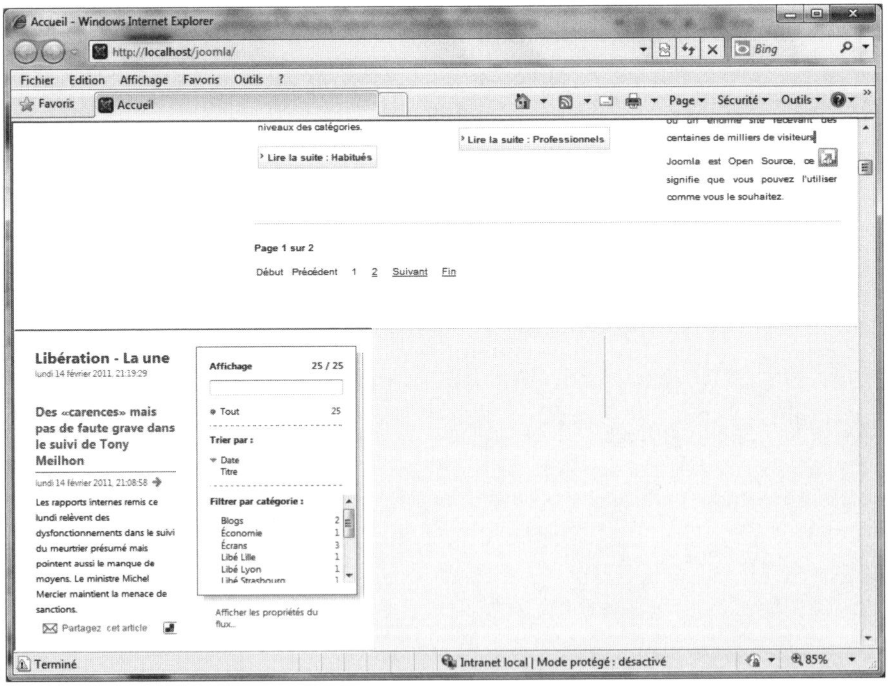

Figure 7.17 : Un flux RSS sur un site Joomla.

Chapitre 8

Plus de modules : qui, quoi et où

Dans ce chapitre :

- Définir les options de connexion.
- Afficher des images de manière aléatoire.
- Configurer la recherche.
- Afficher d'autres sites sur son propre site.

Le Chapitre 7 passe en revue les modules intégrés dans Joomla pour vous donner un aperçu de ce qu'il est possible de faire avec la version la plus basique du SGC. Dans ce chapitre, vous allez découvrir quelques modules supplémentaires. Vous allez apprendre à utiliser des pieds de page pour placer du texte au bas de toutes vos pages, à insérer des zones de recherche pour que vos utilisateurs puissent chercher des informations sur votre site, à utiliser le module Qui est en ligne ? pour afficher la liste des utilisateurs connectés à votre site et à utiliser des encapsuleurs pour inclure des pages d'autres sites Web dans le vôtre.

Le module Identification : faire monter les utilisateurs à bord

Le module Identification de Joomla (formulaire de connexion, voir la Figure 8.1) permet à un utilisateur de saisir son nom d'utilisateur et son mot de passe pour se connecter au site. Si vous utilisez ce livre pour apprendre à utiliser Joomla depuis son installation, vous avez certainement installé les données exemples du SGC. Dans ce cas, le formulaire de connexion apparaît seulement sur la page d'accueil mais vous pouvez l'afficher où bon vous semble.

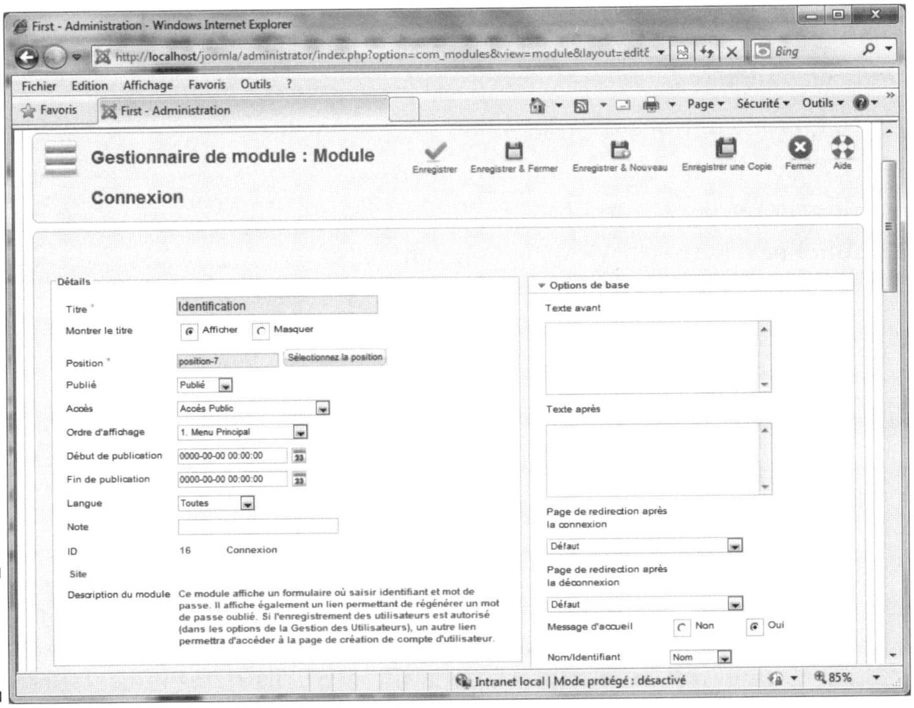

Figure 8.1 : Le module Identification.

Le formulaire de connexion contient ces liens :

- Mot de passe oublié ?
- Identifiant oublié ?
- Créer un compte

Un clic sur le lien Créer un compte permet d'accéder à la page Création de compte (voir la Figure 8.2). Les utilisateurs peuvent créer de nouveaux identifiants et mots de passe sur cette page. Pour plus d'informations sur le sujet, reportez-vous au Chapitre 10.

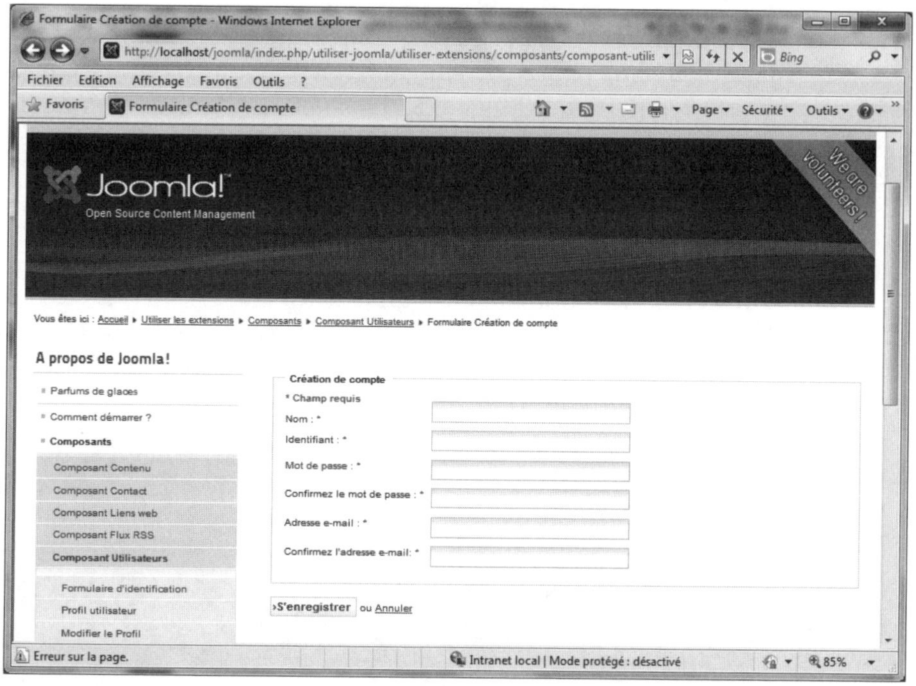

Figure 8.2 : Les nouveaux utilisateurs peuvent se connecter.

Pour que le formulaire de connexion s'affiche sur toutes les pages, sélectionnez Extensions/Gestion des modules pour ouvrir le gestionnaire de modules et cliquez sur Identification pour accéder à la page de gestion du module. Sur cette page, concentrez-vous sur la section Menu d'assignement. En sélectionnant une option dans le menu déroulant Assignement du module, vous pouvez choisir d'inclure le module sur toutes les pages, sur aucune page ou sur les pages sélectionnées. Pratique, non ?

Le module Articles les plus lus

Le module Articles les plus lus affiche une liste de liens vers les articles les plus consultés sur votre site Joomla. L'activation du module sur certaines de vos pages principales est idéale pour présenter aux visiteurs de votre site le contenu le plus sollicité. Le module Articles les plus lus n'est pas activé par défaut. Par ailleurs, en fonction du modèle ou de l'ordre des modules que vous avez choisi d'utiliser sur votre site, vous serez peut-être amené à modifier quelques paramètres du module comme sa position ou son ordre.

Pour modifier ses paramètres, sélectionnez Extensions/Gestion des modules dans n'importe quelle page d'administration afin d'ouvrir le gestionnaire de modules. Localisez ensuite le module en faisant défiler la page du gestionnaire ou en utilisant la fonction de recherche intégrée, située dans l'angle supérieur gauche de la page. Cliquez sur le nom du module pour ouvrir sa page de gestion qui a de nombreux points communs avec les autres modules avec lesquels vous avez déjà travaillé (sections Détails, Menu d'assignement et Options de base). Par défaut, le module est défini pour s'afficher en haut des pages sur lesquelles il est activé. Cependant, le module Articles les plus lus, illustré sur la Figure 8.3, présente tout aussi bien s'il est placé dans la partie gauche d'une page Joomla.

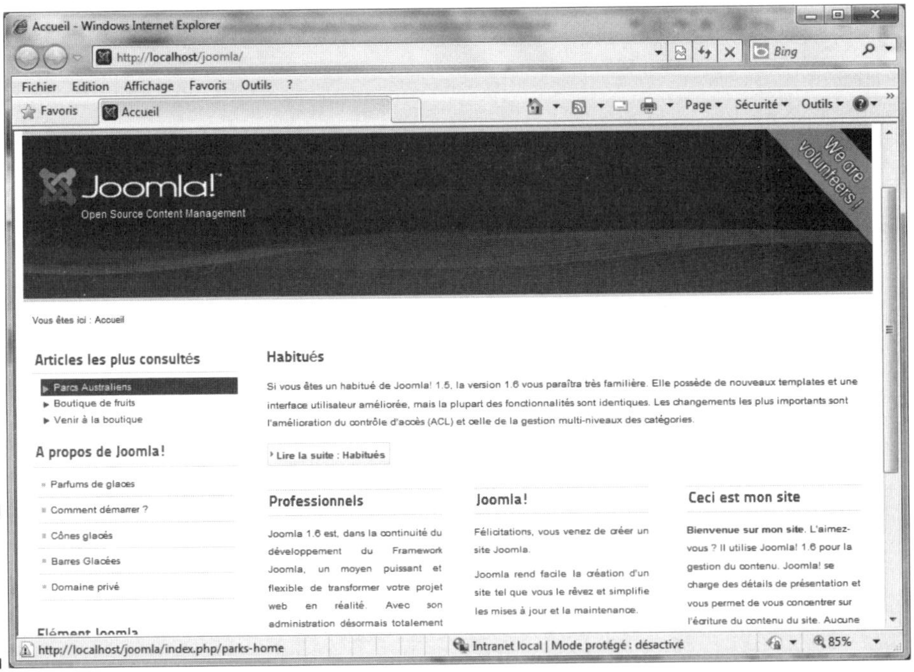

Figure 8.3 : Le module Articles les plus lus.

Le module Image au hasard : ajouter une note artistique

Comme son nom l'indique, le module Image au hasard (image aléatoire) affiche une image choisie au hasard chaque fois que la page sur laquelle il figure est rafraîchie. L'image est incluse en tant que contenu exemple lors de l'installation de Joomla.

Ce module est parfait si vous voulez afficher un produit (par exemple, une crème glacée) sur votre site. Une nouvelle image apparaît dès qu'un visiteur accède au site.

Pour configurer le module Image au hasard, suivez ces étapes :

1. **Sélectionnez Extensions/Gestion des modules pour ouvrir le gestionnaire de modules.**

2. **Cliquez sur Image aléatoire pour ouvrir la page de gestion du module.**

   Comme le module Image au hasard n'apparaît pas par défaut dans les pages, vous pensez peut-être qu'il n'est pas activé par défaut. C'est faux : il *est* activé. Cependant, il n'est affecté à aucun menu et n'apparaît donc jamais par défaut.

3. **Dans la section Menu d'assignement, sélectionnez une option dans la liste déroulante Assignement du module.**

4. **Dans la liste Sélection des menus, sélectionnez les pages sur lesquelles vous voulez que le module Image au hasard s'affiche.**

A ce stade, vos choix dans les sections Détails et Menu d'assignement doivent ressembler à ceux de la Figure 8.4.

5. **Dans les zones de texte Type d'image et Dossier de l'image de la section Options de base, entrez l'extension et l'emplacement des images à utiliser.**

   Par exemple, si vous voulez utiliser des images .jpg qui se trouvent déjà dans le dossier « images » de Joomla, saisissez « jpg » dans la zone Type d'image et le dossier contenant les images dans la zone Dossier de l'image.

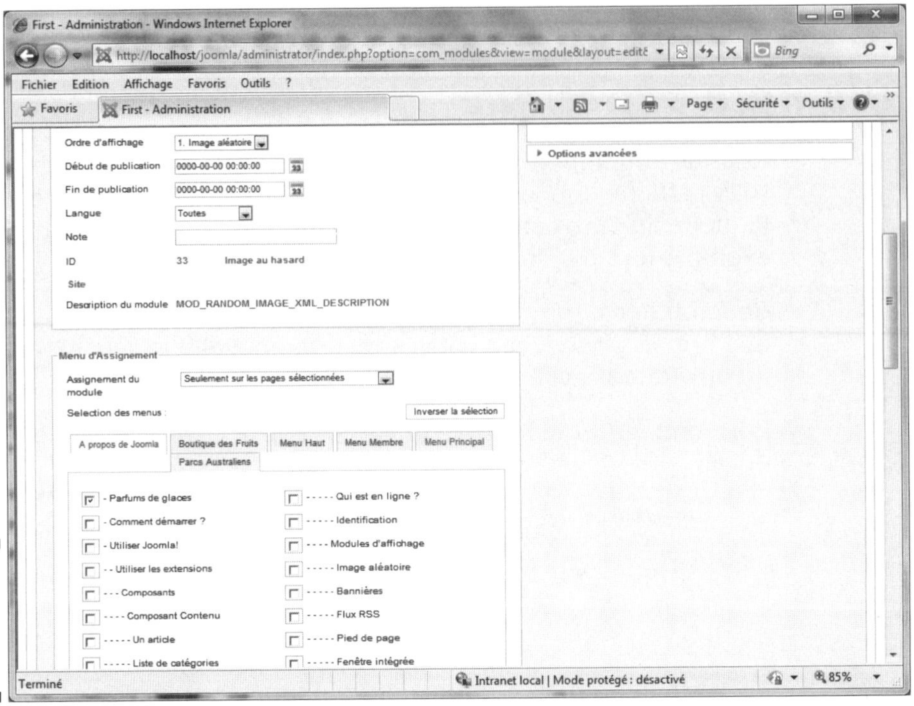

Figure 8.4 : Modifier le module Image au hasard.

Vous pouvez rendre l'image cliquable en entrant l'URL qu'elle doit pointer dans la zone Lien. Enfin, vous pouvez même choisir de contrôler la taille de l'image une fois qu'elle est postée sur votre site en entrant la largeur et la hauteur de l'image en pixels.

Vos paramètres doivent ressembler à ceux représentés sur la Figure 8.5.

6. **Cliquez sur Enregistrer & Fermer.**

7. **Visualisez votre site.**

Le fait qu'un module est défini pour s'ouvrir à un endroit spécifique d'une page à laquelle il est affecté ne signifie pas que vous ne pouvez pas le modifier pour l'adapter à vos besoins. En fonction du modèle utilisé sur la page concernée, vous pouvez bénéficier d'un nombre impressionnant d'options. Dans la Figure 8.6, le module Image au hasard est configuré pour afficher le contenu de l'image à droite de l'écran, contrairement à la position par défaut du module qui est plus centrale. N'hésitez pas à faire des essais !

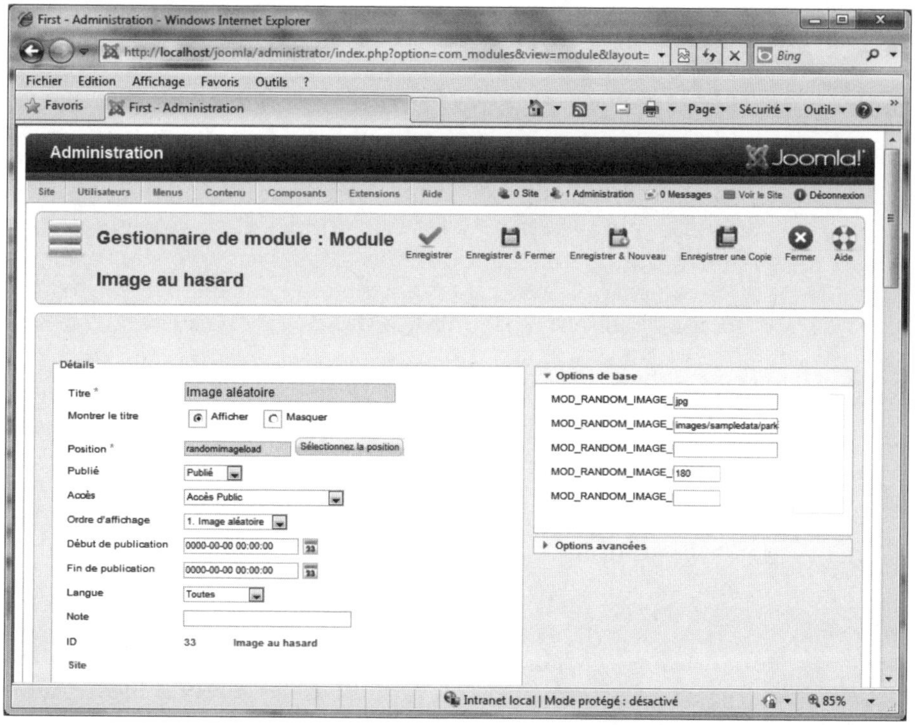

Figure 8.5 : Modifier les paramètres de la section Options de base.

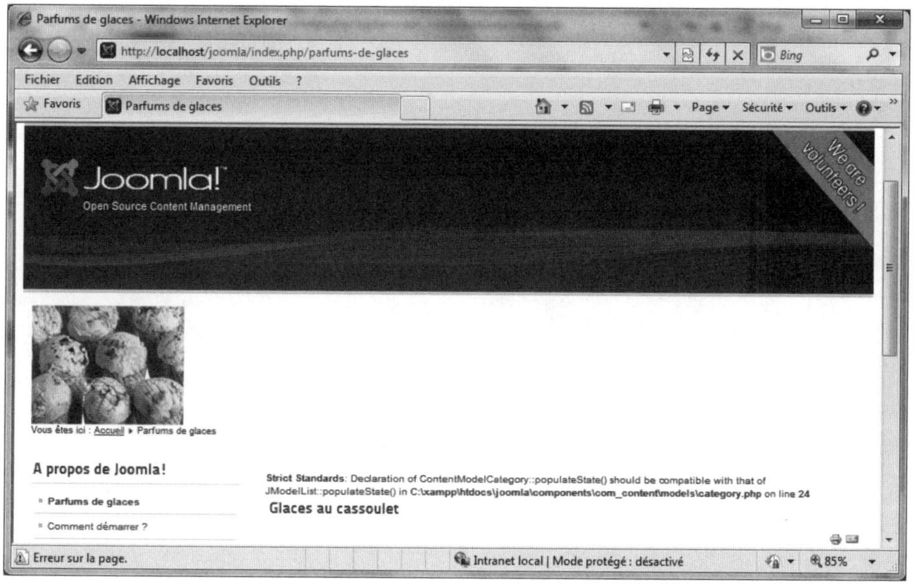

Figure 8.6 : Le module Image au hasard au travail.

Le module Articles - Related Articles : déverrouiller les mots-clés

Le module Articles - Related Articles (Articles en relation : éléments associés à des articles) est un autre module particulièrement bien conçu qui affiche les articles en rapport avec l'article consulté par le visiteur. Comment ce module peut-il savoir quels articles sont en relation avec l'article courant ? Il utilise les mots-clés que vous saisissez dans les paramètres de métadonnées de chaque article.

Pour configurer et utiliser ce module, suivez ces étapes :

1. **Sélectionnez Contenu/Gestion des articles pour ouvrir la gestion des articles.**
2. **Cliquez sur le nom d'un article que vous voulez insérer dans le module Articles - Related Articles.**

   La page de l'éditeur d'article s'ouvre pour l'article en question.
3. **Dans la section Options des métadonnées sur la droite de la page, saisissez un mot-clé dans la zone Mots clés (voir la Figure 8.7).**

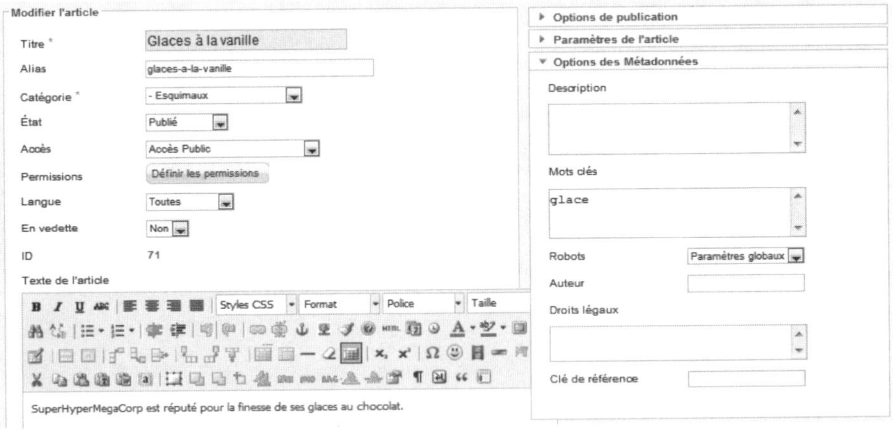

Figure 8.7 : Ajouter des mots-clés dans les métadonnées.

4. **Répétez les étapes 2 et 3 pour chaque article que vous voulez inclure, en utilisant le même mot-clé à chaque fois.**
5. **Sélectionnez Extensions/Gestion des modules pour afficher le gestionnaire de modules.**

6. **Cliquez sur Articles en relation (Articles - Related Articles) pour ouvrir la page de gestion du module.**

7. **Dans le menu déroulant Publié de la section Détails, sélectionnez l'option Publié.**

8. **Dans la section Menu d'assignement, sélectionnez les pages sur lesquelles le module doit s'afficher d'abord dans la liste déroulante puis dans la liste des pages.**

   À ce stade, vos choix dans les sections Détails et Menu d'assignement doivent ressembler à ceux de la Figure 8.8.

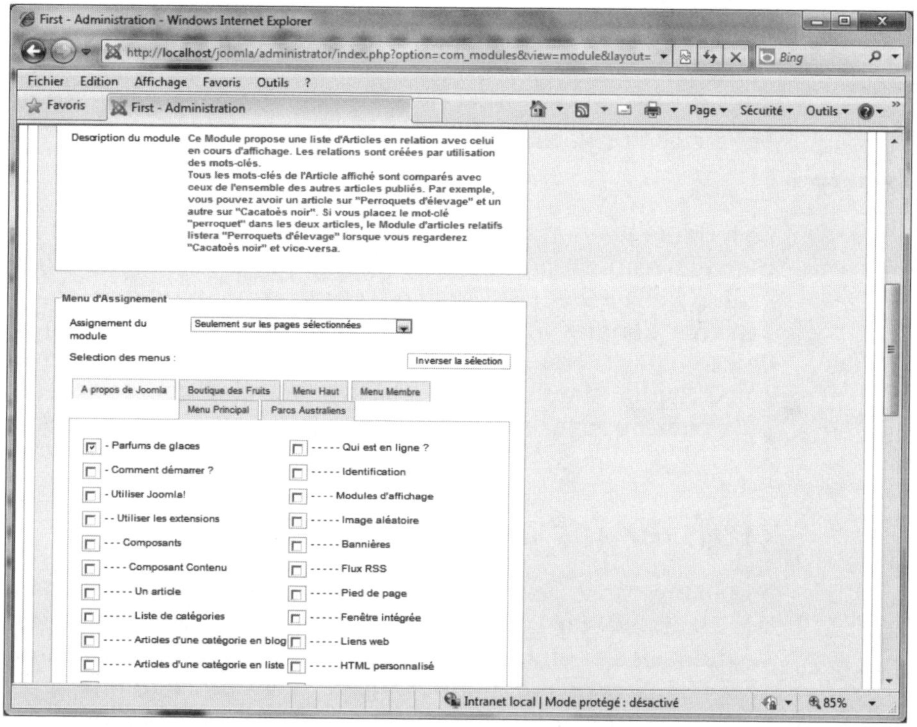

Figure 8.8 : Modifier le module Articles - Related Articles.

9. **Cliquez sur Enregistrer & Fermer.**

Si vous entrez plusieurs mots-clés ou une phrase pour décrire un article, séparez chaque mot par une virgule.

En fonction du modèle que vous utilisez dans votre site Joomla, vous allez peut-être devoir modifier la position du module avant de pouvoir observer son fonctionnement dans vos pages.

Le module Recherche (Search) : trouver une aiguille dans une botte de foin

L'une des fonctionnalités qui font l'intérêt de Joomla, c'est le module Recherche (Search) qui permet aux utilisateurs d'effectuer des recherches dans tous vos articles. Il est très difficile d'intégrer une fonction de recherche dans un site créé soi-même en HTML. Comme Joomla stocke les articles dans une base de données MySQL, c'est très simple.

La Figure 8.9 représente le module Recherche : la petite zone de texte avec le mot « recherche ».

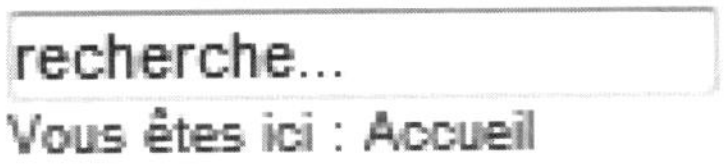

Figure 8.9 : Le module Recherche.

Le module Recherche n'est pas le module le plus ergonomique puisqu'il n'affiche que le mot « recherche », sans même un bouton bien visible *Rechercher !* ou *Trouver !* Cependant, le module remplit bien son rôle, comme vous pouvez le constater dans la page de résultats illustrée par la Figure 8.10. L'utilisation du module Recherche ne peut pas être plus simple : vous saisissez le terme que vous recherchez puis vous appuyez sur Entrée pour rechercher le terme en question.

Utiliser les options de recherche

Joomla propose un jeu complet d'options de recherche dans sa page de résultats (voir la Figure 8.10), dont une zone de texte Recherche de mots-clés et un bouton Recherche. Lorsque les utilisateurs saisissent une phrase à rechercher, ils peuvent utiliser l'une des options de recherche suivantes : Tous les mots, N'importe quel mot ou Phrase exacte.

Les utilisateurs peuvent aussi spécifier l'ordre dans lequel les résultats de la recherche sont affichés en faisant leur choix parmi les options du menu déroulant Classement : Plus récent en premier, Plus ancien en premier, Les plus populaires, Alphabétique ou Section/Catégorie.

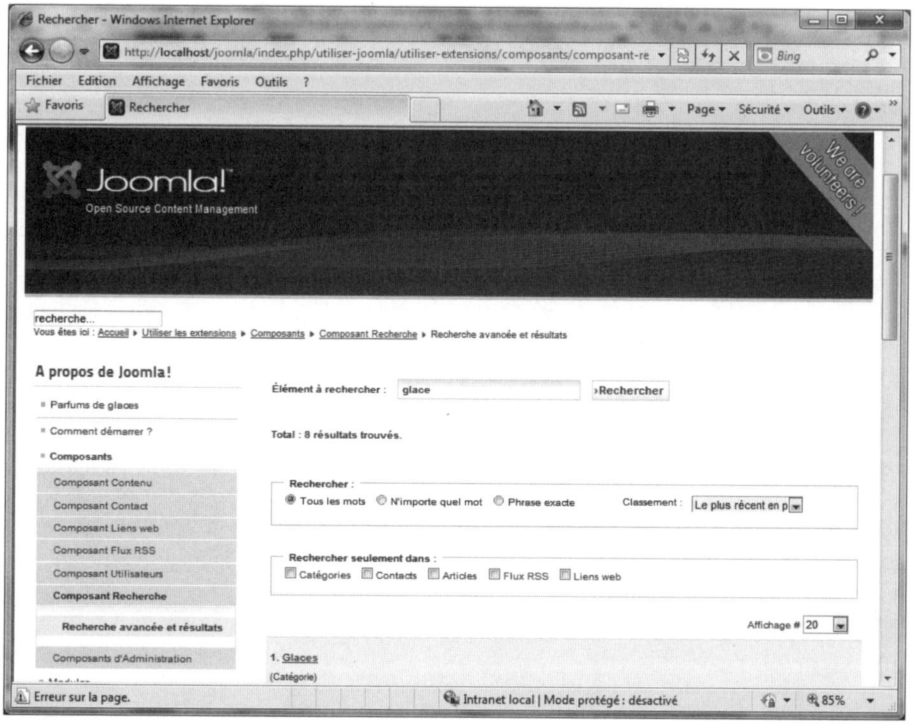

Figure 8.10 : Les résultats de recherche.

Enfin, les utilisateurs peuvent restreindre la portée de la recherche aux articles, aux liens web, aux contacts, aux catégories, aux fils d'actualité ou à tout type de contenu installé sur votre site Joomla.

Rendre la recherche plus conviviale

Vous disposez d'une certaine liberté pour rendre le module Recherche plus convivial dans Joomla. Pour cela, suivez les étapes suivantes :

1. **Sélectionnez Extensions/Gestion des modules pour ouvrir le gestionnaire de modules.**

2. **Cliquez sur Module de Recherche pour ouvrir la page de gestion du module.**

3. **Si vous ne voulez pas que le module Recherche apparaisse sur toutes les pages (paramètre par défaut), modifiez les paramètres de la section Menu d'assignement.**

4. **Ajustez l'apparence de la zone de recherche en modifiant les paramètres de la section Options de base (voir la Figure 8.11).**

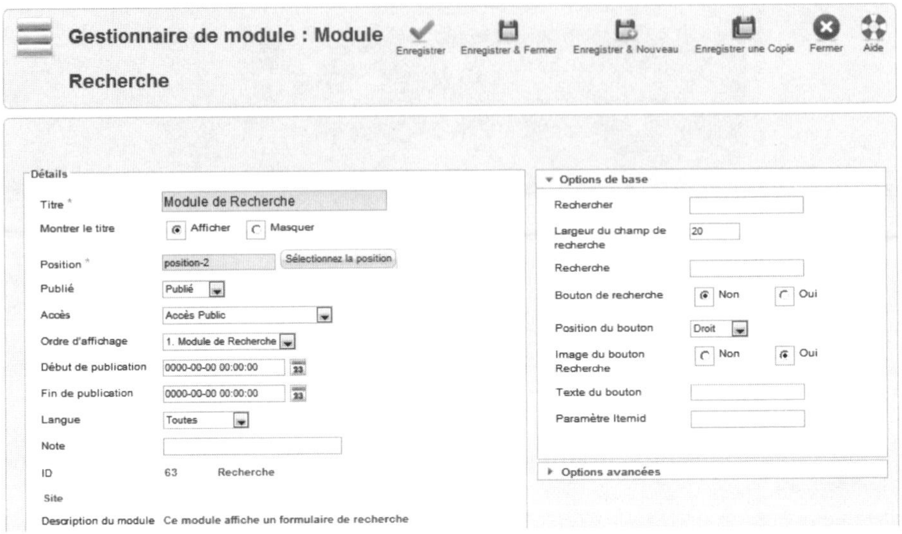

Figure 8.11 : Définir les paramètres de recherche.

Voici les paramètres que vous pouvez modifier pour personnaliser le module Recherche :

- **Largeur du champ de recherche :** la largeur (en caractères) de la zone de recherche.
- **Recherche :** le texte figurant par défaut dans la zone de recherche.
- **Bouton de recherche :** indique si un bouton de recherche doit figurer à côté de la zone de recherche.
- **Position du bouton :** la position du bouton de recherche par rapport à la zone de recherche (Droit, Gauche, haut, bas).
- **Image du bouton Recherche :** indique s'il faut utiliser une image à la place du bouton de recherche.
- **Texte du bouton :** le texte à afficher sur le bouton de recherche.

TRUC

Nous vous recommandons d'ajouter un bouton de recherche à votre site Joomla. De nombreux utilisateurs ne savent pas qu'ils doivent appuyer sur Entrée après avoir saisi un terme. Ils s'attendent à trouver un bouton de recherche.

5. **Cliquez sur Enregistrer & Fermer pour sauvegarder vos paramètres.**

Le module Articles Category (Articles de catégorie) : idéal pour un aperçu général

Joomla utilise les catégories pour vous aider à organiser les sites volumineux. « Diviser pour mieux régner », telle est la devise. Lorsqu'un site devient très important, un menu principal qui affiche les liens vers tous les articles du site peut devenir illisible. C'est pourquoi Joomla dispose d'un module Articles Category.

Le module affiche une liste des catégories de votre site. Il est parfait pour offrir un aperçu général du contenu de sites complexes.

Le module Articles Category ne dispose pas de beaucoup d'options car c'est un module très simple. Toutefois, la section Options de base vous permet de sélectionner la catégorie parente que le module doit afficher, de définir si le module doit fournir aux visiteurs du site une description des catégories à l'écran et de spécifier le nombre de catégories imbriquées visibles *via* le module.

Vous pouvez modifier les options de votre choix ou conserver la configuration par défaut. C'est l'un des points forts de Joomla : vous pouvez tout simplifier ou complexifier à votre guise.

Le module Syndication Feeds (Flux RSS) : créer des flux RSS

Vous voulez permettre aux utilisateurs de lire des flux RSS de votre site ? C'est donc le module Syndication Feeds qu'il vous faut. L'activation et l'affichage de ce module intègrent un bouton RSS dans les pages dans lesquelles vous activez le module (voir la Figure 8.12).

Quand l'un des visiteurs de votre site clique sur le bouton RSS, les articles de la page sur laquelle figure le bouton RSS s'ouvrent dans

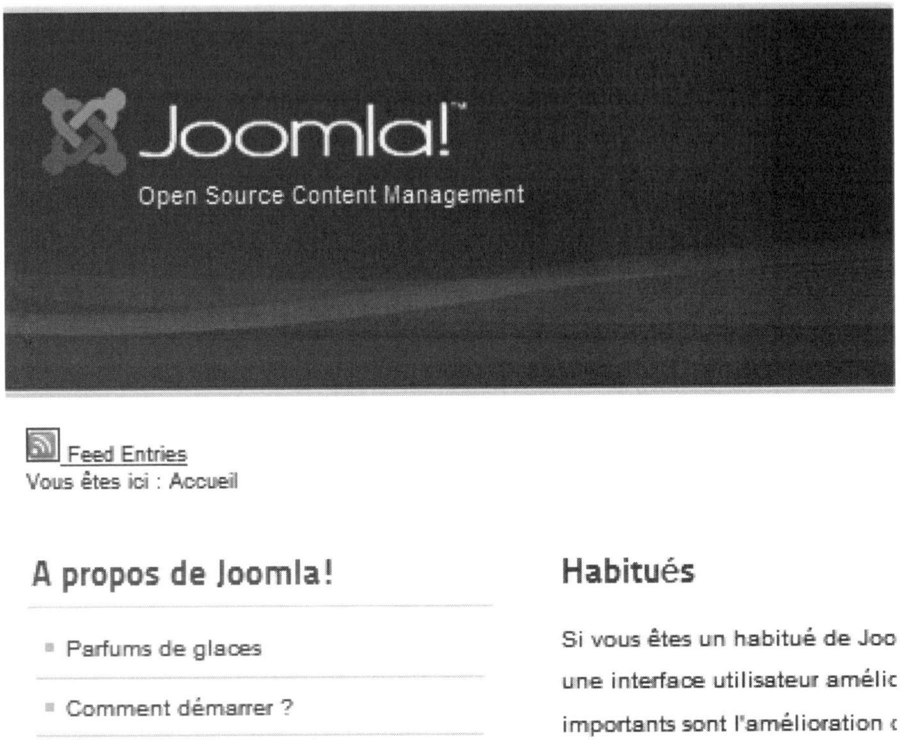

Figure 8.12 : Un lien RSS.

le lecteur RSS par défaut du visiteur, que ce soit une application indépendante ou une fonctionnalité de son navigateur Web (voir la Figure 8.13).

Le module Qui est en ligne ? : y'a quelqu'un ?

Le module Qui est en ligne ? indique le nombre d'utilisateurs invités et enregistrés (c'est-à-dire connectés) visitant votre site à un instant donné. Ce module très simple est activé par défaut si vous avez choisi d'inclure les données exemples fournies lors de l'installation de Joomla. Pour le configurer, il suffit de préciser sur quelles pages vous voulez que le module s'affiche, dans la section Menu d'assignement.

La Figure 8.14 vous montre le module Qui est en ligne ? au travail.

Figure 8.13 : Des articles dans un lecteur RSS.

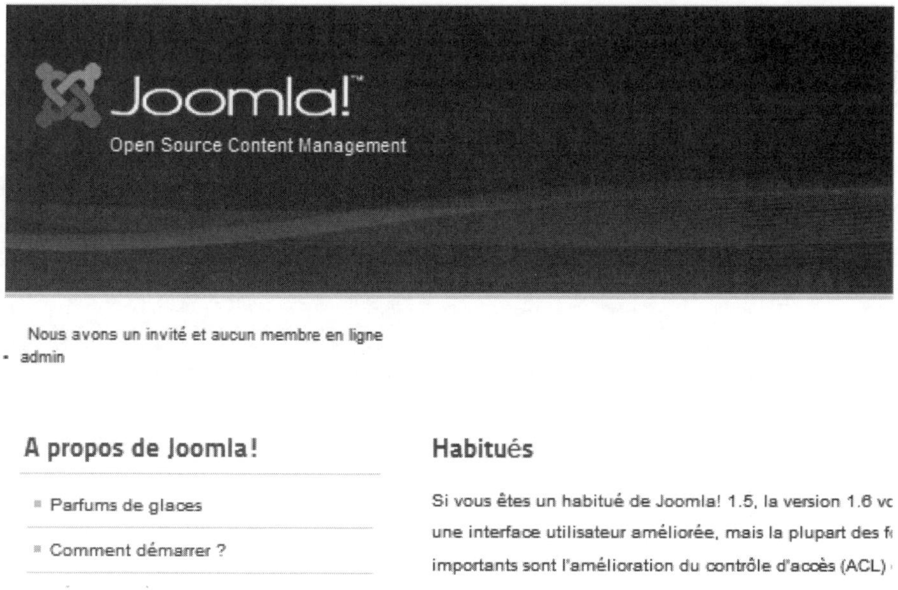

Figure 8.14 : Le module Qui est en ligne ?.

Si vous le souhaitez, vous pouvez configurer le module pour qu'il affiche les noms des membres actuellement connectés. Sélectionnez simplement l'une des options suivantes pour le paramètre Affichage de la section Options de base :

- # d'invités / membres
- Nom des utilisateurs
- Les deux

Vous pouvez aussi choisir d'activer la fonction Lien du module en optant pour Oui ou Non dans les Options de base. Ce faisant, vous offrez aux visiteurs de votre site un lien qu'ils peuvent utiliser pour visualiser les informations de profil ou de contact de tout utilisateur enregistré qui est connecté pendant leur visite.

Sur les sites très sollicités, le module Qui est en ligne ? peut être à l'origine de sévères maux de tête car la base de données de votre site Joomla est interrogée dès que le module charge sur une page. Plus un site Joomla est consulté, plus sa base de données est importante. Cela se traduit par un temps de chargement des pages plus long pour tout visiteur du site.

Le module Encapsuleur (Wrapper) : afficher d'autres sites

Voilà un module vraiment cool : le module Encapsuleur (Wrapper) vous permet d'afficher des sites externes dans des *wrappers* (encapsuleurs ou cadres rectangulaires) sur votre site Joomla. L'éditeur technique de ce livre propose une explication très réaliste pour l'utilisation du module Encapsuleur (Wrapper) :

« Un de mes clients est une librairie locale. Comme la plupart des librairies, leur système de recherche d'ouvrage est fourni par un site Web tiers. J'ai pris le portail de ce site Web de recherche et l'ai intégré dans leur site Web en utilisant un encapsuleur. C'est un site Web distinct mais il contient des informations pertinentes pour le contexte du site Web de la librairie. Les encapsuleurs vous permettent d'afficher le contenu d'un autre site Web sans que vos utilisateurs ne quittent le site courant. »

Cool, non ?

Notez que vous pouvez obtenir les mêmes résultats avec des éléments de menu encapsuleurs qu'avec le module Encapsuleur (Wrapper) puisqu'ils vous permettent d'inclure dans votre site Joomla une grande variété de contenu hors site, que vos visiteurs peuvent consulter.

À l'image des autres modules abordés dans ce chapitre, le module Encapsuleur (Wrapper) est activé seulement si vous avez inclus les données exemples Joomla lors de l'installation du SGC. Si ce n'est pas le cas, vous devez créer une nouvelle instance du module. Si vous avez installé les données exemples, vous pouvez activer le module Encapsuleur (Wrapper) en sélectionnant Publié dans la liste déroulante Publié, située dans la section Détails (voir la Figure 8.15).

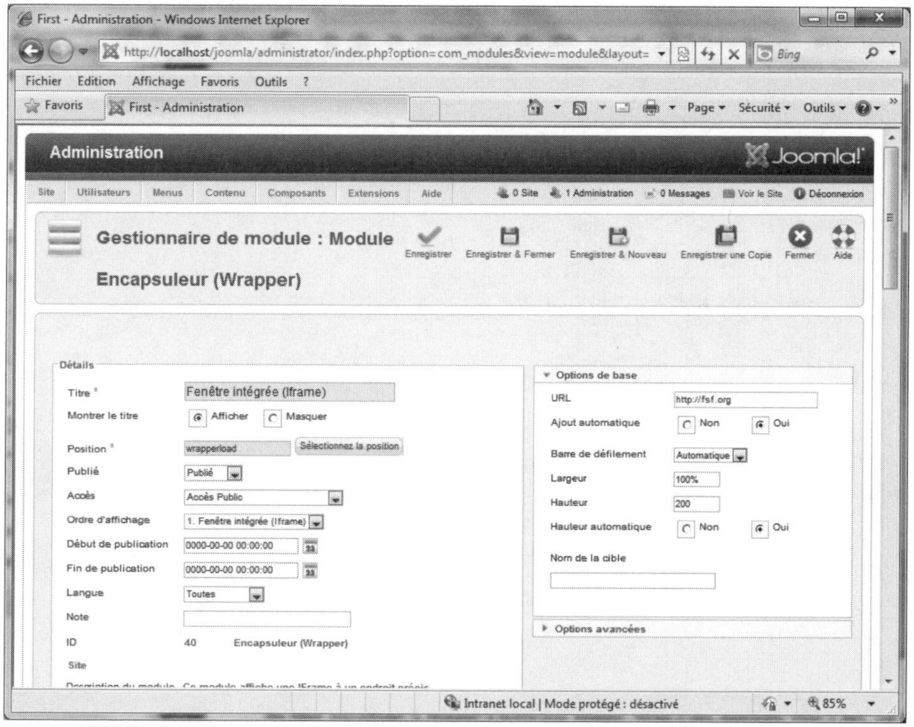

Figure 8.15 : Configurer les paramètres du module Encapsuleur (Wrapper).

Dans la section Options de base, vous pouvez spécifier l'URL du site que vous voulez encapsuler dans la zone de texte URL. Dans la même section, vous disposez aussi d'une option vous permettant d'activer ou de désactiver une barre de défilement pour le contenu encapsulé et pouvez contrôler la taille de l'encapsuleur grâce aux options Largeur, Hauteur et Hauteur automatique.

Vous créez ainsi un nouvel encapsuleur pour le site Joomla, illustré sur la Figure 8.16.

NOTE TECHNIQUE

Le module Encapsuleur (Wrapper) fonctionne à l'aide d'un élément HTML IFrame pour encapsuler et afficher le site externe.

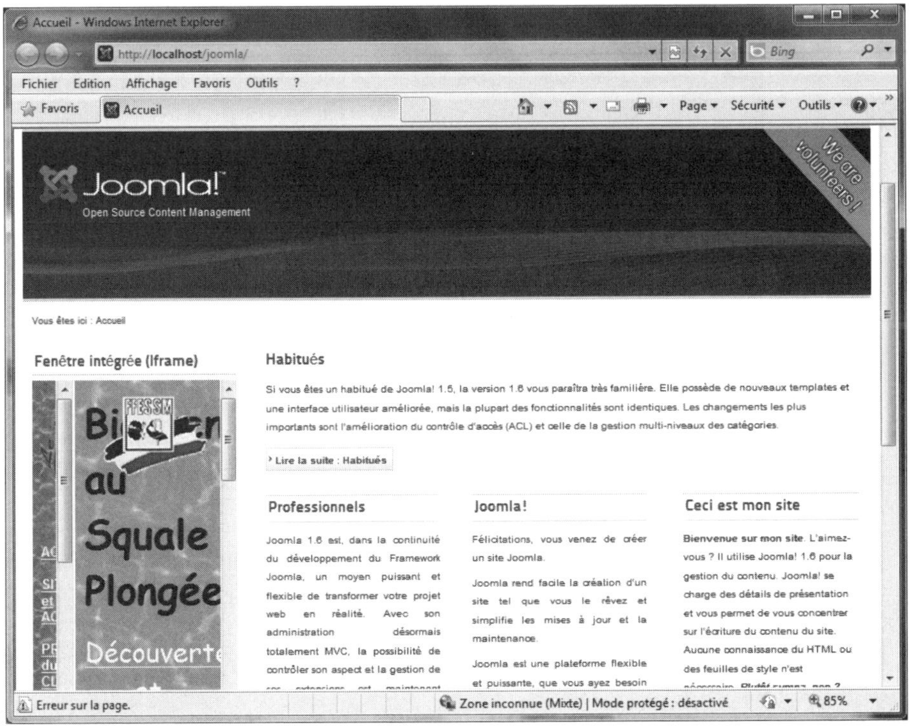

Figure 8.16 : Le module Encapsuleur (Wrapper) à l'œuvre dans la page d'accueil de Joomla.

Quatrième partie

Joomla dans le monde réel

« En tant que concepteur de site Web, je ne pensais jamais dire ça mais je pense que votre site n'a pas assez de strass et de paillettes. »

Dans cette partie...

Cette partie porte sur les questions qui se posent dans la réalité pour les sites Joomla, en commençant par la gestion de huit niveaux d'utilisateurs. Exception faite des visiteurs occasionnels, vous pouvez créer des comptes pour toutes ces catégories d'utilisateurs ou leur permettre de créer leur propre compte. Dans cette partie, nous allons vous montrer comment administrer tous ces utilisateurs.

Nous allons aussi vous montrer comment attirer les internautes sur votre site en l'optimisant pour les moteurs de recherche. Pour finir, nous vous montrerons comment étendre les fonctionnalités de Joomla en téléchargeant et en installant de nouveaux modules, composants et plug-ins.

Chapitre 9

Agencer le contenu des pages Web avec les templates Joomla

Dans ce chapitre :

- Comprendre les templates.
- Utiliser la gestion des templates.
- Spécifier un nouveau template par défaut.
- Personnaliser les templates intégrés.
- Récupérer de nouveaux templates Joomla.

Ce chapitre est consacré dans sa totalité à l'apparence de votre site Web. Bien sûr, vous pouvez modifier l'apparence avec des éléments de menu mais vous pouvez surtout utiliser des *templates* : ces collections de fichiers PHP et CSS (feuilles de styles) déterminent l'apparence de vos pages Web dans Joomla.

Les templates déterminent ce qui se place à tel endroit dans Joomla ; ils sont donc extrêmement importants. Bien que Joomla soit livré avec quelques rares templates, vous pouvez télécharger celui qui vous convient, comme vous l'apprendrez en lisant ce chapitre.

Mettre en page des sites Joomla avec des templates

Joomla dispose d'éditeurs HTML intégrés qui vous permettent de mettre en page des articles comme vous le souhaitez mais il ne comporte aucun éditeur qui vous permette de créer vos propres templates. La mise en page et l'apparence de vos pages dépendent complètement du template que vous utilisez.

De plus, Joomla ne dispose pas d'un éditeur de template vous permettant de glisser les composants et les modules à l'endroit où vous voulez les afficher dans une page et de retoucher leur apparence. Comme nous allons vous le montrer dans ce chapitre, vous pouvez modifier quelques paramètres d'un template dans la gestion des templates mais vous ne pouvez pas lui apporter de modifications fondamentales, à moins de vous plonger dans ses fichiers PHP et CSS.

TRUC

Vous trouverez divers éditeurs de templates réalisés par des tiers pour Joomla et c'est un bon moyen pour commencer. L'un des meilleurs éditeurs de templates sur le marché actuellement est l'ingénieux Artisteer (`www.artisteer.com`). Avec son interface conviviale et ses nombreuses options de personnalisation, Artisteer est un logiciel très intéressant qui vous permet de créer des templates Joomla en peu de temps. En outre, vous pouvez aussi utiliser ce logiciel pour créer des templates pour beaucoup d'autres systèmes de gestion de contenu. Le programme peut être testé gratuitement et si vous décidez de l'acheter, il est proposé à un prix raisonnable.

Il est vraiment dommage que Joomla dispose de possibilités d'édition de templates aussi limitées mais, dans ce chapitre, nous allons vous montrer comment contourner ces limitations en téléchargeant et en installant de nouveaux templates. Vous pouvez trouver des centaines de templates Joomla sur Internet et les installer en un clin d'œil, à condition qu'ils soient conçus pour fonctionner avec votre version de Joomla.

La gestion des templates

Dans Joomla, vous gérez les templates avec (surprise !), la gestion des templates. Pour ouvrir la gestion des templates (voir la Figure 9.1),

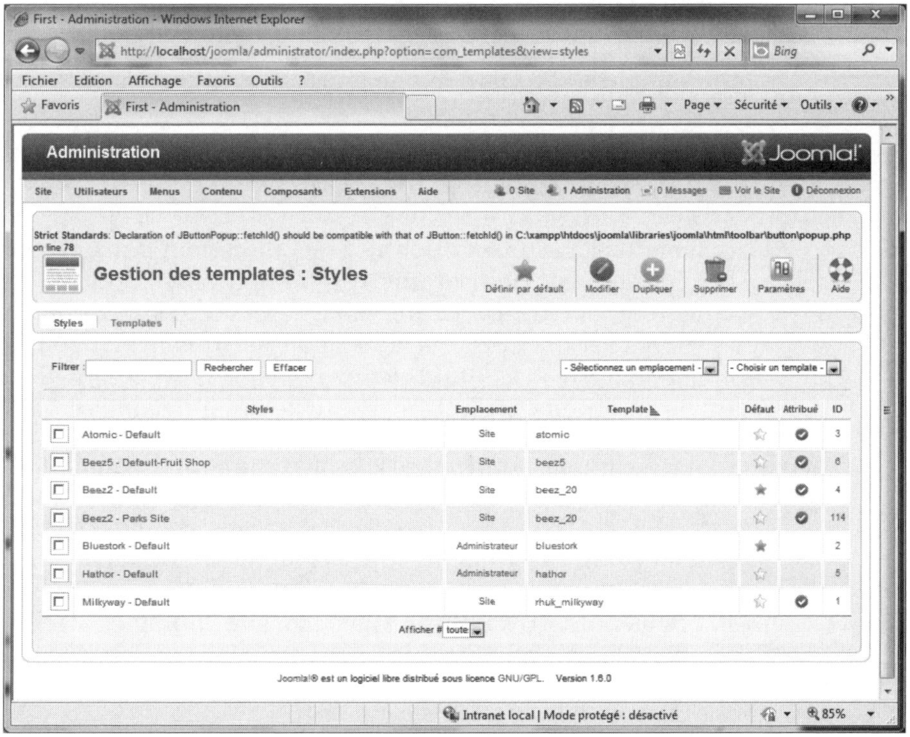

Figure 9.1 : La gestion des templates.

sélectionnez Extensions/Gestion des templates dans n'importe quelle page d'administration.

La gestion des templates vous offre tout le contrôle dont vous avez besoin sur les templates à moins que vous ne vouliez vous salir les mains avec le HTML et CSS.

La gestion des templates présente deux onglets dans l'angle supérieur gauche de la page : l'onglet Styles et l'onglet Templates. Quand vous installez un template dans Joomla, il est ajouté dans l'onglet Template et une entrée de style est ajoutée dans l'onglet Styles. Dans l'onglet Templates, vous pouvez modifier le template lui-même. Les modifications entreprises dans cet onglet affectent tous les styles de ce template. Les styles contiennent des paramètres du template qui dépendent de ce que le template autorise. Par exemple, une couleur d'arrière-plan de template peut être un paramètre. Ainsi, vous pouvez ouvrir le style par défaut et modifier sa couleur d'arrière-plan en rouge. Si vous appliquez le style modifié au site Web, vous allez utiliser le template pour ce style et les propriétés inhérentes à ce style. Pour Joomla 1.6, l'équipe de développement du SGC a complètement revisité la gestion des templates. Désormais, l'interface utilisateur offre aux administrateurs du site un nombre impressionnant d'options pour configurer l'apparence de leur site page par page.

Travailler avec l'onglet Styles

Comme nous l'avons mentionné précédemment dans ce chapitre, les styles contiennent des paramètres configurables pour un template. Chaque template que vous installez dans votre site Joomla peut avoir ses propres styles. Certains styles sont fournis avec l'installation d'un template, d'autres résultent de votre propre travail. Ainsi, vous offrez à votre site Joomla une intéressante flexibilité visuelle.

L'onglet Styles liste tous les styles de template disponibles pour votre site Joomla. Les fichiers représentés sur la Figure 9.1, Atomic - Default, Beez5 - Default-FruitShop, Beez2 - Parks Site, Beez2 - Default, Bluestork - Default et Hathor - Default, sont les styles fournis avec l'installation des données exemples de Joomla. Toutefois, tous les styles ne sont pas conçus pour être utilisés sur votre site Joomla. Cette spécificité figure dans la colonne Emplacement qui classe les styles dans deux catégories :

- **Les templates de site** indiquent à votre site comment agencer le contenu visible par les visiteurs de votre site.
- **Les templates d'administrateur** sont conçus pour indiquer à Joomla comment agencer les pages d'administration de votre site.

L'installation par défaut de Joomla inclut un nombre très restreint de templates de site et d'administrateur. Au fur et à mesure de votre travail avec Joomla, vous allez collecter beaucoup de templates à partir de sources gratuites et payantes. Plus votre collection de templates va grandir, plus vous aurez du mal à localiser un template spécifique. Heureusement, la gestion des templates dispose également de la fonction de recherche intégrée, comme le reste de l'administration Joomla. Ainsi, en haut de la page, vous disposez de la zone Filtrer qui permet aux administrateurs de rechercher les templates par nom.

À droite de la zone Filtrer et du bouton de recherche associé figurent deux menus déroulants. Le choix d'un critère de filtre dans le menu déroulant Choisir un template vous permet d'afficher les styles d'une série donnée de templates. Lorsque vous optez pour Site ou Administrateur dans le menu déroulant Sélectionnez un emplacement, vous filtrez les templates en fonction de leur apparition sur votre site Joomla : le site ou l'administration. La Figure 9.2 illustre comment l'utilisation des paramètres de filtre de la gestion des templates peut faciliter la recherche d'un template.

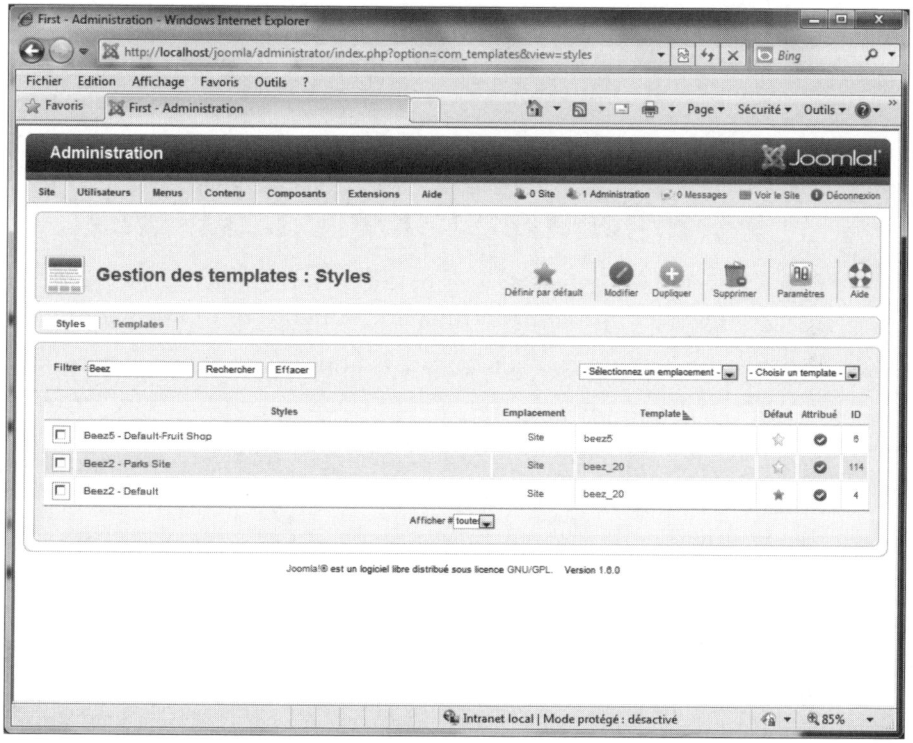

Figure 9.2 : Filtrer les templates de site dans la gestion des templates.

Pourquoi Joomla dispose-t-il de deux jeux de templates : un pour le site, l'autre pour l'administration ? Cet arrangement a pour objet de vous préserver des problèmes qu'un template défectueux peut générer si jamais vous en installez un. Si vous installez un template qui pose un sérieux problème (et vous devez savoir qu'on en trouve), votre site ne sera plus lisible. Dans ces conditions, comment restaurer le template précédent ?

C'est pourquoi Joomla distingue les deux types de templates. Même si vous semez le désordre dans votre site en utilisant un template défectueux, l'administration reste inchangée, le template Bluestork ou Hathor fonctionnant toujours. Vous pouvez alors utiliser la gestion des templates pour restaurer le template de site qui fonctionnait auparavant.

Le template Hathor ne se contente pas de bien présenter l'administration de votre site. Il a été conçu dans le respect de critères d'accessibilité. Le thème de couleur bleu foncé du template Hathor a spécialement été sélectionné par la créatrice de template Andrea Tarr pour permettre aux administrateurs de site ayant des problèmes d'accessibilité tels qu'une déficience visuelle, de créer et de maintenir un site Joomla plus facilement. Si ce genre de considération n'est pas la signature d'un SGC créé par des gens pour des gens, qu'est-ce-que ça peut bien être ?

Travailler avec l'onglet Templates

À présent, vous savez à quoi sert l'onglet Styles. Qu'en est-il de l'onglet Templates ? Cliquez sur l'onglet Templates pour commencer.

Comme vous pouvez le voir sur la Figure 9.3, l'onglet Templates offre une présentation de tous les templates installés sur votre site Joomla. En faisant défiler la page, vous disposez d'un aperçu des templates intégrés dans votre site, du numéro de version de chaque template, du type site ou administrateur des templates et de l'auteur des templates.

L'une des fonctionnalités les plus intéressantes de l'onglet Templates est qu'il vous offre la possibilité de plonger dans le fichier CSS de chaque template installé sur votre site Joomla. Pour accéder au fichier CSS d'un template dans l'onglet Templates de la gestion des templates, cliquez sur le lien Détails, situé directement à côté de l'aperçu du template (voir la Figure 9.4).

Maintenant que vous connaissez les onglets Styles et Templates, vous êtes en mesure de modifier le template de site par défaut.

Modifier le template par défaut

Au moment de la rédaction de ce livre, le template de site par défaut dans Joomla est Beez2 (Beez2 - Default). Pour vérifier qu'il s'agit bien du template par défaut, ouvrez l'onglet Styles de la gestion des templates et observez l'étoile jaune dans la colonne Défaut de ce style.

Pour définir le style Atomic (Atomic - Default) comme style par défaut, cochez la case de la ligne Atomic - Default dans l'onglet Styles et

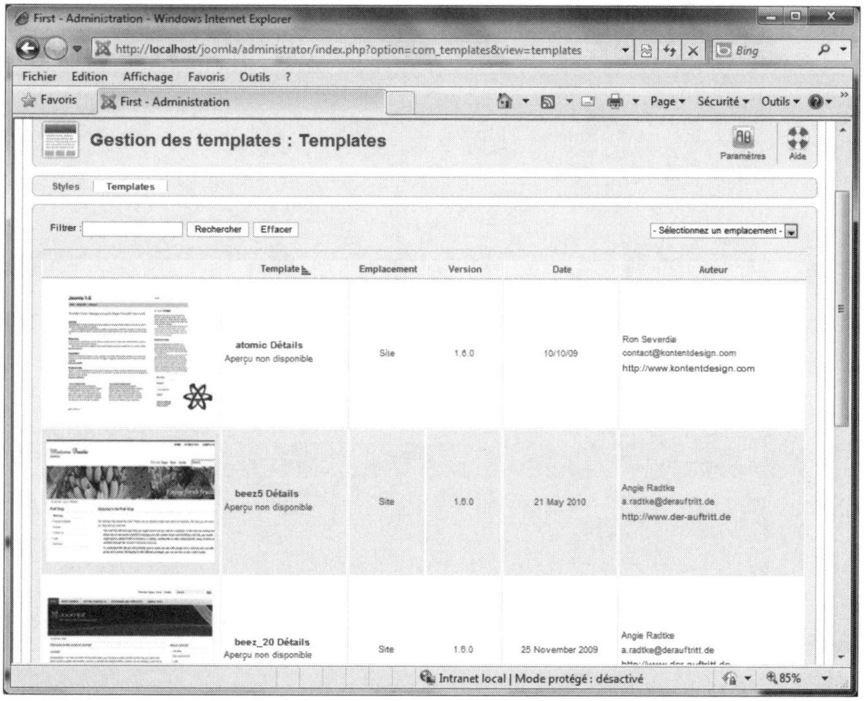

Figure 9.3 : L'onglet Templates de la gestion des templates.

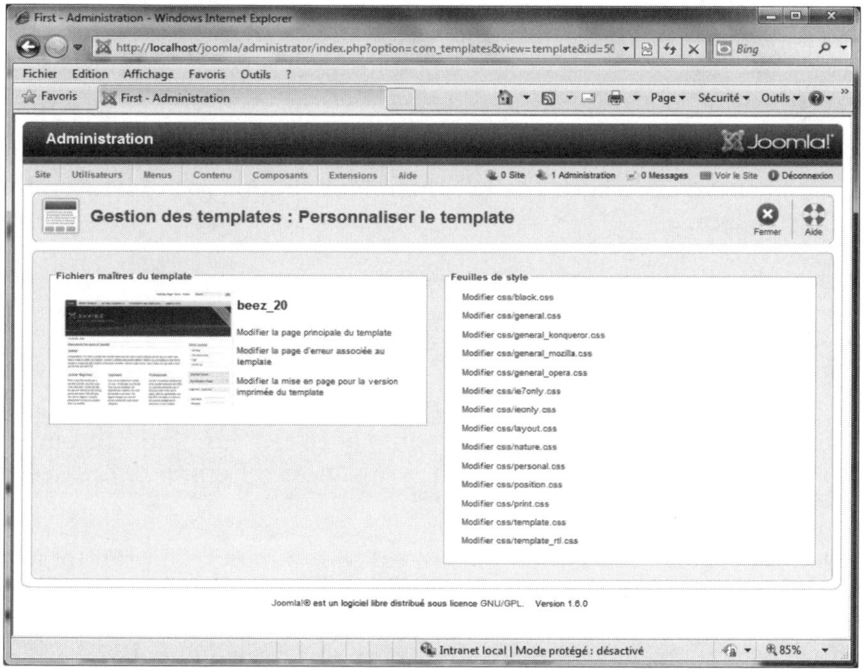

Figure 9.4 : Personnaliser un template **via** le lien Détails de l'onglet Templates.

cliquez sur le bouton Définir par défaut. L'onglet Styles affiche désormais Atomic comme le style de site par défaut (voir la Figure 9.5).

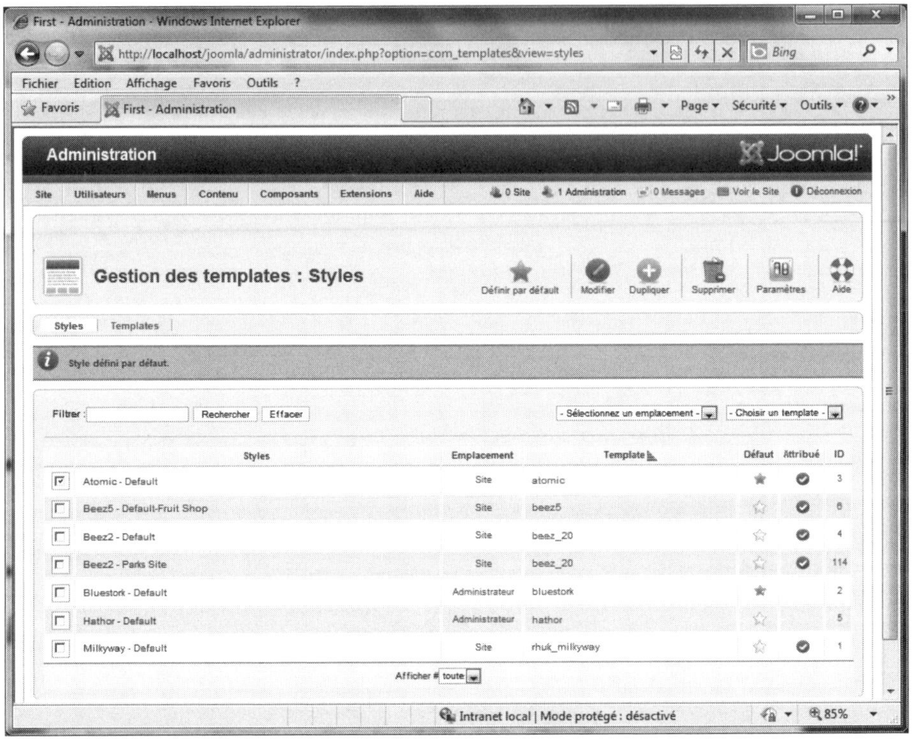

Figure 9.5 : Atomic défini comme le style de site par défaut.

Pour redéfinir le template Beez2 comme template par défaut, cochez la case de la ligne Beez2 - Default et cliquez sur le bouton Définir par défaut.

Modifier un template intégré

Si vous êtes limité au nombre de templates fournis avec Joomla, pouvez-vous au moins personnaliser ces templates intégrés ? Oui, vous le pouvez. Nous allons vous montrer comment procéder dans les sections suivantes.

ATTENTION !

Personnaliser un template n'est pas une tâche à prendre à la légère ; elle requiert une certaine connaissance de CSS et parfois même de PHP. Vous pouvez vraiment semer le désordre dans les templates de votre site si vous ne savez pas ce que vous faites !

Personnaliser un template

Les options de personnalisation disponibles dépendent du template avec lequel vous travaillez. Le seul moyen de les découvrir est de les observer. Pour ce faire, ouvrez la gestion des templates. Dans l'onglet Templates, cliquez sur le nom du template à modifier. La page Personnaliser le template s'ouvre.

Pour cet exercice, ouvrez la page Personnaliser le template du template Atomic (voir la Figure 9.6). Observez les options disponibles pour modifier le style du template.

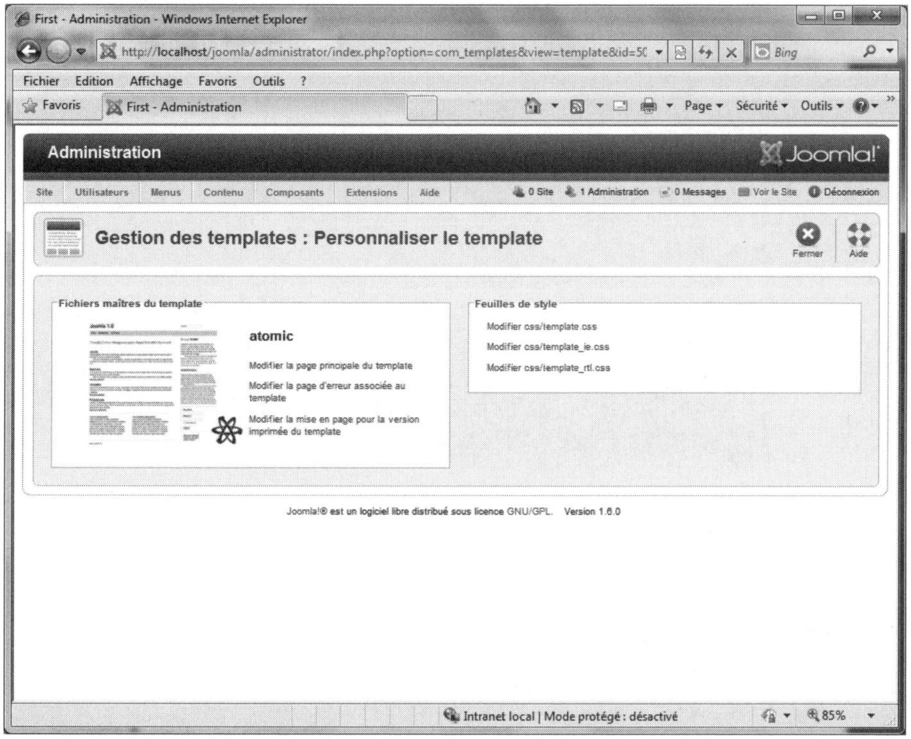

Figure 9.6 : La page Personnaliser le template du template Atomic.

Modifier les couleurs, les arrière-plans et les largeurs

La page Modifier le Style vous permet de modifier quelques paramètres mais vos possibilités sont plutôt limitées. Vous disposez de quelques paramètres de base et avancés qui vous permettent, par exemple, de modifier la couleur principale du template, la couleur d'arrière-plan et la largeur du template.

Assigner des templates par page

Le paramètre Affecter à un menu est une excellente fonctionnalité qui vous permet d'affecter les templates page par page, de la même manière que vous pouvez affecter un menu ou un module à une page donnée ou à toutes les pages de votre site. Par exemple, si vous installez un style Beez2 pour un seul élément de menu tout en utilisant le template Atomic pour le reste du site, vous obtenez le résultat représenté sur la Figure 9.7. Sélectionnez simplement les éléments de menu des pages auxquelles vous voulez appliquer le template.

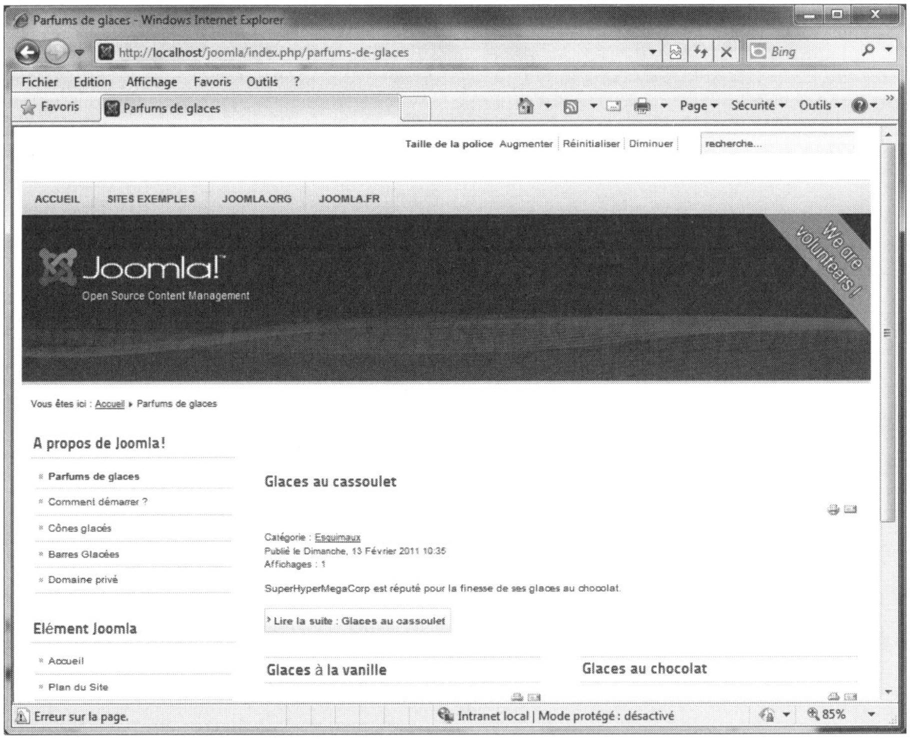

Figure 9.7 : Le template Beez2 utilisé pour une seule page.

C'est une bonne idée d'utiliser des templates différents si votre site se décompose en sections portant sur des thèmes spécifiques, comme la mode et le sport, par exemple.

La fonctionnalité qui permet d'utiliser plusieurs templates pour différentes pages est très puissante, utilisez-la avec parcimonie sinon, votre site risque de sembler chaotique. Lorsque vous travaillez sur l'apparence de votre site, pensez à utiliser un style différent pour mettre en valeur le contenu d'une zone spécifique de votre site.

Modifier le code d'un template

Si vous voulez apporter des modifications plus significatives à un template, vous devez modifier son code sous-jacent.

Vous pouvez entrer dans le code HTML et CSS d'un template *via* la page Personnaliser le template (voir la Figure 9.6) qui contient des liens vers des fichiers CSS. Cliquez sur le lien souhaité pour visualiser le code HTML ou CSS du template.

Lorsque vous personnalisez un template dans Joomla, vous n'apportez généralement de modifications qu'à son code CSS. Pour cette raison, nous ne discutons que du code CSS dans cette section.

Visualiser le fichier CSS

Pour ouvrir le fichier CSS d'un template afin d'en modifier le contenu, suivez ces étapes :

1. **Dans la gestion des templates, cliquez sur le nom du template à modifier.**

   La page Personnaliser le template s'ouvre (voir la Figure 9.8). Cette page liste les fichiers CSS associés au template. Généralement, ils sont nombreux.

2. **Cliquez sur le fichier CSS à modifier.**

   Le fichier CSS (template.css) s'ouvre dans la page Modifier le fichier. La Figure 9.9 représente le code du template Beez20.

Le fichier template.css est un long fichier d'environ 16 pages ; et ce n'est qu'un des fichiers qui composent un template Joomla ! C'est un fichier CSS pur sucre. Voici comment il commence :

```
/*****************************/
/*** Core html setup stuff ***/
/*****************************/
```

```
html {
  height: 100%;
  margin-bottom: 1px;
}

form {
  margin: 0;
  padding: 0;
}

body {
      font-family: Helvetica,Arial,sans-serif;
      line-height: 1.3em;
      margin: 0px 0px 0px 0px;
      font-size: 12px;
      color: #333;
}

a:link, a:visited {
      text-decoration: none;
      font-weight: normal;
}

a:hover {
      text-decoration: underline;
      font-weight: normal;
}

input.button { cursor: pointer; }

p { margin-top: 0; margin-bottom: 5px; }

img { border: 0 none; }

/*****************************************/
/*** Template specific layout elements ***/
/*****************************************/
#page_bg {
      padding: 10px 0;
      margin-bottom: 1px;
}

div.center {
  text-align: center;
}
```

```
div#wrapper {
      margin-left: auto;
      margin-right: auto;
}

body.width_medium div#wrapper {
      width: 950px;
}
```

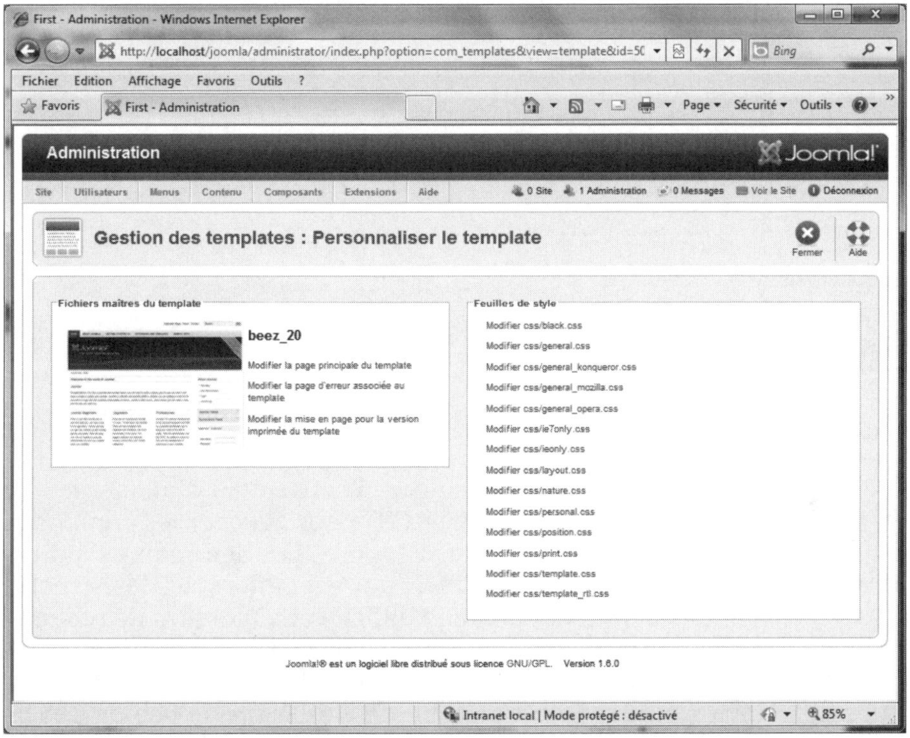

Figure 9.8 : La page Personnaliser le template.

Malheureusement, pour modifier ce fichier, vous devez vraiment savoir ce que vous faites en CSS (un bon éditeur de code WYSIWYG intégré dans Joomla serait le bienvenu).

TRUC

Il est hors de propos d'apprendre à modifier le code dans ce livre. Reportez-vous à ces deux ouvrages pour trouver de l'aide : *HTML, XHTML & CSS Pour les Nuls*, 7e édition, signé Ed Tittel et Jeff Noble ou *PHP & MySQL Pour les Nuls*, 3e édition, par Janet Valade (édition Wiley).

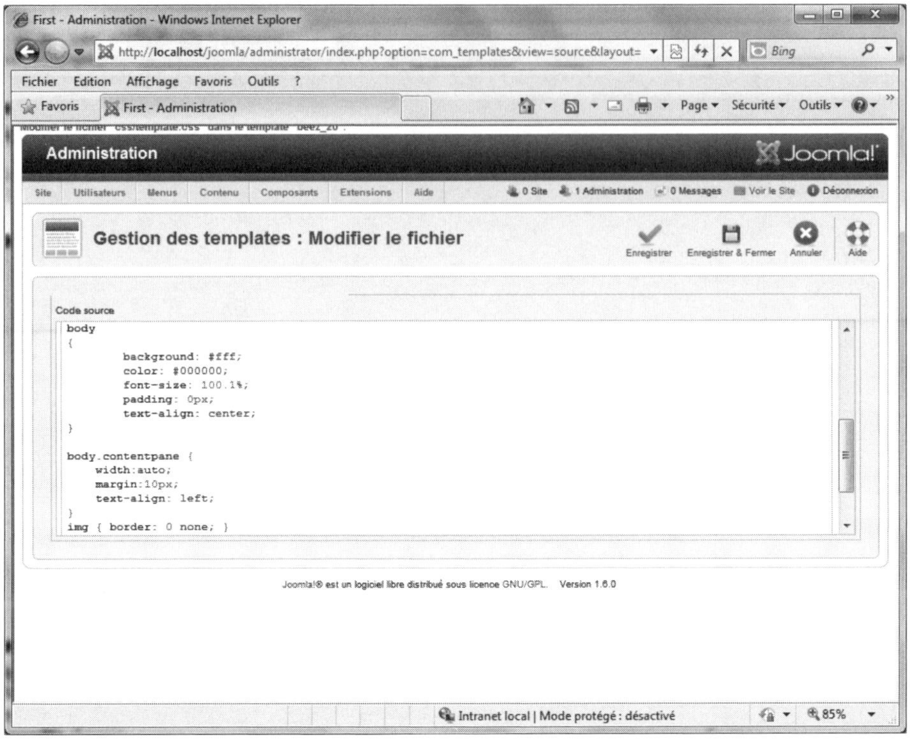

Figure 9.9 : Visualiser un fichier template.css.

NOTE TECHNIQUE

Un grand débat oppose ceux qui conseillent d'utiliser les tables HTML à ceux qui préfèrent utiliser CSS pour agencer les composants et les modules dans les templates Joomla. Les deux camps ont de bons arguments. Les tables HTML, par exemple, sont des structures plutôt rigides qui rendent la tâche difficile aux moteurs de recherche pour comprendre le contenu de votre page. D'un autre côté, les implémentations CSS varient en fonction des navigateurs et certains vieux navigateurs vous permettent de n'utiliser que peu de CSS. Le template Beez intégré dans Joomla est un exemple de template CSS sans tables.

Comme vous pouvez le constater, personnaliser un template Joomla n'est pas une tâche à prendre à la légère. Alors comment obtenir le template de vos rêves ? Vous pouvez le télécharger.

Travailler avec de nouveaux templates pour Joomla

Vous voulez utiliser un template qui sort de l'ordinaire et qui est plus riche graphiquement que ceux fournis avec Joomla ? Vous pouvez récupérer des templates colorés par centaines sur Internet et les installer dans Joomla car Joomla a été conçu pour être étendu. Toutefois, au moment où nous écrivons ce livre, les templates compatibles avec Joomla 1.6 ne sont pas si nombreux.

La capacité d'extension de Joomla est l'une de ses fonctionnalités les plus intéressantes. Vous pouvez étendre le logiciel en installant de nouveaux *plug-ins* (des outils tels qu'un éditeur CSS), des composants, des modules et des templates. Vous en trouverez des centaines à télécharger sur Internet, parfois gratuitement, parfois en payant. L'offre peut varier considérablement, du nouvel éditeur au système de gestion de panier d'achats en passant par le concepteur de templates, sans oublier les templates fantaisie. Pour en savoir plus sur l'extension des fonctionnalités de Joomla avec de nouveaux composants et *plug-ins*, référez-vous au Chapitre 12.

Dans cette section, nous allons vous montrer comment trouver, télécharger et installer de nouveaux templates Joomla.

ATTENTION !

Les templates que vous trouvez sur Internet ne précisent pas toujours la version de Joomla pour laquelle ils ont été conçus, alors assurez-vous que vous n'installez que les templates compatibles avec votre version.

ATTENTION !

Un mot sur la sécurité : lorsque vous téléchargez et installez de nouveaux templates, composants, modules ou *plug-ins*, vous demandez à Joomla d'exécuter du code PHP inconnu sur votre ordinateur ou sur le serveur de votre hébergeur. Ceci peut poser un sérieux problème de sécurité. Avant de télécharger et d'installer quoi que ce soit, assurez-vous que vous pouvez faire confiance à l'auteur. Pensez-y vraiment à deux fois avant d'exécuter un programme sur lequel vous avez un doute.

Trouver et télécharger un nouveau template

Pour trouver des templates et les installer, cherchez-les simplement sur Internet. Au moment où nous écrivons ces lignes, une recherche

Google sur « Joomla templates » renvoie plus de 13,9 millions de résultats tandis qu'une recherche sur « free Joomla templates » renvoie 823 000 résultats, parmi lesquels des sites tels que Lonex (`www.lonex.com`), Joomlashack (`www.joomlashack.com`) et Joomla24 (`www.joomla24.com`).

Pour cet exercice, vous allez télécharger un template gratuit. Suivez ces étapes :

1. **Rendez-vous sur** `http://joomla-monster.com/free-templates/jm-0013-free-template-for-joomla-1.6.html`.
2. **Faites défiler la page pour trouver le template souhaité.**

   Pour cet exercice, sélectionnez le template JM 0013.
3. **Cliquez sur Download this template.**

   Le fichier .zip est téléchargé sur votre ordinateur.

N'OUBLIEZ PAS

La plupart des éléments que vous pouvez télécharger et installer dans Joomla se présentent sous la forme de fichiers compressés, tels que des fichiers .zip. Généralement, vous n'avez qu'à indiquer à Joomla le fichier de l'élément que vous souhaitez installer et le système décompresse et installe l'élément pour vous.

Installer un nouveau template

Pour installer votre nouveau template, suivez ces étapes :

1. **Connectez-vous à Joomla et sélectionnez Extensions/Gestion des extensions.**

   N'OUBLIEZ PAS

   Vous utilisez cette commande pour installer ou désinstaller n'importe quelle extension, dont les *plug-ins*, les modules, les composants et les templates.

   La gestion des extensions s'ouvre (voir la Figure 9.10).
2. **Dans la section Archive à transférer, cliquez sur le bouton Parcourir pour localiser et sélectionner le nouveau template sur votre disque dur.**
3. **Cliquez sur le bouton Charger & Installer.**

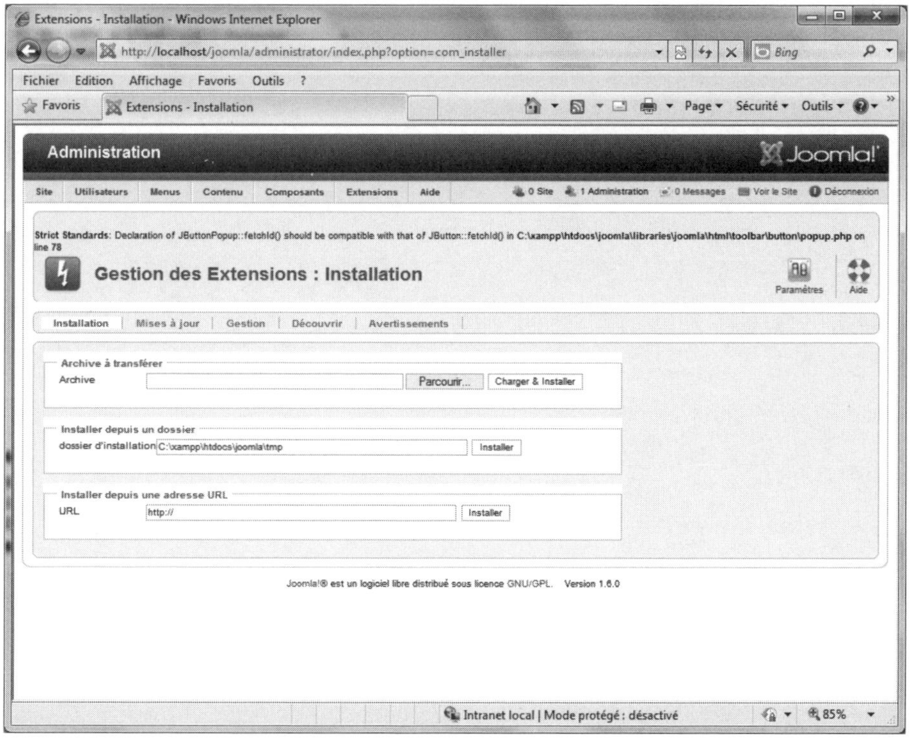

Figure 9.10 : La gestion des extensions.

Vous pouvez définir le nouveau template comme le template par défaut en le sélectionnant dans la gestion des templates puis en cliquant sur le bouton Définir par défaut (référez-vous à la section « Modifier le template par défaut », plus tôt dans ce chapitre).

Chapitre 10

Gérer les utilisateurs du site Web

Dans ce chapitre :

- Comprendre les niveaux et les groupes d'utilisateurs par défaut de Joomla.
- Ajouter de nouveaux utilisateurs à son site.
- Modifier les comptes des utilisateurs.
- Créer une page de contact.
- Gérer l'e-mail sur son site.
- Donner aux utilisateurs des options pour qu'ils se gèrent eux-mêmes.

Ce chapitre est consacré à l'attribution de privilèges aux utilisateurs de votre site. Lorsque vous installez Joomla pour la première fois, le SGC propose sept groupes d'utilisateurs par défaut : Enregistré, Auteur, Éditeur, Publisher, Manager, Administrateur et Super Utilisateur. Cependant, vous n'êtes pas obligé de vous en tenir à ce que Joomla vous fournit. Avec Joomla 1.6, vous pouvez ajouter autant de groupes d'utilisateurs que vous le souhaitez, renommer les noms des groupes d'utilisateurs et même modifier les actions que ces groupes sont autorisés à exécuter à la volée.

Une introduction au monde merveilleux des utilisateurs de Joomla

Les sites Joomla peuvent utiliser jusqu'à huit niveaux d'utilisateurs, en commençant par les visiteurs :

- **Les utilisateurs publics** peuvent naviguer sur votre site.
- **Les utilisateurs enregistrés** peuvent se connecter pour accéder à des ressources qui leur sont réservées.

Les trois niveaux suivants relèvent de la catégorie des utilisateurs spéciaux ainsi que des administrateurs :

- **Les auteurs** peuvent soumettre des articles.
- **Les éditeurs** peuvent soumettre de nouveaux articles et modifier les articles existants.
- **Les publicateurs** peuvent soumettre de nouveaux articles, modifier les articles existants et publier des articles.

Enfin, l'administration s'appuie sur trois niveaux d'utilisateurs :

- **Les gestionnaires** peuvent gérer tout ce qui relève du contenu du site.
- **Les administrateurs** peuvent effectuer les tâches d'administration.
- **Les super-utilisateurs** peuvent faire tout ce qu'il est possible de faire sur un site Joomla.

Comment gérer ces différents types d'utilisateurs et leur attribuer des privilèges ? Pour cela, vous allez utiliser la gestion des utilisateurs.

Gérer les utilisateurs avec la gestion des utilisateurs

Alors, comment gérez les utilisateurs ? Comme nous sommes dans Joomla, vous allez évidemment utiliser une fonctionnalité appelée la gestion des utilisateurs (voir la Figure 10.1). Pour y accéder, cliquez sur son icône dans le panneau d'administration ou sélectionnez Utilisateurs/Gestion des utilisateurs dans n'importe quelle page d'administration. Vous pouvez voir la gestion des utilisateurs sur la Figure 10.1.

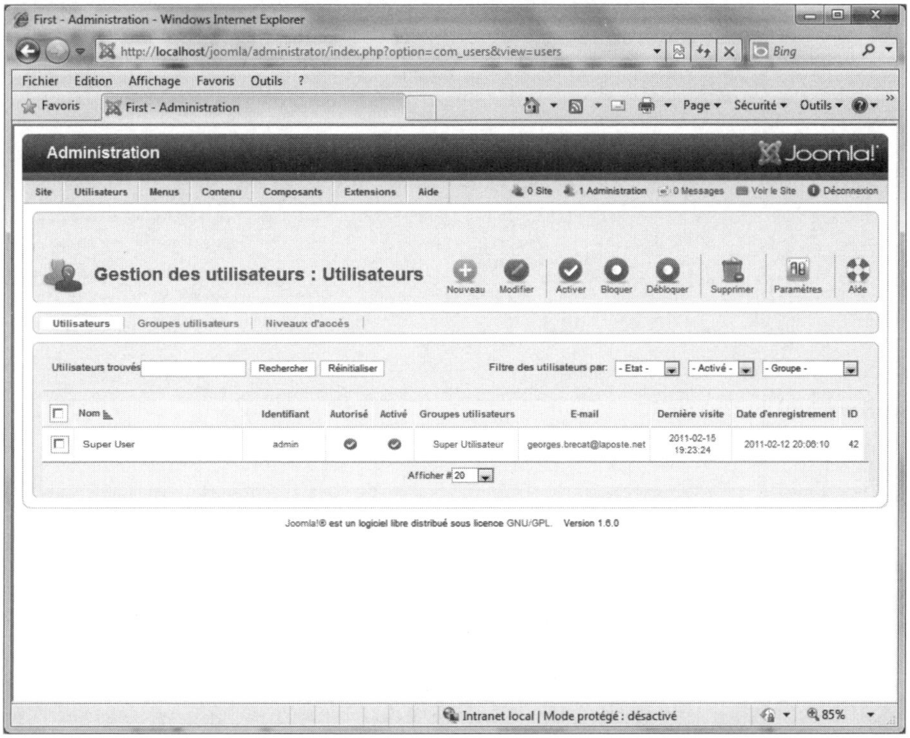

Figure 10.1 : La gestion des utilisateurs.

La gestion des utilisateurs est très pratique pour ajouter de nouveaux utilisateurs ou pour modifier des données relatives à des utilisateurs existants, par exemple, s'ils changent d'adresse e-mail ou de responsabilité sur votre site. Vous pouvez même désactiver un compte d'utilisateur en cochant la case à côté du nom du compte et en cliquant sur le bouton Bloquer.

Comme vous pouvez le voir sur la Figure 10.1, la gestion des utilisateurs compte trois onglets (Utilisateurs, Groupes utilisateurs et Niveaux d'accès) qui facilitent le contrôle des différentes fonctions de la gestion des utilisateurs.

Pour modifier un utilisateur existant, cliquez sur le nom de l'utilisateur. Ce faisant, vous ouvrez la page Gestion des utilisateurs : Modifier le profil (voir la Figure 10.2).

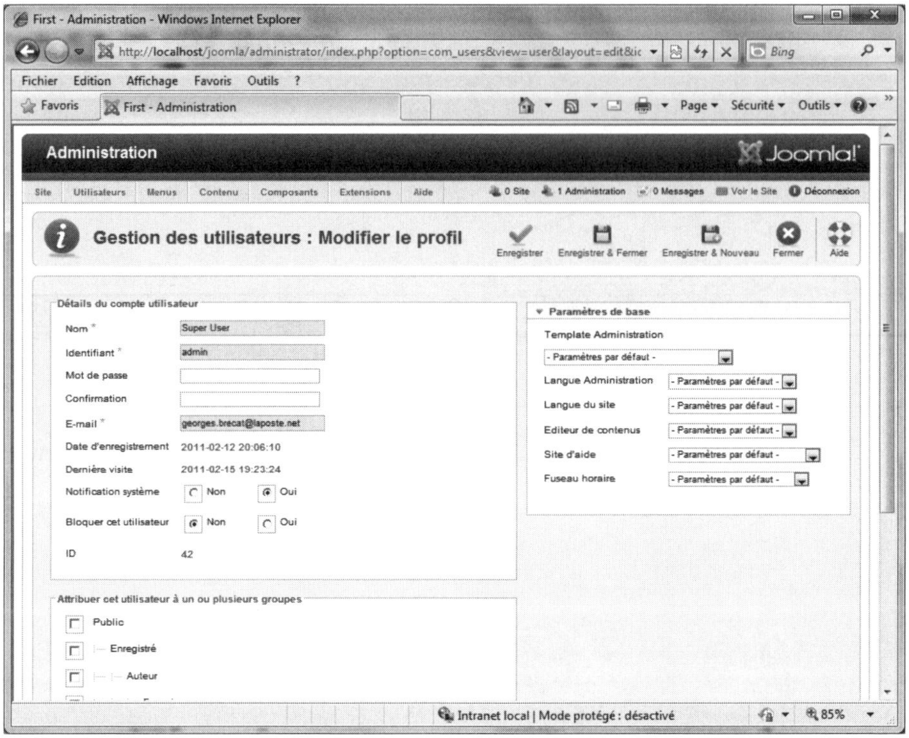

Figure 10.2 : Modifier les données d'un utilisateur.

Vous pouvez configurer plusieurs options dans la page Modifier le profil, comme saisir une nouvelle adresse e-mail ou un nouveau mot de passe ou modifier le niveau de privilège de l'utilisateur en le changeant de groupe (auteur, éditeur, administrateur et ainsi de suite) dans la section Attribuer cet utilisateur à un ou plusieurs groupes. Un utilisateur peut appartenir à plusieurs groupes, par défaut ou créés. Dans la section Paramètres de base, vous pouvez modifier la langue d'administration et la langue du site. Vous pouvez aussi y définir le site d'aide et le fuseau horaire. Notez que le mot de passe de l'utilisateur ne figure pas dans la zone prévue à cet effet. Cela ne signifie pas que son compte n'est pas protégé par un mot de passe. Il s'agit simplement d'une mesure de sécurité : Joomla masque le mot de passe. Même s'il n'apparaît pas dans la section Détails du compte utilisateur, le mot de passe existe.

TRUC

Pour modifier le mot de passe d'un utilisateur, entrez simplement un nouveau mot de passe dans la zone Mot de passe et confirmez-le dans la zone Confirmation, dans la section Détails du compte utilisateur.

Si vous n'avez pas ajouté d'utilisateurs à l'installation par défaut de Joomla, vous êtes le seul à figurer dans cette page en tant que super-utilisateur. Cependant, votre site aurait l'air terriblement désert si vous étiez le seul utilisateur. Dans les sections suivantes, nous allons vous montrer comment ajouter de nouveaux utilisateurs en commençant par le type le plus élémentaire : les utilisateurs enregistrés.

Créer des utilisateurs enregistrés

Les utilisateurs de base (au-delà des internautes qui passent sur votre site) sont les utilisateurs enregistrés. Ils peuvent se connecter à votre site (en utilisant le formulaire de connexion de la page d'accueil) et consulter les ressources réservées aux utilisateurs enregistrés.

Joomla vous propose deux moyens pour créer un utilisateur enregistré :

- L'administrateur crée le compte de l'utilisateur dans la gestion des utilisateurs.
- L'utilisateur crée son compte lui-même en cliquant sur le lien Créer un compte dans le module de connexion de la page d'accueil puis en remplissant un formulaire d'enregistrement.

Les comptes créés par les utilisateurs

Joomla dispose de différentes options pour gérer la création d'un nouveau compte utilisateur. L'option par défaut est l'auto-activation. Si ce paramètre est configuré, lorsqu'un nouvel utilisateur crée son propre compte, il reçoit un e-mail envoyé par le SGC. En suivant les instructions de l'e-mail, le nouvel utilisateur peut activer son compte lui-même, sans l'aide de l'administrateur du site. Joomla peut aussi être configuré pour activer un compte automatiquement dès sa création. Dans ce cas, il suffit à l'utilisateur d'entrer ses données de compte. Enfin, pour ceux qui préfèrent tout contrôler, le paramètre Admin permet de ne pas activer un nouveau compte utilisateur tant qu'il n'a pas été approuvé par un utilisateur disposant des privilèges d'administrateur. Si vous optez pour l'activation par e-mail ou par l'administrateur, un compte non activé va figurer en tant que non activé dans la gestion des utilisateurs.

Pour modifier la manière dont Joomla gère l'activation d'un nouveau compte pour votre site, cliquez sur le bouton Paramètres dans l'angle supérieur droit de la fenêtre de la gestion des utilisateurs. Ce faisant, vous ouvrez la fenêtre Paramètres des utilisateurs, illustrée par la Figure 10.3.

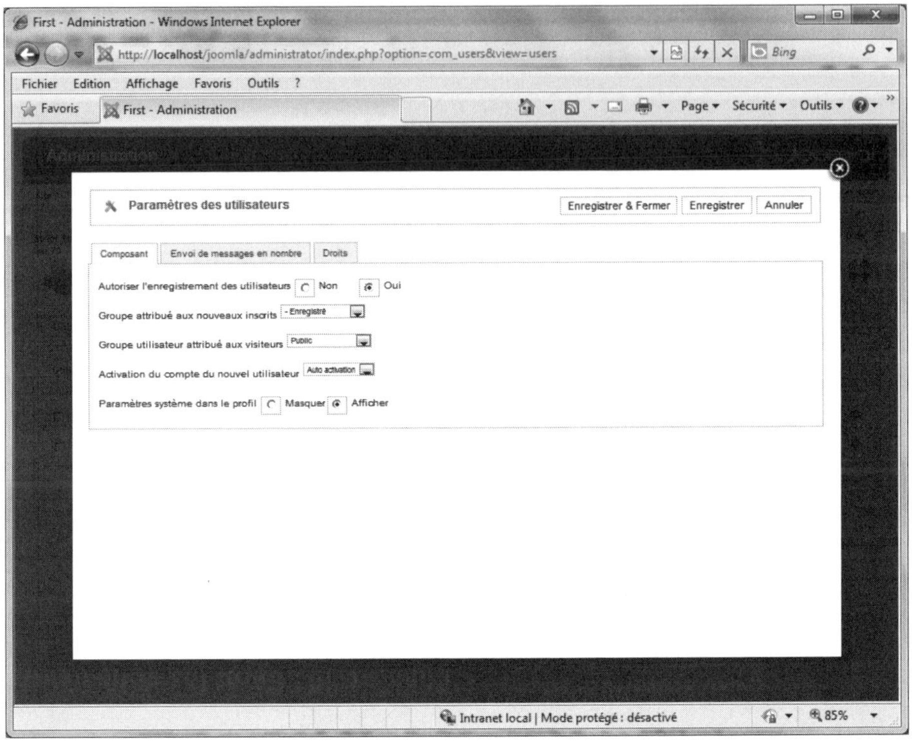

Figure 10.3 : La fenêtre Paramètres des utilisateurs.

Le groupe d'utilisateurs par défaut pour les nouveaux utilisateurs enregistrés est Enregistré mais vous pouvez modifier ce paramètre et opter pour un autre groupe. Pour ce faire, cliquez sur le bouton Paramètres, situé dans l'angle supérieur droit de la fenêtre de la gestion des utilisateurs. Dans la liste déroulante Groupe attribué aux nouveaux inscrits, sélectionnez l'option qui vous convient.

Les comptes créés par l'administrateur

En plus de permettre aux utilisateurs de créer eux-mêmes leurs propres comptes, vous pouvez créer un compte pour chacun d'entre eux via la gestion des utilisateurs. Suivez ces étapes :

1. **Cliquez sur le bouton Nouveau dans la gestion des utilisateurs.**

La page Ajouter un utilisateur s'ouvre.

2. **Saisissez les informations de compte du nouvel utilisateur.**

   Votre configuration doit ressembler à celle de la Figure 10.4.

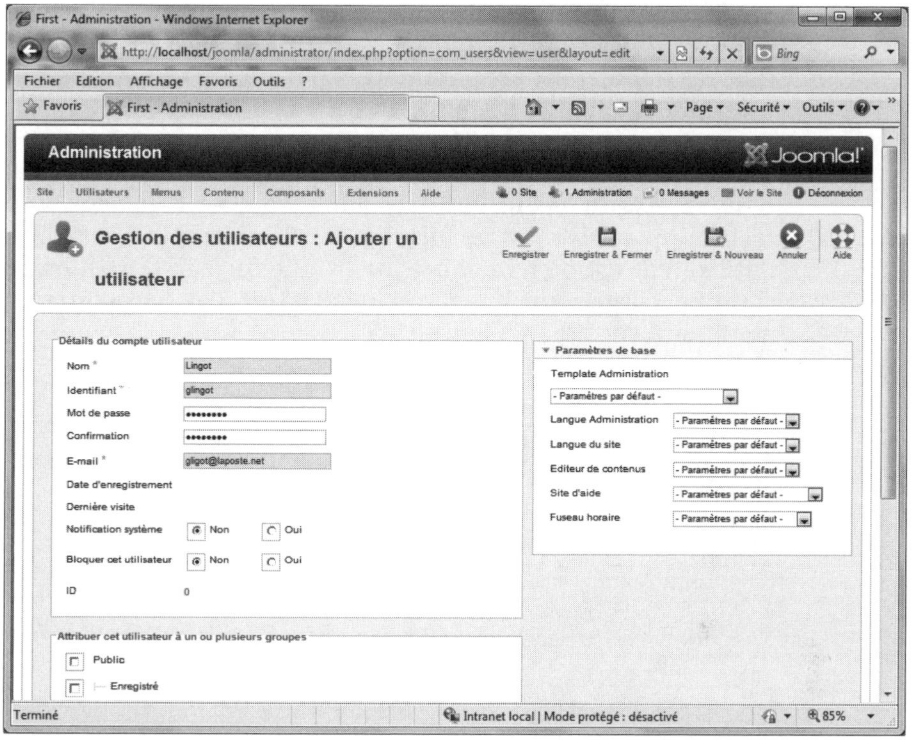

Figure 10.4 : Créer un nouvel utilisateur enregistré.

3. **Cliquez sur le bouton Enregistrer & Fermer.**

   Joomla crée le nouveau compte et vous renvoie dans la gestion des utilisateurs, où le nouvel utilisateur apparaît. L'utilisateur peut se connecter immédiatement et visualiser les ressources accessibles exclusivement aux utilisateurs enregistrés.

Les utilisateurs enregistrés sont les utilisateurs du plus faible niveau de privilège que votre site peut gérer. Nous allons traiter des niveaux supérieurs dans les sections suivantes.

Créer des auteurs

Dans la configuration par défaut, les auteurs peuvent écrire des articles et les soumettre sur votre site. Cependant, comme les autres groupes par défaut installés avec Joomla et ceux créés pour satisfaire vos besoins, le groupe Auteur peut être modifié afin de lui attribuer d'autres permissions. Attribuer aux utilisateurs enregistrés le niveau d'accès défini dans les paramètres par défaut du groupe Auteur est une manière simple de permettre à vos utilisateurs enregistrés de contribuer à votre site Joomla et de lui donner un vrai sens communautaire. Pour ajouter un nouvel auteur, cliquez sur le bouton Nouveau dans la gestion des utilisateurs afin d'afficher la page Ajouter un utilisateur puis saisissez les informations de compte et assurez-vous que l'utilisateur est bien membre du groupe Auteur. Lorsque vous avez terminé, cliquez sur le bouton Enregistrer. Vos paramètres doivent ressembler à ceux de la Figure 10.5.

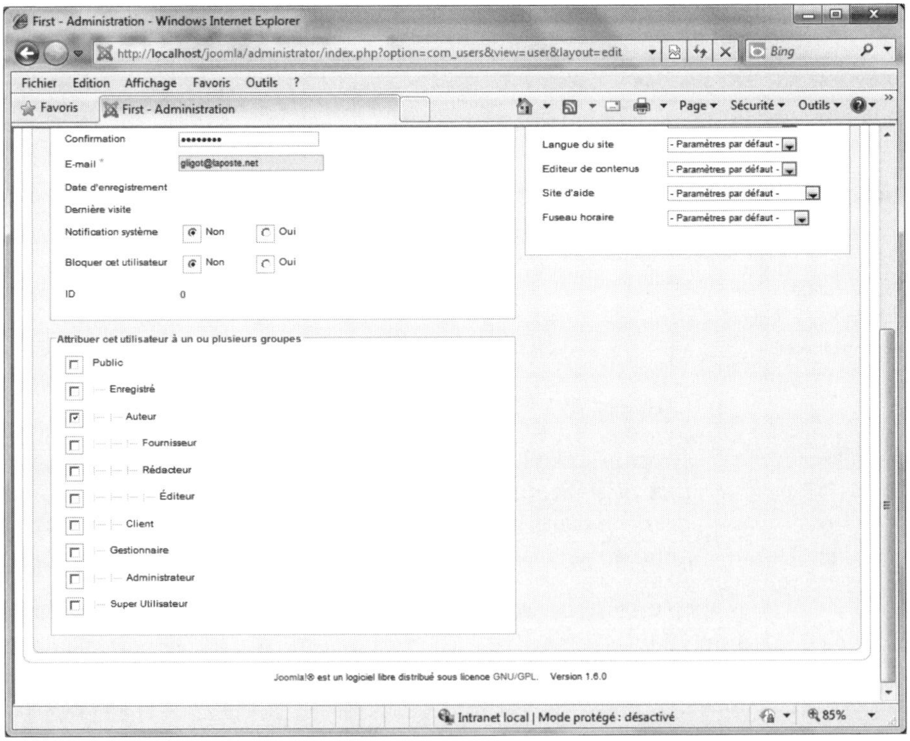

Figure 10.5 : Créer un compte Auteur.

Contenu exemple : Shop Suppliers et Customer Group

Si vous avez inclus les données exemples lors de l'installation de Joomla, vous avez certainement remarqué la présence de deux groupes (Shop Suppliers et Customer Group), perdus dans les groupes par défaut de Joomla. Même Joomla ne les considère pas comme des groupes d'utilisateurs par défaut, ils peuvent être une ressource intéressante si vous les utilisez correctement.

Par exemple, l'utilisation d'un groupe Shop Suppliers peut être pratique si vous prévoyez d'ouvrir une boutique en ligne. Que votre fournisseur soit un petit commerçant indépendant ou un fabricant reconnu à l'échelle mondiale, la création d'un compte Shop Suppliers lui permet non seulement de visualiser le contenu réservé aux utilisateurs enregistrés mais vous permet aussi de différencier vos fournisseurs des autres utilisateurs qui fréquentent votre site. Il en va de même pour le groupe Customer Group. Même si vous n'envisagez pas de créer une boutique en ligne avec votre installation Joomla, le groupe Customer Group peut vous être utile pour gérer une petite affaire. Par exemple, supposons que vous ayez un petit cabinet de comptabilité. Dès que vous fournissez vos services à un nouveau client, vous pouvez lui offrir un compte gratuit sur votre site Joomla. En tant que client, il doit pouvoir accéder aux derniers conseils financiers, bénéficier de rappels sur les astuces pour économiser et recevoir des e-mails sur la publication d'articles.

Pour ajouter un nouveau compte Shop Suppliers à votre site, entrez les informations requises dans la page Ajouter un utilisateur et affectez le nouvel utilisateur au groupe Shop Suppliers. Vos paramètres doivent ressembler à ceux de la Figure 10.6.

Bien sûr, si vous n'avez pas besoin de ces groupes, vous pouvez modifier leur nom et niveaux de permissions pour les adapter aux besoins de votre site ou les supprimer.

Créer des éditeurs

Tout comme les auteurs, les éditeurs appartiennent à un groupe spécifique d'utilisateurs ; et comme les auteurs, ils peuvent proposer des articles. Cependant, ils peuvent aussi modifier des articles et leurs modifications apparaissent sur le site aussitôt qu'ils les ont apportées.

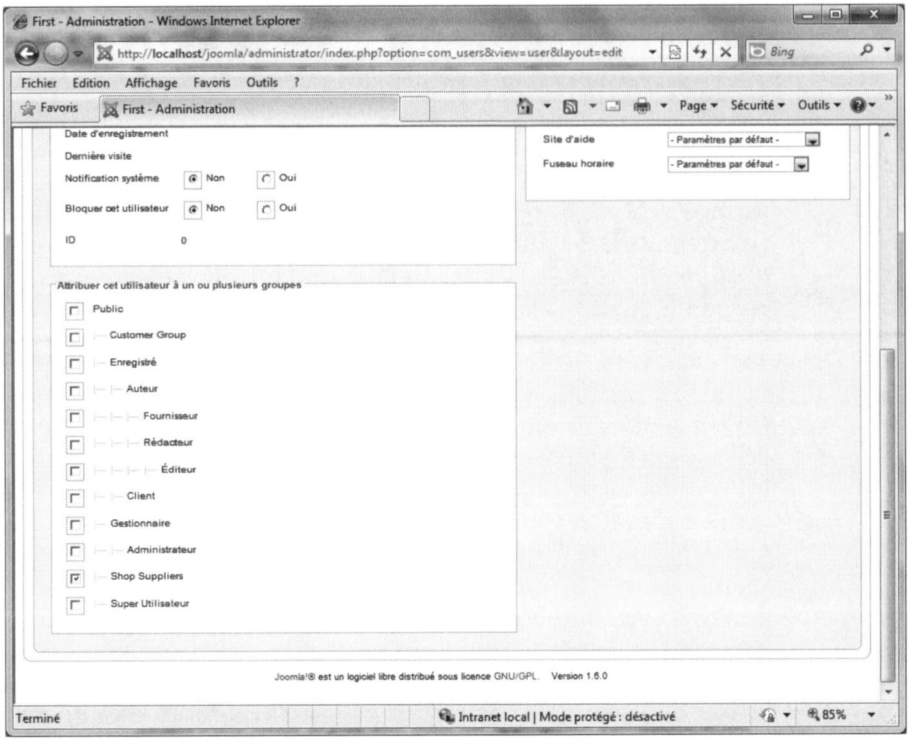

Figure 10.6 : Affecter un utilisateur au groupe Shop Suppliers.

Si jamais vous en doutez, sachez aussi que le groupe Éditeur peut être supprimé ou modifié.

Pour ajouter un nouvel éditeur à votre site, saisissez les informations appropriées dans la page Ajouter un utilisateur et assurez-vous que l'utilisateur fait partie du groupe Éditeur. Vos paramètres doivent ressembler à ceux de la Figure 10.7.

Comme pour les autres groupes d'utilisateurs, les niveaux d'accès et le nom du groupe Éditeur peuvent être adaptés à vos besoins.

Créer des publicateurs

Les publicateurs sont les plus puissants des utilisateurs du site. Tout comme les auteurs, ils peuvent proposer des articles. Tout comme les éditeurs, ils peuvent modifier des articles et leurs modifications apparaissent immédiatement sur le site. Mais ils disposent aussi du pouvoir de publier des articles sur votre site Web sans l'autorisation de l'administration.

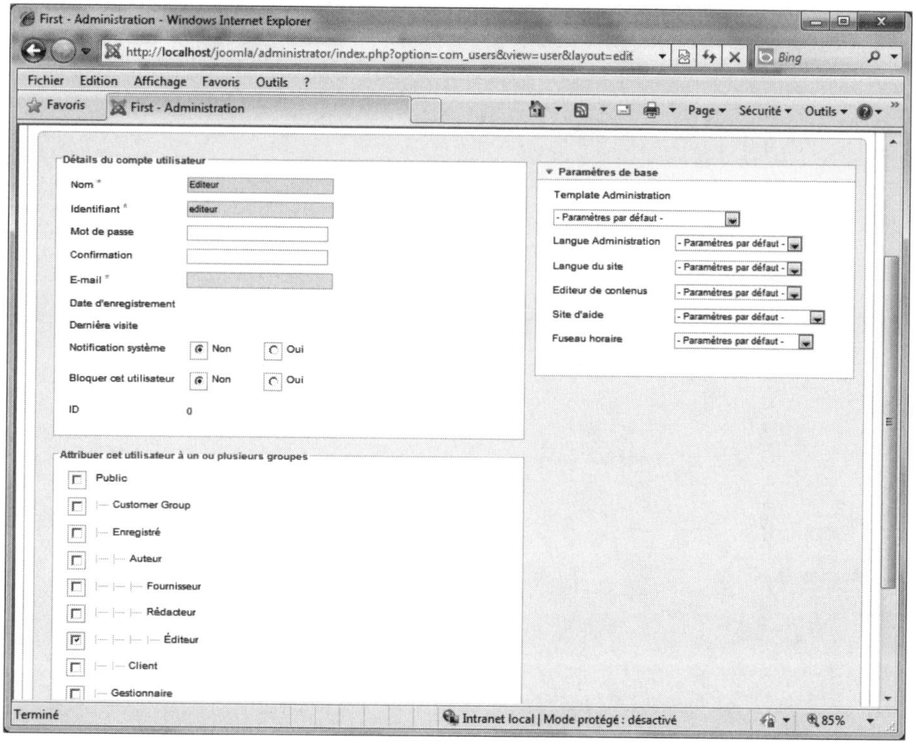

Figure 10.7 : Créer un compte Éditeur.

Ajouter un nouveau rédacteur, c'est très simple : spécifiez les options correspondantes dans la page Ajouter un utilisateur. Vos paramètres doivent ressembler à ceux de la Figure 10.8.

Comme pour les autres groupes d'utilisateurs, les niveaux d'accès et le nom du groupe Publisher peuvent être adaptés à vos besoins.

Maintenant que vous savez comment créer des comptes d'utilisateurs enregistrés, d'auteurs et de rédacteurs, vous êtes prêt pour créer de nouveaux utilisateurs de l'administration. Il est primordial de noter que, comme leurs acolytes du site, les groupes d'utilisateurs de l'administration peuvent être modifiés. Vous pouvez modifier leur nom, les supprimer ou modifier les niveaux d'accès. Quelle que soit la manière dont vous gérez les permissions des utilisateurs de votre site, grâce à Joomla, vous êtes en mesure de créer une solution adaptée à vos besoins.

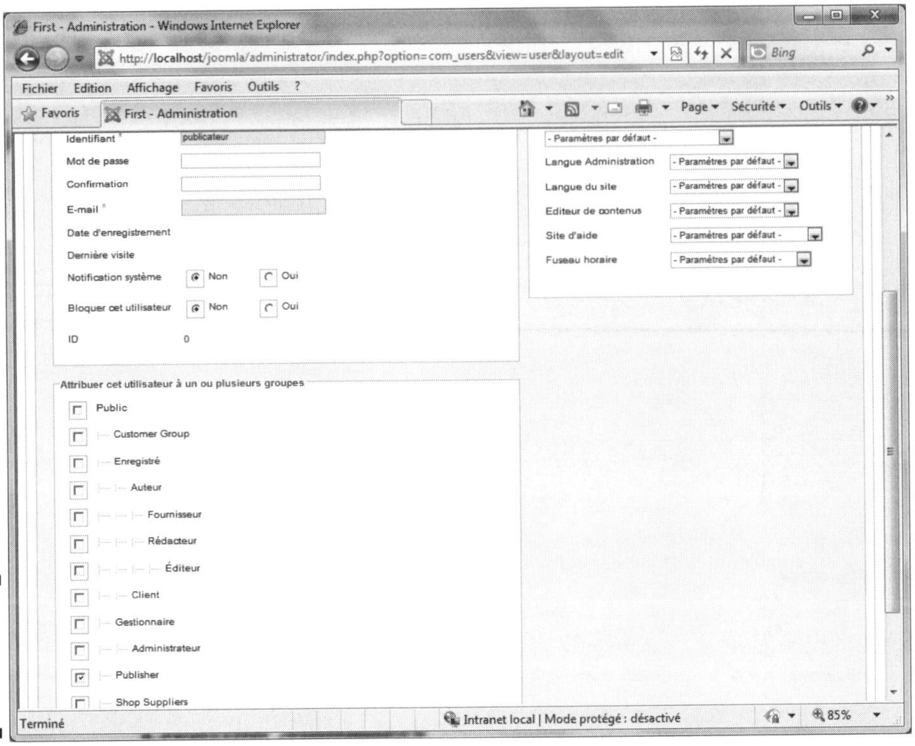

Figure 10.8 : Créer un compte Publisher.

Créer des gestionnaires

Les gestionnaires sont des utilisateurs de l'administration qui peuvent accomplir toutes les tâches liées à la gestion du contenu de votre site, comme écrire des articles, les modifier et les publier, le tout depuis l'interface d'administration. Cependant, ils ne peuvent pas accomplir les tâches suivantes :

- Gérer les utilisateurs.
- Installer ou désinstaller des modules.
- Installer ou désinstaller des composants.
- Travailler avec des composants.

Ces tâches sont réservées aux administrateurs et aux super-utilisateurs.

Vous pouvez créer un compte utilisateur comme vous créez n'importe quel autre compte : dans la page Ajouter un utilisateur.

Créer des administrateurs

Les administrateurs sont presque tout en haut de la hiérarchie de Joomla. Seuls les surpassent les super-utilisateurs.

Les administrateurs peuvent gérer les autres utilisateurs (sauf les super-utilisateurs). Ils peuvent activer ou désactiver les comptes des utilisateurs et installer ou désinstaller des modules. Cependant, ils ne peuvent pas réaliser les tâches suivantes :

- Ajouter ou modifier le groupe Super Utilisateur.
- Accéder à la page de configuration générale.
- Accéder à la fonction de messagerie de masse pour envoyer des e-mails à plusieurs utilisateurs.
- Gérer, installer ou désinstaller des templates.

Créer des super-utilisateurs

Les super-utilisateurs peuvent tout faire : publier et modifier des articles, modifier la configuration générale, installer et désinstaller des modules, des composants et des templates, désactiver les comptes des utilisateurs, créer de nouveaux comptes et bien plus encore. Ces administrateurs peuvent faire tout ce que Joomla permet à un utilisateur de faire, que ce soit dans l'administration ou sur le site.

N'OUBLIEZ PAS

Avec Joomla 1.6, fini le temps des vaches sacrées. Même le super-utilisateur peut être supprimé ou modifié jusqu'à un certain point. Si vous voulez, vous pouvez attribuer aux membres du groupe Enregistré les mêmes privilèges que ceux des super-utilisateurs de votre site. Bien évidemment, c'est fortement déconseillé.

Vous avez besoin d'au moins un super-utilisateur pour chaque site Joomla et lorsque vous créez un nouveau site, vous êtes automatiquement le super-utilisateur. Le super-utilisateur par défaut porte le nom d'utilisateur « admin ».

Pour des raisons de sécurité, il vaut mieux modifier le nom du super-utilisateur une fois que le site est sur pied. Mieux encore, créez un second compte de super-utilisateur et supprimez le premier, créé lors de l'installation de Joomla. Pourquoi ? Quand Joomla crée ce premier compte de super-utilisateur, il attribue automatiquement au compte un ID utilisateur de 42. Comme toutes les installations Joomla utilisent 42 comme ID utilisateur par défaut, d'éventuels intrus peuvent se servir de cette information pour accéder aux fonctions d'administration de votre site. Pour éviter un tel désagrément, nous vous conseillons vivement de créer un nouveau compte de super-utilisateur.

Maintenant que vous avez parcouru l'éventail des utilisateurs de Joomla, de l'internaute occasionnel surfant sur le Web au super-utilisateur, vous êtes prêt pour accorder des accès au personnel d'un site Joomla.

Créer une page contact

Une page contact constitue une excellente addition à un site Joomla. Plusieurs sites d'entreprises ne fournissent aucun moyen de contacter personne, ce qui frustre particulièrement les utilisateurs ; pensez-y donc à deux fois avant d'omettre ce genre de page.

Joomla peut vous aider à établir une liste de certains de vos utilisateurs dans une page contact. En fait, il gère une catégorie Contacts qui simplifie grandement la création d'une page contact. Dans les sections suivantes, nous allons vous montrer comment ajouter des contacts à votre site puis comment les afficher dans une page contact.

Avant d'insérer des données de contact de qui que ce soit dans votre site Joomla, assurez-vous d'en avoir l'autorisation.

Ajouter des contacts à son site

Joomla met à votre disposition la gestion de contacts (quelle surprise !) pour vous permettre d'ajouter des informations de contacts. L'installation par défaut de Joomla inclut des informations de contacts exemples dans la gestion des contacts. Ne serait-il pas mieux d'insérer dans la gestion des contacts des informations que vous-même et les visiteurs de votre site peuvent utiliser ?

Pour ajouter un contact à votre site, respectez les étapes suivantes :

1. **Sélectionnez Composants/Contacts/Contacts dans n'importe quelle page d'administration.**

   La gestion des contacts s'ouvre et affiche huit contacts par défaut (voir la Figure 10.9).

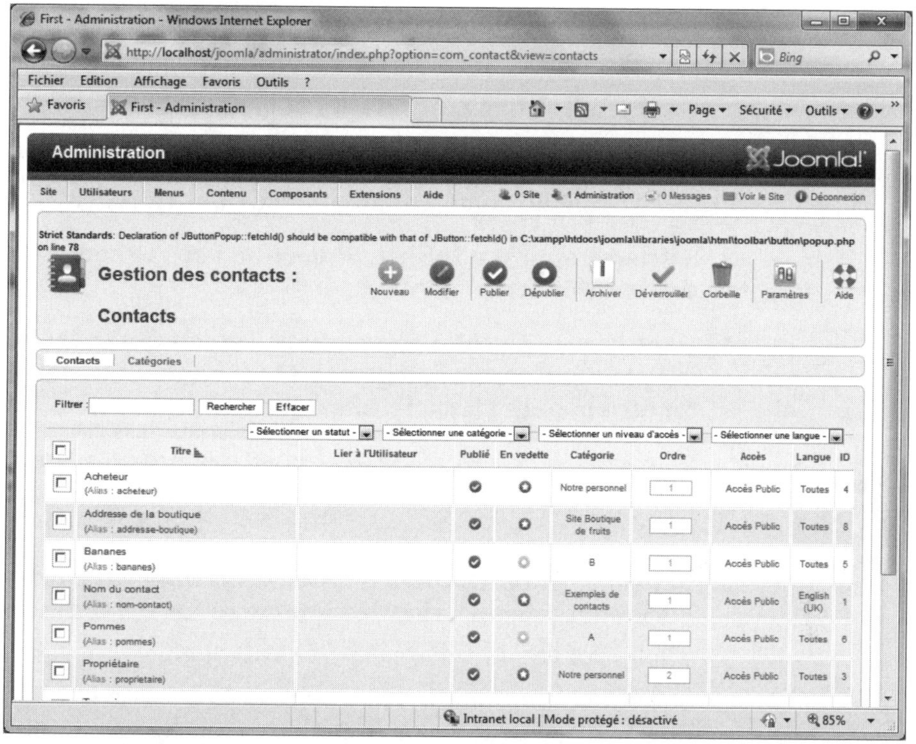

Figure 10.9 : La gestion des contacts.

2. **Cliquez sur le bouton Nouveau pour ouvrir la page Contact.**

   La section Détails du contact dispose de nombreuses zones pour vous permettre de saisir des informations sur le contact, notamment :

   Image

   Fonction

   E-mail

   Adresse

   Ville

État ou Province

Code Postal

Pays

Téléphone

Mobile

Fax

Site Web

Premier champ de tri (utilisé pour trier l'entrée par nom)

Second champ de tri (utilisé pour trier l'entrée par nom)

Troisième champ de tri (utilisé pour trier l'entrée par nom)

3. **Saisissez autant d'informations que vous le souhaitez dans la section Détails du contact.**

4. **Dans la section Nouveau contact, sélectionnez Contact dans la liste déroulante Catégorie et le nom de l'utilisateur dans la fenêtre pop-up Lier à l'utilisateur.**

   Vous voulez créer une page contact pour quelqu'un qui n'est pas un utilisateur ? Ne cliquez pas sur le bouton Sélectionner un utilisateur.

5. **Dans la section Options d'affichage, configurez les options permettant de spécifier les informations du contact à afficher (ou à masquer) dans la page contact.**

   Vos choix sont identiques à ceux de la section Détails du contact. À ce stade, vos paramètres doivent ressembler à ceux de la Figure 10.10.

6. **Cliquez sur le bouton Enregistrer & Fermer.**

   Vous basculez dans la gestion des contacts qui affiche le nouveau contact (voir la Figure 10.11).

7. **Répétez les étapes 2 à 6 pour ajouter autant de contacts que vous voulez.**

Vous avez peur qu'une liste de contacts sur votre site divulgue trop d'informations ? Pas de problème : dans la gestion des contacts, ouvrez le contact pour lequel vous avez un doute et développez la

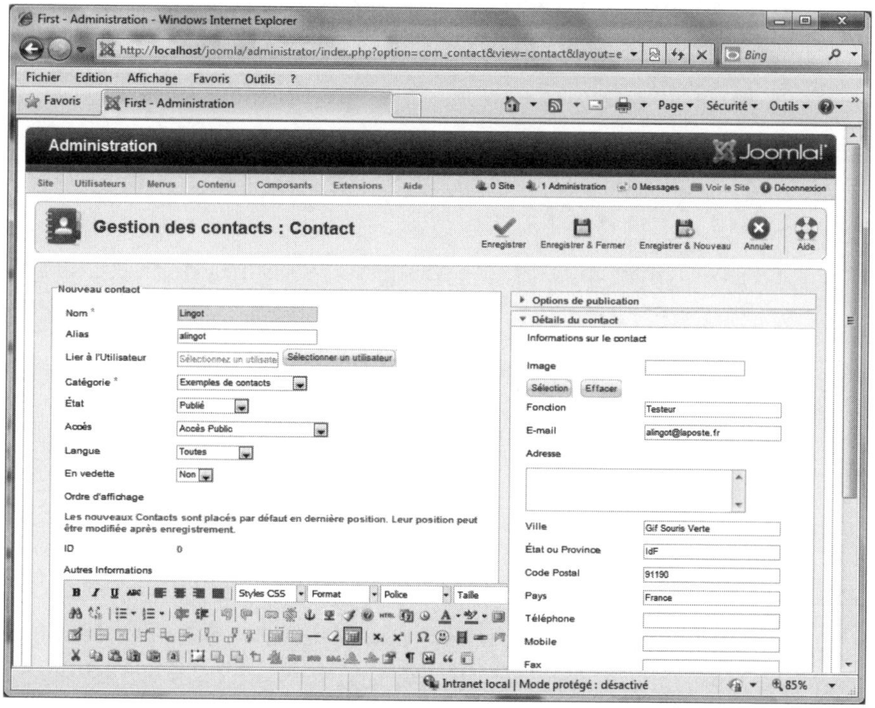

Figure 10.10 : Ajouter un nouvel utilisateur dans la gestion des contacts.

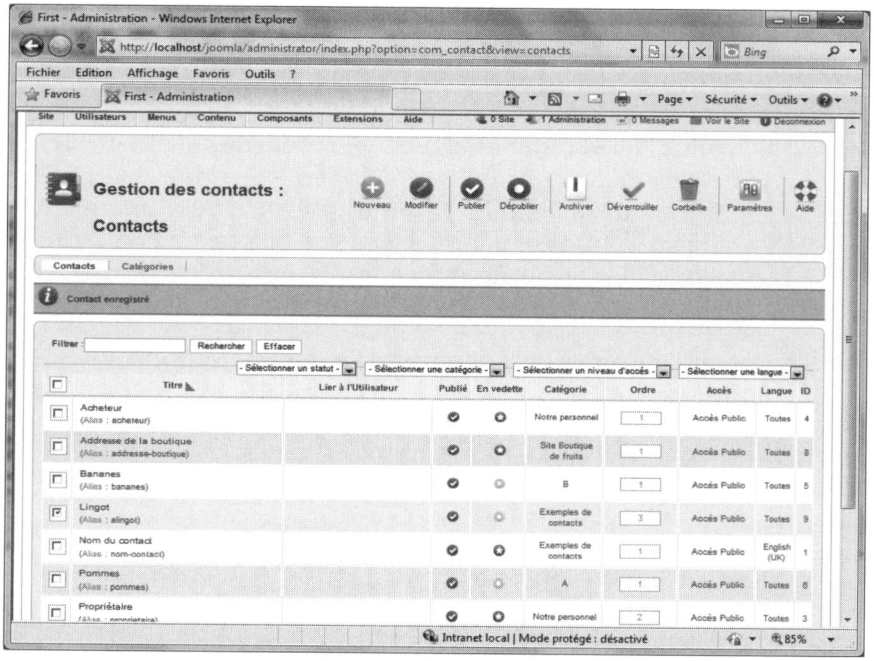

Figure 10.11 : Un nouvel utilisateur dans la gestion des contacts.

section Options d'affichage. Ce faisant, vous avez accès aux options nécessaires pour afficher ou masquer les informations souhaitées.

Organiser les contacts avec la gestion des contacts

Certes, la possibilité de fournir aux visiteurs de votre site des informations de contact sur les éditeurs, administrateurs et auteurs de votre site est une super ressource. Cependant, elle est encore plus intéressante si toutes ces informations sont organisées dans des groupes faciles à gérer et à explorer. C'est exactement le but de la page Gestion des catégories : Contacts.

Les sections suivantes vous montrent comment utiliser la page Gestion des catégories : Contacts pour optimiser l'organisation de vos contacts en utilisant les catégories fournies par l'installation par défaut de Joomla et en créant de nouvelles catégories.

Pour ouvrir la page Gestion des catégories : Contacts, sélectionnez Composants/Contacts/Catégories dans une page d'administration (voir la Figure 10.12).

Comme vous pouvez le voir, la page Gestion des catégories : Contacts compte un certain nombre de catégories contenues dans les données exemples fournies lors de l'installation de Joomla. Elles regroupent les catégories Exemples de contact, Site Parc australiens, Site Boutique de fruits, Notre personnel, Encyclopédie des Fruits (qui ne contient pas de contacts mais une encyclopédie de différents types de fruits ; Joomla est ultra flexible !) et une catégorie pour chaque lettre de l'alphabet, à utiliser pour classer vos nouveaux contacts. Nul doute que vous allez supprimer ou ignorer ces catégories pour créer des catégories qui reflètent les besoins de votre site Joomla.

Cependant, pour les besoins de l'exercice, supposons que vous devez entrer un contact dans l'une de ces catégories préexistantes, fournies par votre installation Joomla. Agissez comme suit :

1. **Sélectionnez Composants/Contacts/Contacts dans une page d'administration.**

   La page Gestion des contacts s'ouvre.

2. **Localisez le contact à classer dans une catégorie.**

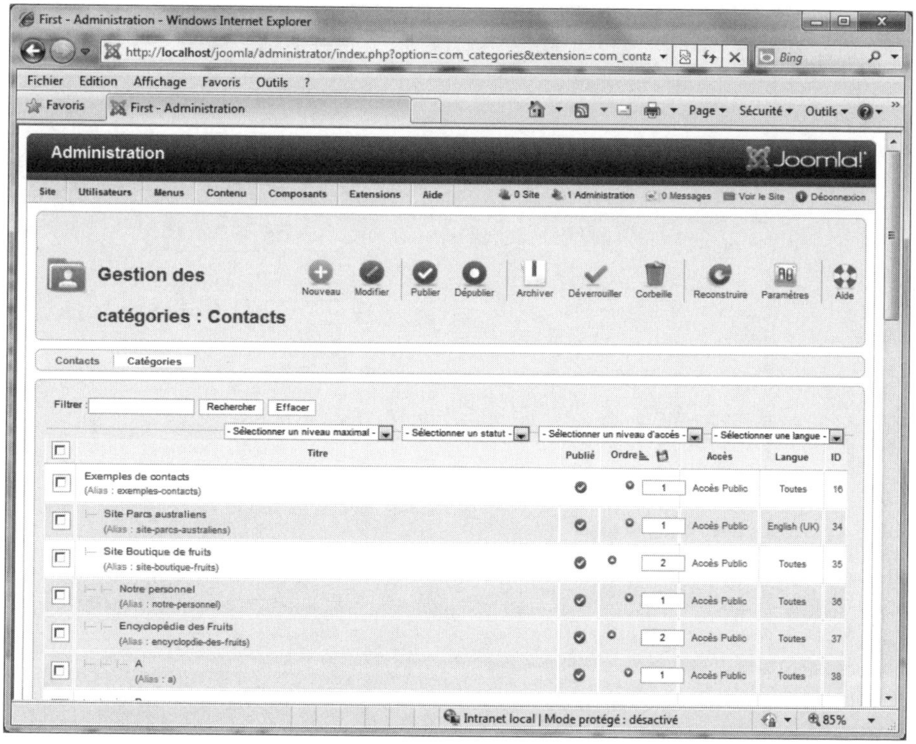

Figure 10.12 : La page Gestion des catégories : Contacts.

Pour cet exercice, choisissez l'un des nouveaux contacts créés dans l'exercice de la section précédente.

3. **Cliquez sur le nom du contact à classer dans une catégorie.**

   La page Gestion des contacts : Contact s'ouvre.

4. **Dans la section Modifier le contact, cliquez sur le menu déroulant Catégorie et sélectionnez une catégorie.**

   Pour cet exercice, choisissez la catégorie portant la première lettre du nom du contact sélectionné. Par exemple, si votre contact s'appelle Albert, choisissez A comme catégorie.

   À ce stade, vos paramètres doivent ressembler à ceux de la Figure 10.13.

5. **Cliquez sur le bouton Enregistrer & Fermer.**

   Vous basculez dans la page Gestion des contacts : Contacts.

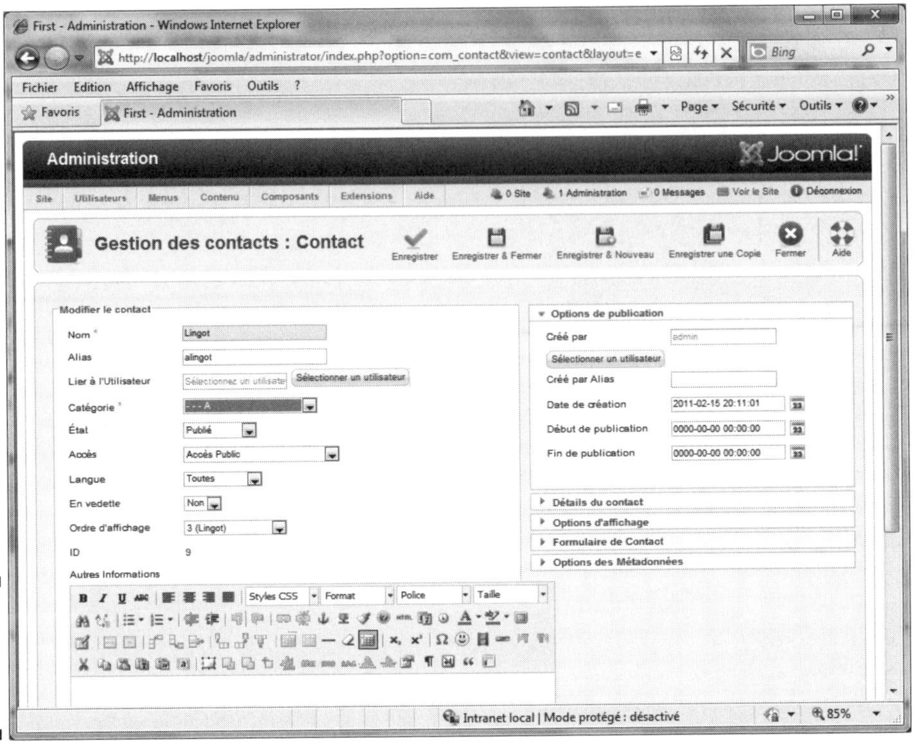

Figure 10.13 : Ajouter un contact à une catégorie.

Le contact a-t-il été classé dans la bonne catégorie ? Les paris sont lancés. Dans le menu déroulant Sélectionner une catégorie, sélectionnez la catégorie dans laquelle vous avez inséré votre contact. Joomla filtre tous les contacts que vous n'avez pas classés dans la catégorie sélectionnée. Résultat : le contact que vous avez créé figure bien dans la catégorie que vous lui avez attribuée (voir la Figure 10.14). Félicitations, vous êtes un génie de l'organisation !

Vous savez désormais catégoriser un contact. Qu'en est-il si le contact que vous voulez catégoriser ne correspond à aucune catégorie fournie dans les données exemples de Joomla ? Vous devez créer une nouvelle catégorie de contacts. La section suivante vous explique comment procéder.

Créer une catégorie de contacts

Pour créer une nouvelle catégorie de contacts, procédez ainsi :

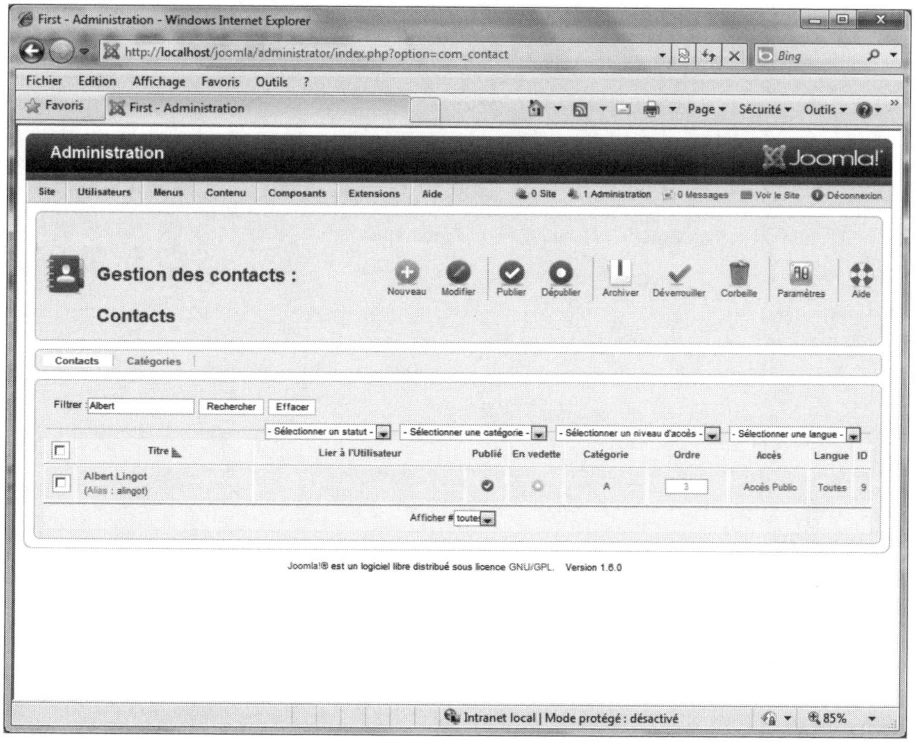

Figure 10.14 : Une recherche filtrée de catégorie de contacts.

1. **Sélectionnez Composants/Contacts/Catégories pour ouvrir la page Gestion des catégories : Contacts.**

   La page Gestion des catégories : Contacts s'ouvre.

2. **Cliquez sur le bouton Nouveau en haut de la page.**

   La page Ajouter une catégorie de contacts s'ouvre.

3. **Entrez le titre de la nouvelle catégorie de contacts.**

   Pour cet exercice, entrez « Joomla! pour les nuls ».

4. **Dans le menu déroulant État, choisissez Publié.**

   À ce stade, vos paramètres doivent être identiques à ceux de la Figure 10.15.

5. **Cliquez sur le bouton Enregistrer & Fermer.**

   Vous basculez dans la page Gestion des catégories : Contacts.

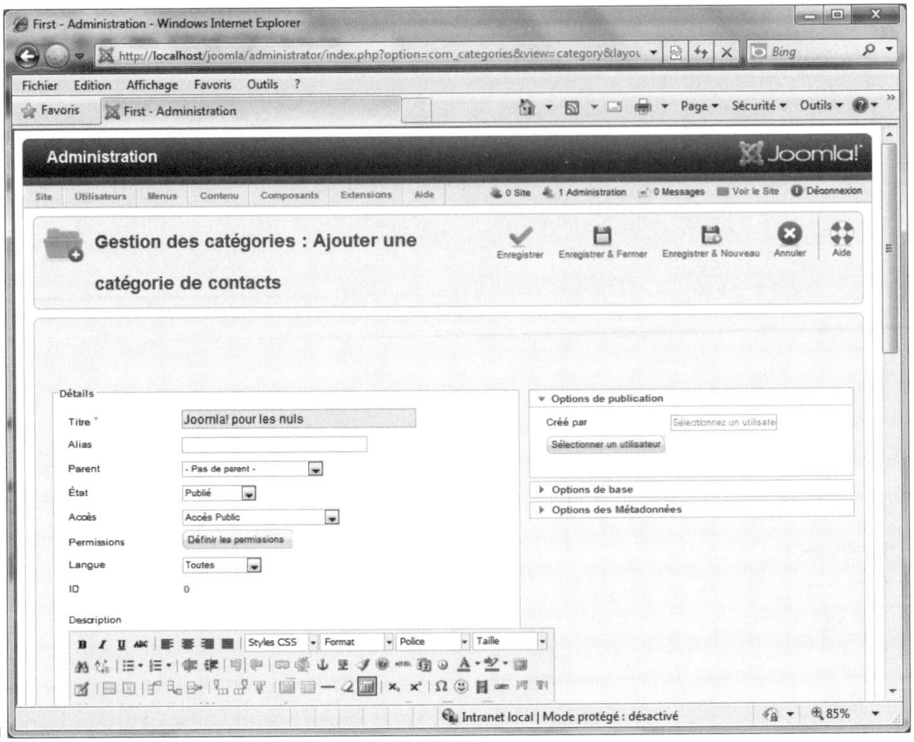

Figure 10.15 : Créer une nouvelle catégorie de contacts.

N'OUBLIEZ PAS

Comme pour tout contenu Joomla, n'oubliez pas de sélectionner Publié dans le menu déroulant État de la nouvelle catégorie de contacts si vous voulez que les utilisateurs puissent la voir.

Après avoir enregistré votre nouvelle catégorie, localisez-la dans la page Gestion des catégories : Contacts, soit en utilisant la fonction de recherche intégrée, soit en faisant défiler les pages. Si vous avez bien suivi les instructions, vous devez trouver la nouvelle catégorie Joomla! pour les nuls (voir la Figure 10.16).

Créer une page contact

Une fois que vous avez ajouté des contacts et des catégories à votre site, l'étape suivante consiste à créer une page contact et un élément de menu la pointant.

Pour créer la page et l'élément de menu, suivez ces étapes :

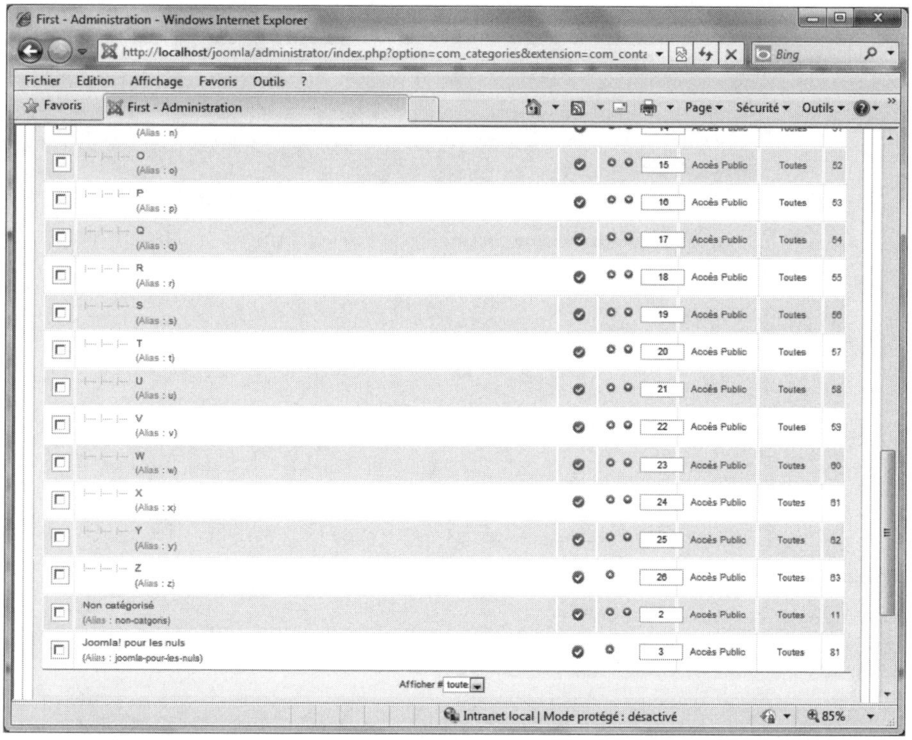

Figure 10.16 : Une nouvelle catégorie de contacts a été créée.

1. **Sélectionnez Menus/Gestion des menus dans n'importe quelle page d'administration pour accéder à la gestion des menus.**

   Pour plus d'informations sur la gestion des menus, reportez-vous au Chapitre 5.

2. **Cliquez sur le nom du menu à utiliser.**

   Pour cet exercice, sélectionnez Menu Principal.

3. **Cliquez sur le bouton Nouveau pour ouvrir la page Ajouter un lien de menu (voir la Figure 10.17).**

4. **Cliquez sur le bouton Sélection en regard de Type de lien de menu.**

   La page de sélection du type de lien de menu s'ouvre.

5. **Sélectionnez Liste des contacts d'une catégorie.**

   La page de sélection du type de lien de menu se ferme.

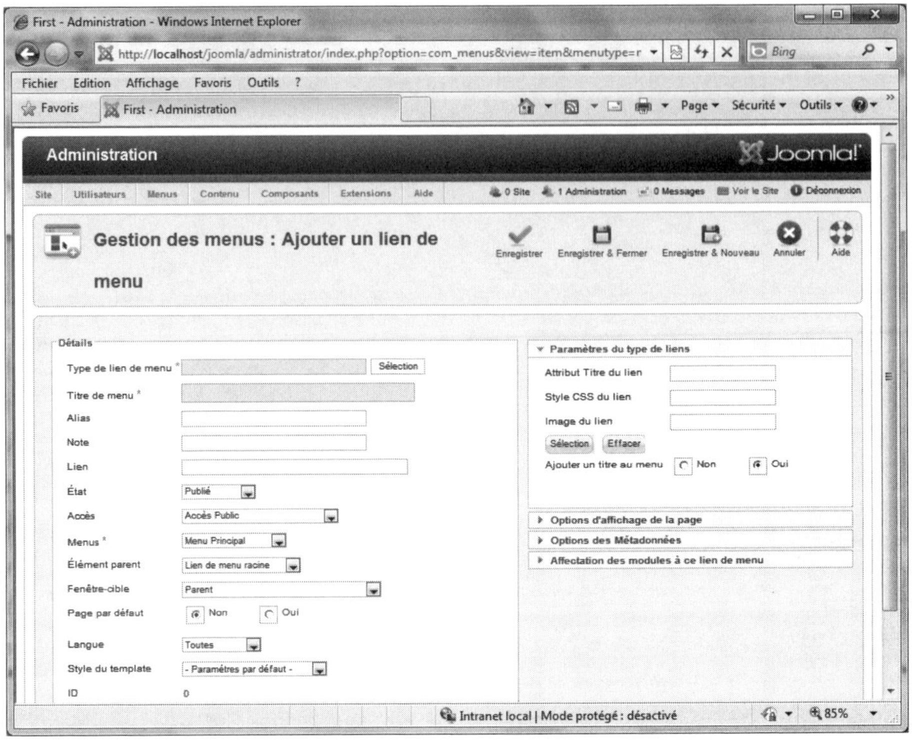

Figure 10.17 : La page Ajouter un lien de menu.

6. **Dans la zone de texte Titre de menu, entrez le titre du nouvel élément de menu.**

   Pour cet exercice, entrez « Contacts du site ».

7. **Sélectionnez Publié dans le menu déroulant État.**

8. **Développez la section Paramètres requis. Sélectionnez une catégorie dans le menu déroulant Sélectionner une catégorie.**

   Pour cet exercice, sélectionnez la catégorie dans laquelle vous avez inséré votre nouveau contact lors de l'exercice de la section précédente.

9. **Cliquez sur Enregistrer & Fermer.**

   Vous retournez dans la page Gestion des menus : Liens de menu.

Jetez un œil à votre travail ! Cliquez sur le bouton Voir le Site pour accéder à votre site Joomla. Le nouvel élément de menu y figure (voir la Figure 10.18). Quand un utilisateur clique sur l'élément de menu, il

Figure 10.18 : Le nouvel élément de menu Contacts du site.

peut accéder à une mine d'informations de contacts sur les personnes qui maintiennent votre site Joomla.

Dorénavant, si un utilisateur veut envoyer un message à un contact spécifique, il lui suffit de cliquer sur le nom de ce contact pour afficher un formulaire de messagerie.

Gérer l'e-mail du site

Et si vous souhaitez rester en contact non pas avec un utilisateur du site mais avec tout un groupe d'utilisateurs ? Vous pouvez envoyer un e-mail en nombre avec la fonction Messagerie de masse. Pour configurer cette fonction, sélectionnez Utilisateurs/Messagerie de masse afin d'accéder à la page Envoi de messages en nombre. Configurez ensuite les diverses options que vous voulez utiliser et saisissez votre message (voir la Figure 10.19).

Dans la section Détails, vous pouvez sélectionner le(s) groupe(s) et sous-groupe(s) de destinataires dans la liste Groupe ou alors vous pouvez sélectionner Afficher tous les groupes pour envoyer l'e-mail à tous les utilisateurs de votre site. Vous avez aussi la possibilité d'envoyer le message à vos destinataires sous forme de copie cachée (BCC) ou de l'envoyer en texte brut ou en HTML.

Envoyer et recevoir des messages privés

Vous pouvez aussi créer et lire des messages privés dans Joomla, mais pour quelque raison obscure, les messages privés sont uniquement disponibles pour les utilisateurs du groupe Super Utilisateurs. Si vous êtes super-utilisateur, vous pouvez écrire un nouveau message privé à un autre super-utilisateur en sélectionnant Composants/Messagerie privée/Nouveau message privé dans n'importe quelle page d'administration.

Les super-utilisateurs disposent d'une icône Messages dans l'angle supérieur droit des pages d'administration (juste à côté de l'icône indiquant les utilisateurs connectés) indiquant le nombre de messages privés en attente. Pour lire vos messages privés, sélectionnez Composants/Messagerie privée/Lire ses messages privés depuis n'importe quelle page d'administration.

Joomla peut aussi vous envoyer des messages privés ; lorsqu'un article a été proposé par un utilisateur et qu'il est en attente de validation, par exemple.

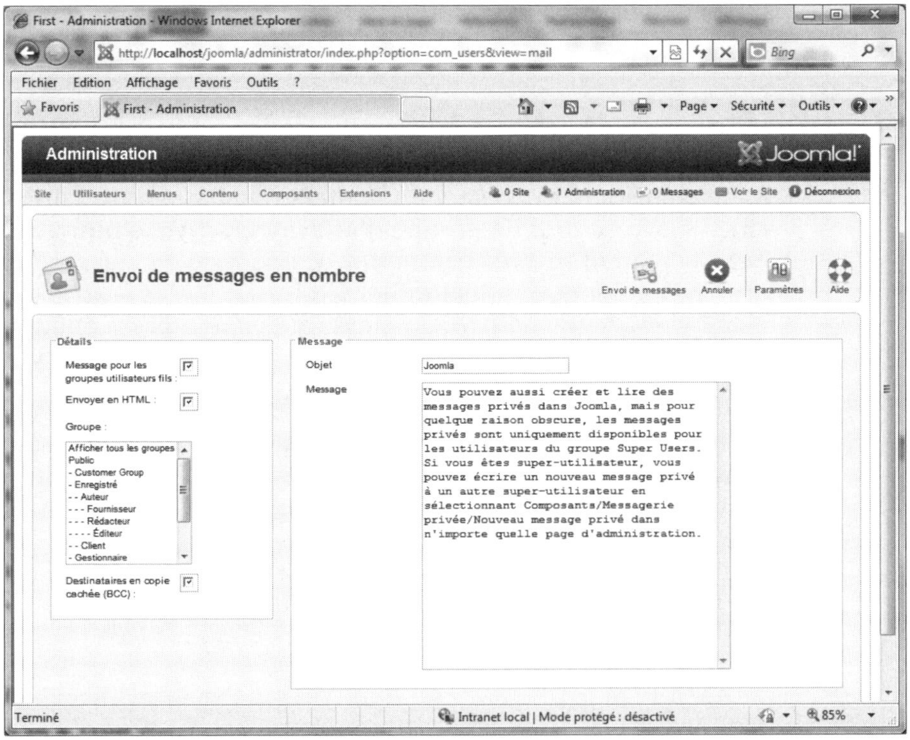

Figure 10.19 : Créer un message dans la page Envoi de messages en nombre.

Permettre aux utilisateurs de se gérer eux-mêmes

Vous pouvez gérer les utilisateurs depuis l'administration mais Joomla vous permet aussi de laisser les utilisateurs se gérer eux-mêmes. Vous pouvez créer des pages qui permettent aux utilisateurs de s'enregistrer, de se connecter, de modifier leur mot de passe, de se rappeler leur mot de passe et ainsi de suite.

Créer des pages de gestion des utilisateurs

Pour créer des pages qui permettent aux utilisateurs de se gérer eux-mêmes, vous utilisez la gestion des menus (pour plus de détails sur la gestion des menus, reportez-vous au Chapitre 5). Lorsque vous créez un élément de menu, la page Ajouter un lien de menu affiche une entrée nommée Utilisateur. Si vous développez cette entrée, vous accédez aux options suivantes :

- Connexion > Identification (permet aux utilisateurs de se connecter).
- Enregistrer > Enregistrement d'un utilisateur (permet aux nouveaux utilisateurs de s'enregistrer).
- Rappelez > Rappel (permet aux utilisateurs de réinitialiser leur mot de passe).
- Utilisateur > Utilisateur (affiche un message d'accueil lorsqu'un utilisateur se connecte).
- Utilisateur > Mise en page utilisateur (permet aux utilisateurs de modifier leurs informations, leur mot de passe et ainsi de suite).

Permettre aux utilisateurs de modifier leur compte

Vous pouvez autoriser les utilisateurs à modifier leurs informations dans une page spécifique. Pour créer ce type de page et un élément de menu qui y renvoie, suivez ces étapes :

1. **Ouvrez la gestion des menus en cliquant sur son icône dans le panneau d'administration ou en sélectionnant Menus/Gestion des menus dans n'importe quelle page d'administration.**

2. **Cliquez sur le nom du menu auquel vous voulez ajouter l'élément de menu Modifier mon profil.**

   Pour cet exercice, sélectionnez Menu Principal.

3. **Cliquez sur le bouton Nouveau pour ouvrir la page Ajouter un lien de menu.**

   La page Ajouter un lien de menu s'ouvre.

4. **Dans la zone de texte Titre de menu, saisissez un titre pour l'élément de menu.**

   Pour cet exercice, saisissez « Modifier mon profil ».

5. **Cliquez sur le bouton Sélection en regard de la zone Type de lien de menu.**

   La fenêtre de sélection du type de lien de menu s'ouvre (voir la Figure 10.20).

6. **Sélectionnez le type d'élément de menu Modification du profil.**

   Vous retournez dans la page Ajouter un lien de menu.

7. **Cliquez sur Enregistrer & Fermer.**

Pour visualiser le fruit de votre travail, cliquez sur le lien Voir le Site en haut de la page d'administration pour accéder à votre site Joomla. Si vous avez suivi les instructions de cette section, vous devez trouver l'élément de menu Modifier mon profil dans le menu principal. Lorsqu'un utilisateur bénéficiant d'un compte clique sur l'élément, il accède à la page Modifier mon profil, comme le montre la Figure 10.21. Si l'utilisateur n'est pas enregistré, il reçoit un message l'invitant à s'enregistrer avant de pouvoir accéder à la page.

Sur cette page, l'utilisateur peut modifier les informations suivantes :

- Nom
- Nom d'utilisateur
- Mot de passe

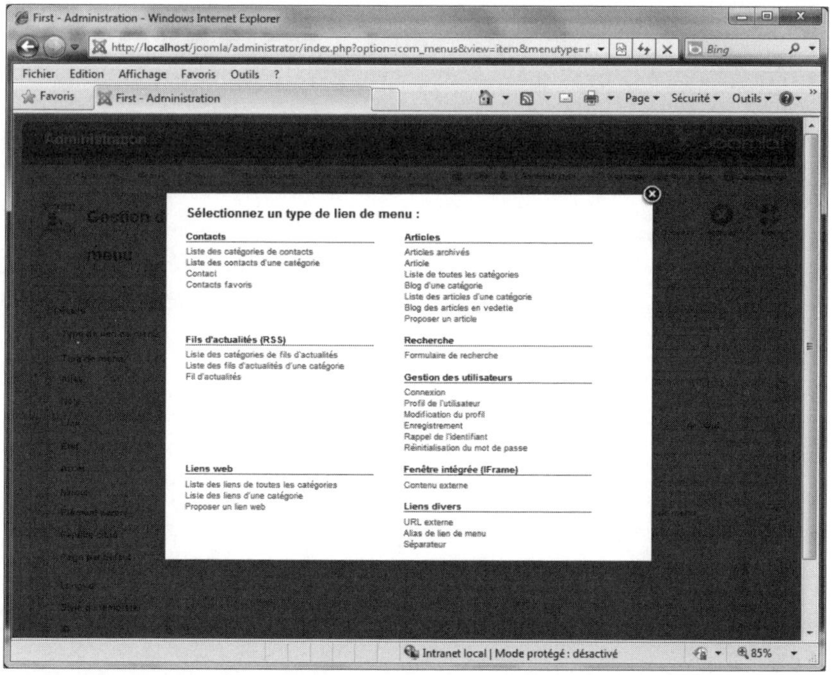

Figure 10.20 : Sélectionner un type de lien de menu.

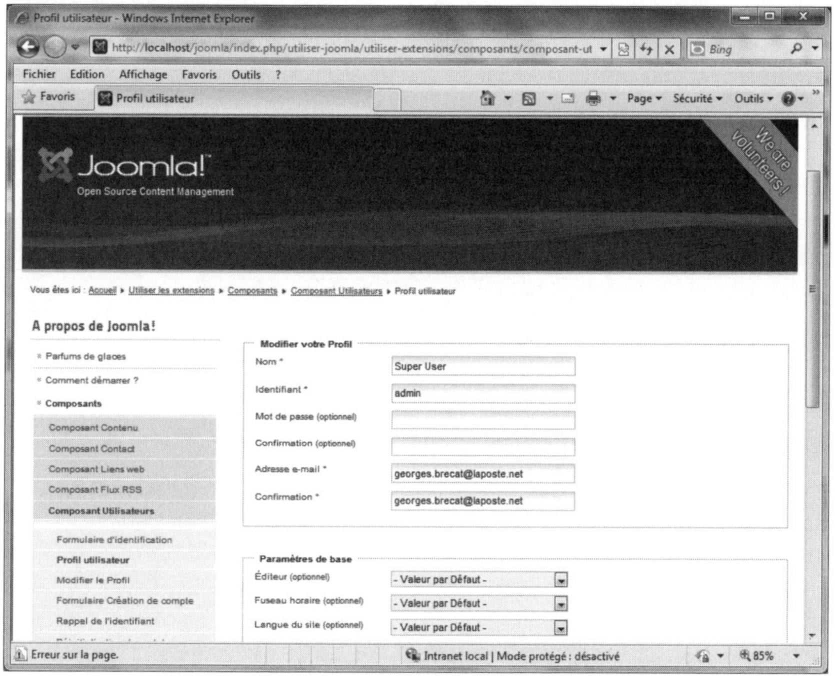

Figure 10.21 : La page Modifier mon profil.

E-mail

Confirmation du mot de passe

Éditeur

Langue

Fuseau horaire

Et voilà. Les utilisateurs peuvent maintenant gérer leur compte eux-mêmes, ce qui leur sera utile s'ils déménagent ou s'ils changent d'adresse e-mail.

Chapitre 11

Générer du trafic sur son site Web grâce à l'optimisation pour les moteurs de recherche

Dans ce chapitre :

- Se familiariser avec les araignées et les robots.
- Utiliser des métadonnées efficacement.
- Présenter son site aux moteurs de recherche.

Vous avez créé votre nouveau site Joomla et vous en êtes fier. Vous avez une page d'accueil, de multiples auteurs qui écrivent leurs propres articles, des menus, des modules un peu partout, des zones de recherche, des pages de contacts, une section Qui est en ligne ? et même un formulaire de connexion que les utilisateurs peuvent utiliser pour accéder gratuitement à du contenu supplémentaire.

Mais vous avez un problème : personne ne vient. Votre compteur de clics reste désespérément bloqué sur zéro.

Pourquoi ? Parce que personne ne peut trouver votre site. Vous pourriez faire de la publicité sur Google mais cette solution est trop coûteuse. Dans ce chapitre, nous vous indiquons comment générer du trafic sur votre site sans dépenser le moindre euro.

Ce chapitre explore les méthodes pour que votre site Joomla devienne l'ami des moteurs de recherche tels que Google, Yahoo! ou Bing. Il fut un temps où Joomla créait des sites qui n'étaient pas optimisés pour les moteurs de recherche parce qu'ils utilisaient des URL complexes pour les pages (que les moteurs de recherche classent mal) et affichaient ces pages avec des templates basés sur des tables HTML, de sorte que les moteurs de recherche avaient du mal à en lire le contenu. Pour résoudre le problème, des *plug-ins* et des extensions devaient être téléchargés et installés dans le site Joomla. Avec Joomla 1.6, ces frustrations n'existent plus.

Dans ce chapitre, nous allons aborder la théorie et la pratique de techniques d'optimisation pour les moteurs de recherche pour faire en sorte que votre site Joomla soit reconnu et bien classé par les moteurs de recherche.

Comprendre les moteurs de recherche et les araignées

Les moteurs de recherche tels que Google et Yahoo! scrutent sans cesse Internet pour cataloguer toutes les pages et sites Web du monde. Plus la base de données de pages Web d'un moteur de recherche est complète, plus ses utilisateurs sont satisfaits de leurs recherches.

Le processus qui consiste à scruter automatiquement Internet s'appelle le « *spidering* », en référence au nom du logiciel qui s'en charge : spider (araignée). Les araignées des moteurs de recherche parcourent le Web en permanence pour aspirer toujours plus de sites dans les bases de données et permettre d'y effectuer des recherches. Si votre site est sur Internet, il y a des chances pour que des araignées de moteurs de recherche le trouvent tôt ou tard.

N'OUBLIEZ PAS

Si vous n'aimez pas les araignées, reprenez votre souffle : les araignées des moteurs de recherche sont aussi appelées *robots*. Si vous avez la phobie des araignées et des robots, tant pis pour vous !

Pour optimiser votre classement par les moteurs de recherche et faire en sorte que votre site apparaisse le plus tôt possible dans les résultats de recherche, vous devez permettre aux araignées de trouver rapidement votre site. Heureusement, avec Joomla, c'est un jeu d'enfant.

Utiliser des URL appréciées des moteurs de recherche

L'équipe de développeurs volontaires de Joomla a été bien inspirée. Avec Joomla 1.6, tous les soucis liés au référencement par les moteurs de recherche appartiennent au passé : désormais, les pages et sites Web que vous créez avec Joomla sont appréciés des moteurs de recherche, grâce aux fonctionnalités d'optimisation pour les moteurs de recherche (SEO), intégrées dans l'installation par défaut de Joomla.

La fonction fondamentale permettant au SGC de créer du contenu SEF (*search engine friendly*, apprécié des moteurs de recherche) figure dans la page de configuration

Pour ouvrir cette page, suivez ces étapes :

1. **Connectez-vous en tant qu'administrateur ou super-utilisateur.**
2. **Sélectionnez Site/Configuration dans une page d'administration pour accéder à la page de configuration générale.**

Comme vous pouvez le voir sur la Figure 11.1, la page de configuration présente une section Paramètres SEO qui vous permet de veiller à ce que les pages créées par votre installation Joomla sont SEF.

Le premier paramètre de la section, Réécriture d'URL en clair (SEF) propose deux cases d'option : Oui et Non. L'option par défaut est Oui. Comment Joomla optimise-t-il vos pages et sites Web pour les moteurs de recherche ? En créant une URL statique.

Il est impossible de comprendre ce qu'est une URL statique sans savoir ce qui se cache à l'autre extrémité : les URL dynamiques.

Les URL dynamiques sont des adresses de pages Web générées comme résultat de recherche d'un site basé sur une base de données (comme Joomla). L'URL est considérée comme dynamique car le contenu de la page Web est créé au besoin en utilisant des informations de la base de données. Ce n'est pas le cas d'une URL

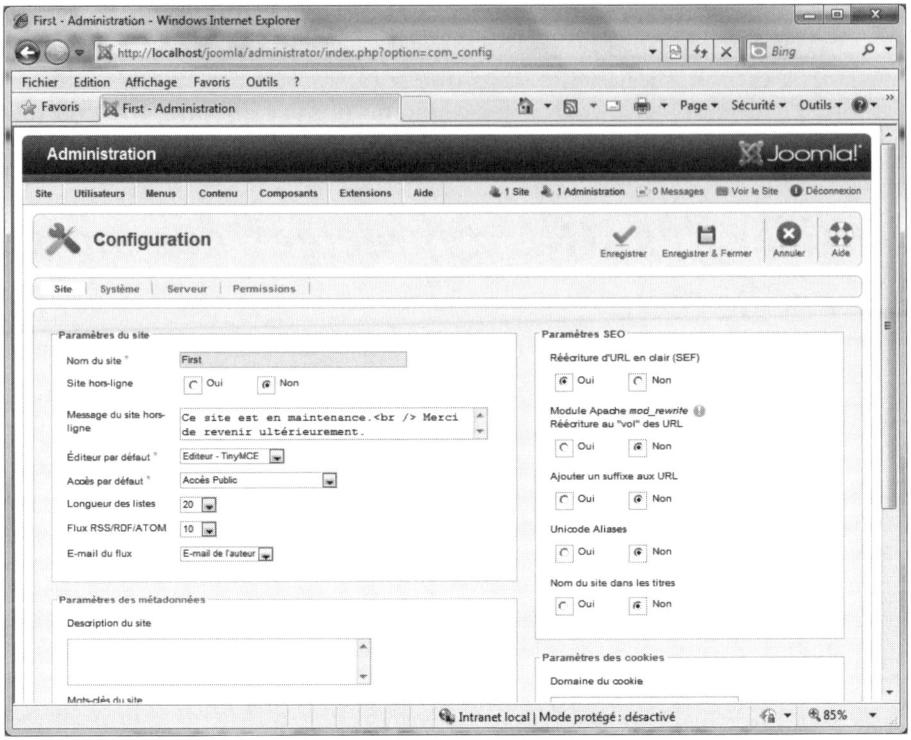

Figure 11.1 : La section Paramètres SEO de la page de configuration.

statique qui est généralement générée par un site Web programmé en HTML. Dans ce cas, aucune modification n'affecte la page à moins que l'administrateur du site ne la modifie en injectant du nouveau code. Quand le site est consulté, elle existe toujours, présente sur le serveur, statique quoi qu'il arrive. C'est très différent de la manière dont Joomla regroupe du contenu d'une base de données dès que quelqu'un veut avoir un aperçu de ce que le site a à offrir. Jetez un œil à la Figure 11.2 : elle représente deux URL qui pointent vers la même page, l'une est optimisée SEO tandis que l'autre a été générée sans optimisation SEO. Les résultats sont parlants.

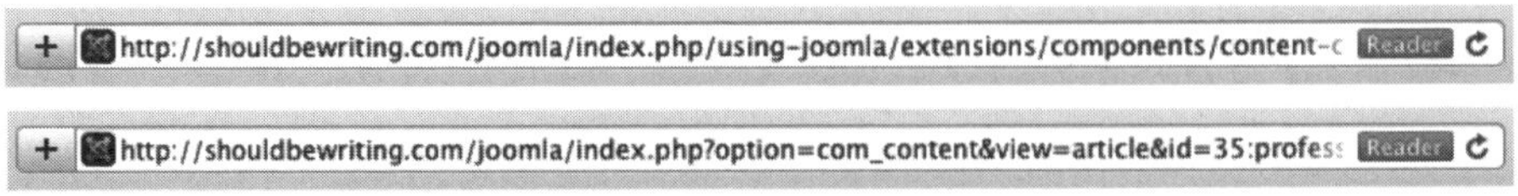

Figure 11.2 : Une URL avec et sans paramètres SEO.

Pour la plupart des utilisateurs, conserver les paramètres par défaut de la section SEO de la page de configuration est suffisant pour permettre à Joomla de produire des URL statiques SEF dès le départ. Cependant, quelques arrangements supplémentaires s'imposent.

Bien que les URL statiques créées par Joomla soient bien meilleures que les URL dynamiques du point de vue des moteurs de recherche, elles peuvent encore être améliorées. Les moteurs de recherche apprécient que des *mots-clés*, c'est-à-dire des termes que les gens peuvent saisir dans les moteurs de recherche pour trouver votre site, figurent dans les URL de différentes pages. Nous abordons ce sujet dans la section consacrée aux secrets des mots-clés, plus loin dans ce chapitre.

En fonction du fournisseur de services Internet que vous avez choisi, certains utilisateurs peuvent rencontrer l'erreur 404 (« *page not found* ») si vous avez configuré Joomla pour utiliser des URL SEF (statiques) et quand ils cliquent sur des éléments de menu de votre site car les techniques que Joomla utilise pour renommer les URL ne fonctionnent pas. Dans ce cas, vous devez configurer d'autres paramètres.

Utiliser mod_rewrite pour configurer les URL

Si le paramètre SEF de Joomla ne permet plus à vos éléments de menu de fonctionner parce qu'il génère des URL introuvables, il reste encore une solution. Si vous utilisez un serveur Web Apache, vous pouvez recourir au module mod_rewrite pour indiquer à Joomla de réécrire les URL dans leur version SEF. Nous vous recommandons aussi de jeter un œil à une célèbre extension appelée *sh404SEF* (`http://extensions.joomla.org/extensions/site-management/sef/10134`). Considérée par beaucoup comme étant l'un des meilleurs outils SEF disponibles, l'extension *sh404SEF* est un téléchargement reconnu, favori des utilisateurs Joomla les plus sérieux.

Il suffit de respecter les étapes de la section suivante si l'option URL SEF de la page de configuration altère les URL sur votre site. Si Oui est défini pour l'option Réécriture d'URL en clair (SEF) dans la section Paramètres SEO de la page de configuration et si votre site Joomla fonctionne bien, inutile d'aller plus loin.

Rechercher mod_rewrite

Tout d'abord, vérifiez que votre installation Apache inclut mod_rewrite. Pour cela, consultez l'équipe technique de votre hébergeur. Cependant, si elle ne vaut pas mieux que la nôtre, vous n'obtiendrez pas l'information. Vous pouvez alors vérifier vous-même. Si vous vous heurtez à un mur dès que vous faites appel à votre support technique, pensez à opter pour une société d'hébergement plus amicale avec Joomla. De nos jours, il en existe des tas qui seraient certainement ravies de récupérer votre affaire.

Comme toutes les sociétés d'hébergement ne permettent pas de vérifier si mod_rewrite est chargé, il est intéressant de pouvoir accéder à une interface qui affiche s'il est disponible. Cliquez sur le bouton Site situé dans l'angle supérieur gauche de toute page d'administration. Dans le menu déroulant, sélectionnez Informations système. Une fois la page Information système chargée, ouvrez l'onglet Informations PHP. Toutes les informations PHP de votre site Joomla sont sous vos yeux.

Configurer Joomla pour utiliser mod_rewrite

Lorsque mod_rewrite est disponible, vous pouvez configurer Joomla pour qu'il l'utilise en renommant un fichier du répertoire racine de Joomla. Suivez ces étapes :

1. **Recherchez, dans le répertoire dans lequel vous avez installé Joomla, un fichier nommé « htaccess.txt ».**

2. **Renommez ce fichier « .htaccess ».**

3. **Redémarrez Apache.**

   Quand Apache redémarre, votre nouveau fichier .htaccess entre en action.

4. **Sélectionnez Site/Configuration dans n'importe quelle page d'administration pour accéder à la page de configuration générale.**

5. **Dans la section Paramètres SEO (voir la Figure 11.1), sélectionnez Oui pour l'option Module Apache mod_rewrite.**

   Et voilà ! Les URL SEF devraient fonctionner maintenant.

TRUC Certains hébergeurs n'exigent pas de redémarrer Apache après avoir modifié le fichier .htaccess. D'autres possèdent déjà un fichier .htaccess qu'il faut ajouter à Joomla. Si vous rencontrez des difficultés lorsque vous configurez votre site pour utiliser mod_rewrite, faites appel au support technique de votre hébergeur.

N'OUBLIEZ PAS Les paramètres SEF dépendent de la configuration de votre hébergeur. Malheureusement, les paramètres SEF ne fonctionnent pas avec tous les fournisseurs d'hébergement. Si vous avez des soucis avec vos paramètres SEF, contactez le support technique de votre hébergeur. Vous pouvez aussi demander des conseils aux milliers d'utilisateurs sur les forums d'aide Joomla.org.

Travailler avec les alias

Vous avez surement remarqué la présence de la zone Alias dans la plupart des pages de création de contenu de l'administration, qui vous ont servi pour concevoir votre site Joomla. Quand vous créez un nouvel article, élément de menu ou page, Joomla crée automatiquement un alias pour le nouveau contenu en se basant sur le titre que lui avez attribué. La Figure 11.3 illustre un article intitulé « Glace au chocolat » avec l'alias « glace-au-chocolat ». Les alias jouent un rôle dans la façon dont Joomla génère les URL SEF. Sachant cela, modifiez les alias que Joomla génère pour les adapter à vos besoins, ce qui modifie les URL SEF générées pour votre site. Sympa, non ?

Percer les secrets des mots-clés

Lorsqu'il s'agit d'ajouter votre site Web à un catalogue de moteur de recherche, en constante évolution, les araignées (ou robots si vous préférez) vont au-delà de toutes les limites. Jusqu'à récemment, l'utilisation de mots-clés était le meilleur moyen d'indiquer aux araignées des moteurs de recherche quels *mots-clés* utiliser pour indexer votre site. Une fois que l'araignée avait fait son travail, les personnes qui entraient des mots de recherche correspondant aux mots-clés de votre site étaient dirigées vers votre site. Aujourd'hui, les araignées des moteurs de recherche ne se basent plus uniquement sur les mots-clés d'un site. Elles indexent tout le contenu d'un site pour réduire autant que possible les résultats d'une recherche dans un moteur de recherche. Même dans ce cas, il n'y a aucune raison d'ignorer

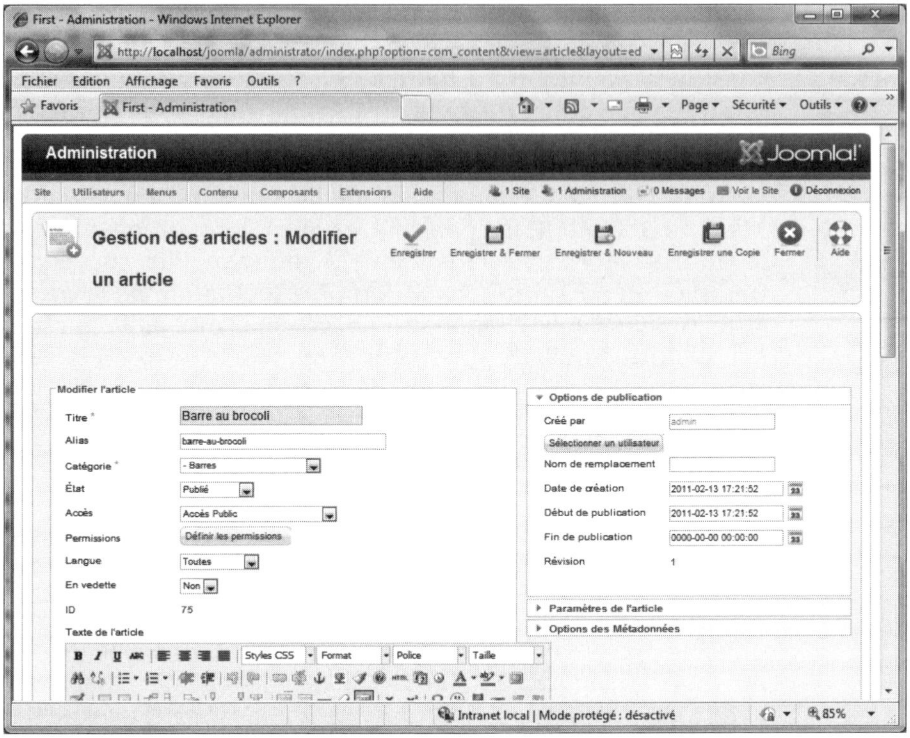

Figure 11.3 : Un alias créé par Joomla.

l'utilisation de mots-clés lorsque vous optimisez votre site pour les moteurs de recherche. En fait, la combinaison d'une indexation de votre site par une araignée et de quelques mots-clés bien choisis peut être une arme redoutable dans la bataille pour attirer toujours plus de visiteurs sur votre page Web.

Trouver les mots-clés à utiliser

Comment déterminer les mots-clés à utiliser ? Il existe toutes sortes d'outils et de ressources en ligne, notamment :

- Google AdWords (`https://adwords.google.com/select/KeywordToolExternal`)
- Bing toolbox (`bing.com/toolbox/blogs/webmaster/archive/2009/05/20/put-your-keywords-where-the-emphasis-is-sem-101.aspx`)

- SEO Book Keyword Suggestion Tool (`http://tools.seobook.com/keyword-tools/seobook/`)

Saisissez simplement un sujet et l'outil vous suggère des mots-clés que vous pouvez utiliser pour permettre aux gens de rechercher votre site.

Supposons que vous traitez de Joomla sur votre site Joomla. Vous pouvez alors utiliser Google AdWords pour trouver les mots-clés que Google suggère pour ce sujet et avoir une idée du trafic estimé en retour (voir la Figure 11.4).

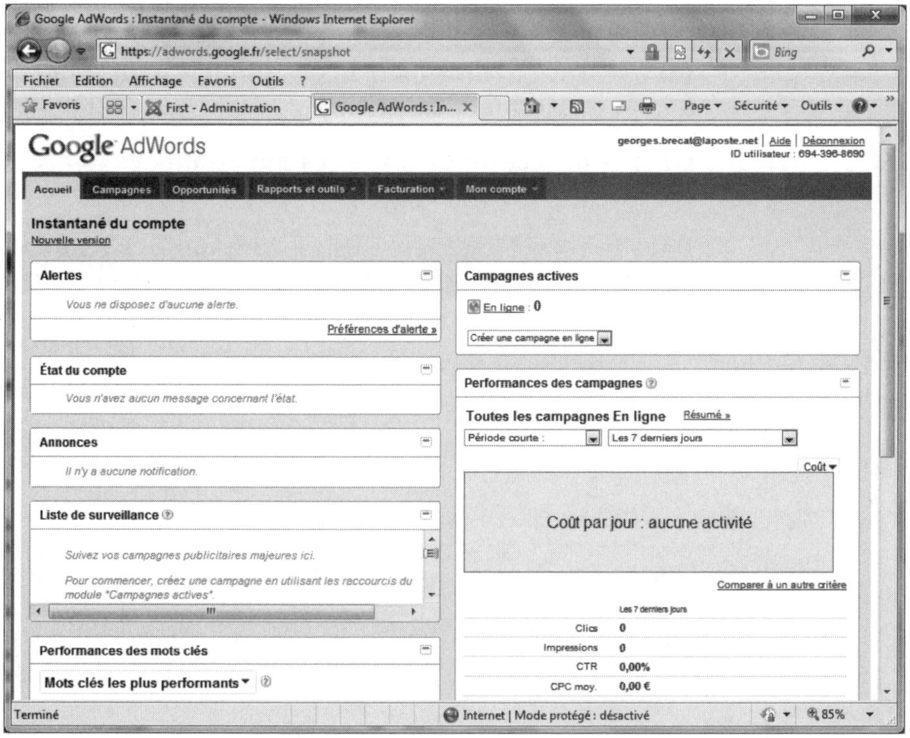

Figure 11.4 : L'outil de mots-clés de Google.

Ajouter des mots-clés sous forme de métadonnées

Une fois que vous avez choisi vos mots-clés, vous pouvez demander à Joomla de les ajouter à vos pages sous la forme de métadonnées. Les *métadonnées* (des données qui parlent de votre page Web) sont stockées dans vos pages dans des balises HTML <meta>. Les moteurs de recherches lisent ces balises. Vous pouvez insérer dans les balises <meta> des informations à transmettre aux moteurs de recherche, comme les mots-clés qui permettent aux utilisateurs de trouver votre site Web.

TRUC

Vous pouvez utiliser autant de mots-clés sur une page que vous souhaitez mais Google vous recommande de ne pas en utiliser plus de 20 par page. De nos jours, certains moteurs de recherche pénalisent les sites Web qui insèrent trop de mots-clés dans une balise <meta> de site ou de page.

Pour saisir les mots-clés pour un article, suivez ces étapes :

1. **Cliquez sur l'article dans la gestion des articles pour accéder à la page Modifier un article.**

2. **Ouvrez la section Options des métadonnées qui se trouve sur le côté droit de la page.**

3. **Dans la zone Mots clés, saisissez les mots-clés que vous voulez assigner à l'article, en les séparant par une virgule (voir la Figure 11.5).**

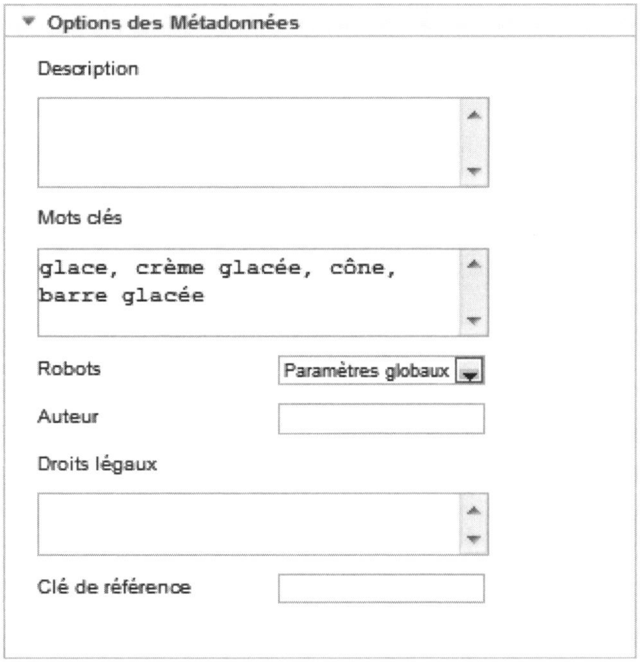

Figure 11.5 : Saisir les mots-clés sous forme de métadonnées.

4. **Cliquez sur le bouton Enregistrer pour sauvegarder votre travail ou cliquez sur le bouton Enregistrer & Fermer pour sauvegarder votre travail et fermer la page Modifier un article.**

TRUC

Notez que la plupart des moteurs de recherche interprètent vos saisies littéralement. Par exemple, si vous entrez les mots-clés « Glace », « Cônes de glace » et « Glace au chocolat », les moteurs de recherche enregistrent trois fois le mot « glace ». C'est pourquoi il est important d'utiliser des mots plutôt que des phrases ou des expressions quand vous saisissez des mots-clés.

Saisir d'autres métadonnées

Les mots-clés ne sont pas les seuls types de métadonnées que vous pouvez ajouter à une page. Vous pouvez aussi saisir les types suivants de métadonnées dans la section Options des métadonnées :

- **Description :** une description en langage naturel de votre page, comme « Les barres glacées au chocolat SuperHyperMegaCorp sont fabriquées avec les meilleurs ingrédients de l'univers ».
- **Clé de référence :** une référence optionnelle utilisée pour associer l'article à des sources de données externes.

Optimiser les pages avec des templates

Dans des versions plus anciennes de Joomla comme la version 1.5, les templates étaient basés sur des tables HTML difficiles à analyser par les araignées Web. Les templates sans tables, basées sur CSS, sont meilleurs mais ils présentent aussi un problème : le module le plus à gauche (qui est le menu du site) apparaît généralement en premier lieu dans le code HTML de la page Web. Si une araignée explore d'abord le menu, elle peut dévaloriser le contenu de la page car ce contenu se trouve bien loin du début de la page.

Pour prévenir ce problème, il existe des templates Joomla spécialement conçus pour les moteurs de recherche. Ces templates affichent des colonnes à gauche et à droite, selon la largeur de la page dans un navigateur, pour s'assurer de l'agencement correct du contenu de la page Web (tel qu'il est affiché par un composant Joomla) et du menu de navigation (tel qu'affiché par un module Joomla). Ces templates disposent aussi d'un élément conteneur qui contient les colonnes.

Voici à quoi peut ressembler un tel template en CSS :

```
#container {
   width: 100%;
   display:inline;
}

#column_1 {
   width: 25%;
   display:inline;
   float: left;
}

#column_2 {
   width: 45%;
   display:inline;
   float: right;
}
```

Dans ce fichier index.php du template, les deux colonnes (column_1 et column_2) doivent se trouver à l'intérieur du conteneur de telle manière que la seconde colonne (celle qui affiche le contenu de la page Web) vienne avant dans le code HTML (tout en étant positionné à la droite du navigateur du fait des instructions CSS du template). La seconde colonne (celle qui affiche le menu) vient plus tard dans le code HTML de la page (mais elle est positionnée sur la gauche du navigateur du fait des instructions CSS du template).

Autrement dit, le HTML généré par de tels templates présente d'abord le contenu de la page à l'araignée, avant le menu principal. L'araignée base ainsi son analyse sur le contenu de la page et non sur les éléments du menu principal.

Voici à quoi peut ressembler la gestion des colonnes dans le fichier index.php d'un tel template :

```
<body>
  <div id="container">
     <div id="column_2">
       <jdoc:include type="component">
     </div>
     <div id="column_1">
```

```
      <jdoc:include type="modules" name="left">
    </div>
  </div>
</body>
```

Optimiser son site pour les moteurs de recherche

Il n'y a pas que les métadonnées et les paramètres SEF pour optimiser vos pages Web ; votre référencement par les moteurs de recherche dépend aussi de l'agencement du contenu sur votre page. Voici quelques bons conseils d'optimisation pour les sites Joomla :

- **N'utilisez pas trop de PDF ou de Flash.** Même si la plupart des moteurs de recherche modernes peuvent lire le contenu PDF et Flash, le texte reste roi quand il s'agit d'optimiser votre site.
- **Utilisez un titre de page.** Utilisez du texte du titre de votre page (qui est affiché dans les résultats d'une recherche) dans le premier titre du texte de votre page pour indiquer au moteur de recherche que les personnes qui cliquent sur votre référence dans les résultats de recherche vont bien accéder au bon endroit.
- **Variez le contenu du site.** Ne soumettez pas des pages identiques qui utilisent des URL différentes.
- **Variez les titres de vos pages.** N'utilisez pas le même titre pour des pages différentes.
- **Affichez toutes les informations.** N'utilisez pas de texte caché ou invisible (du texte qui aurait la même couleur que l'arrière-plan) afin d'accumuler plus de mots-clés dans votre page. Sinon, les moteurs de recherche risquent de pénaliser votre classement.
- **Indiquez des directions claires.** Proposez une carte du site sur une page de votre site et utilisez les fils d'Ariane de Joomla (voir Chapitre 7). Assurez-vous que les araignées disposent d'un fil d'Ariane pour parcourir toutes les pages de votre site. Pensez à utiliser des cartes de site XML qui sont faciles à implémenter

grâce à l'utilisation d'extensions à télécharger dans Joomla Extensions Directory (JED).

- **Vérifiez que vos pages se chargent rapidement.** Si une page dépasse le délai de chargement, elle n'est pas indexée.
- **Reliez vos pages à la page d'accueil.** Vérifiez que toutes les pages de votre site contiennent des liens vers la page d'accueil du site.
- **Ajoutez des liens entre les pages du site.** Les sites qui contiennent des pages reliées entre elles sont mieux classés par les moteurs de recherche. Vérifiez que toutes vos pages sont accessibles facilement *via* des liens pour que les robots puissent les trouver.
- **Reliez votre site à d'autres sites.** Les moteurs de recherche accordent beaucoup d'importance aux liens vers les autres sites. Plus vous reliez votre site à d'autres sites, plus les moteurs de recherche considèrent que votre site est important.
- **Insérez un mot-clé dans le nom de domaine de votre site.** Sélectionnez un nom de domaine qui contient votre mot-clé le plus important.
- **Utilisez des mots-clés très tôt et souvent.** Plus tôt vous utilisez des mots-clés dans vos balises `<body>`, mieux c'est. Mettez quelques mots-clés en gras dans l'élément `<body>` à l'aide de la balise `<b>`. Vous pouvez aussi les colorer en rouge.
- **Inversez l'ordre des mots-clés dans une page.** Faites figurer vos mots-clés dans un ordre différent dans le corps de votre page et dans les balises `<meta>`.
- **Insérez des mots-clés sous forme de commentaires.** Si vous utilisez des commentaires HTML, n'oubliez pas d'y insérer vos mots-clés.
- **Insérez des mots-clés dans le texte alt.** Insérez des mots-clés dans l'attribut alt de vos images (il s'agit du texte affiché lorsque l'utilisateur survole une image avec le pointeur de la souris). Veillez cependant à ne pas surcharger l'image avec des mots-clés. Vous pourriez être pénalisé.
- **Insérez des mots-clés au début.** Utilisez les mots-clés les plus importants dans les titres de vos articles, dès le premier carac-

tère. Utilisez aussi un mot-clé dans le titre et dans le corps de l'article ; si vous ne le faites pas, l'araignée considère que vous surchargez votre titre de mots-clés.

- **Limitez les mots-clés.** Utilisez au moins cinq mots-clés dans le corps de votre page mais n'utilisez pas trop de mots-clés.

TRUC

Si vous entrez dans les détails du sujet, vous découvrez que l'optimisation pour moteurs de recherche peut devenir très sophistiquée. Sachez que des dizaines d'entreprises peuvent optimiser votre site pour vous (mais c'est payant !). Pour les trouver, recherchez *SEO* ou *optimisation pour les moteurs de recherche* dans un moteur de recherche et jetez un œil aux bannières publicitaires qui s'affichent.

Automatiser l'optimisation d'un site

Vous rencontrez des problèmes pour optimiser votre site ? Il existe de nombreux logiciels pour analyser votre site et vous fournir un rapport complet agrémenté de recommandations sur ce que vous devez faire pour procéder à cette optimisation.

Voici quelques programmes hors ligne, qui sont tous payants (nous les mentionnons mais cela ne signifie pas que vous devez les acheter) :

- Web CEO (`www.webceo.com`)
- iBusiness Promoter (`www.ibusinesspromoter.com/`)

Et voici quelques programmes en ligne, qui sont gratuits ou qu'il est possible de tester gratuitement :

- Web Page Analyzer (`www.websiteoptimization.com/services/`)
- SiteSolutions.com (`www.sitesolutions.com/analysis.asp`)
- Search Engine Rankings (`http://mikes-marketing-tools.com/ranking-reports/`)

Informer les moteurs de recherche de l'existence de son site

Lorsque votre site est sur les rails, il est temps de le faire connaître des moteurs de recherche (les moteurs de recherche en découvriront sans doute l'existence tôt ou tard mais vous pouvez gagner du temps en leur disant qu'il existe).

N'informez les moteurs de recherche qu'une seule fois de l'existence de votre site (si vous le faites plusieurs fois, les moteurs de recherche risquent de vous déclasser). Voici les URL vous permettant de soumettre votre site aux trois plus grands moteurs de recherche :

- **Google :** `www.google.fr/addurl/`
- **Yahoo! :** `http://fr.docs.yahoo.com/info/ajouter.html`
- **Bing :** `www.bing.com/webmaster/SubmitSitePage.aspx`

Il peut s'écouler un certain temps avant que les moteurs de recherche n'examinent votre site une fois que vous les avez informés de son existence. La patience est une qualité !

Vous pouvez utiliser des outils de référencement auprès des moteurs de recherche réalisés par des tiers pour faire le travail à votre place mais nous vous le déconseillons. Nous avons trouvé que beaucoup de ces logiciels se contentaient d'un travail superficiel, soumettant les sites à n'importe quel moteur de recherche. De plus, les sites qui sont portés à la connaissance de trop de moteurs de recherche simultanément risquent d'être bannis.

Installer des panneaux de signalisation : la gestion de la redirection

Même si vous êtes content de l'apparence et de la fonctionnalité de votre site Joomla, ceci ne signifie pas que vous n'allez pas y apporter des modifications ultérieurement. Si ces modifications affectent l'organisation du menu de navigation de votre site, la prochaine fois qu'une araignée de moteur de recherche analysera votre site Web, elle risque de constater que toutes ou partie des URL que le moteur de recherche avait enregistrées pour le site ne mènent plus à rien. C'est plutôt une mauvaise nouvelle pour un administrateur soucieux de maintenir le référencement de son site. Avant la sortie de Joomla 1.6, les administrateurs de site devaient redoubler d'énergie pour éviter ce genre de problèmes, en créant manuellement des redirections 301 dans le fichier .htaccess de leur site afin d'informer les moteurs de recherche que les pages Web s'étaient déplacées pour qu'ils puissent mettre à jour leurs index en conséquence. Heureusement pour nous, l'équipe de développement Joomla a introduit la gestion de la redirection dans la dernière version du SGC.

La gestion de la redirection (illustrée par la Figure 11.6) permet en toute simplicité de notifier aux moteurs de recherche les modifications des URL de votre site. Vous pouvez non seulement créer des redirections manuellement si vous voulez être actif dans ce domaine mais sachez que la gestion de la redirection journalise automatiquement toutes les URL « 404 - Not Found ». Ainsi, il vous suffit de spécifier la page vers laquelle rediriger l'URL ayant généré l'erreur 404 et Joomla gère les redirections en toute transparence.

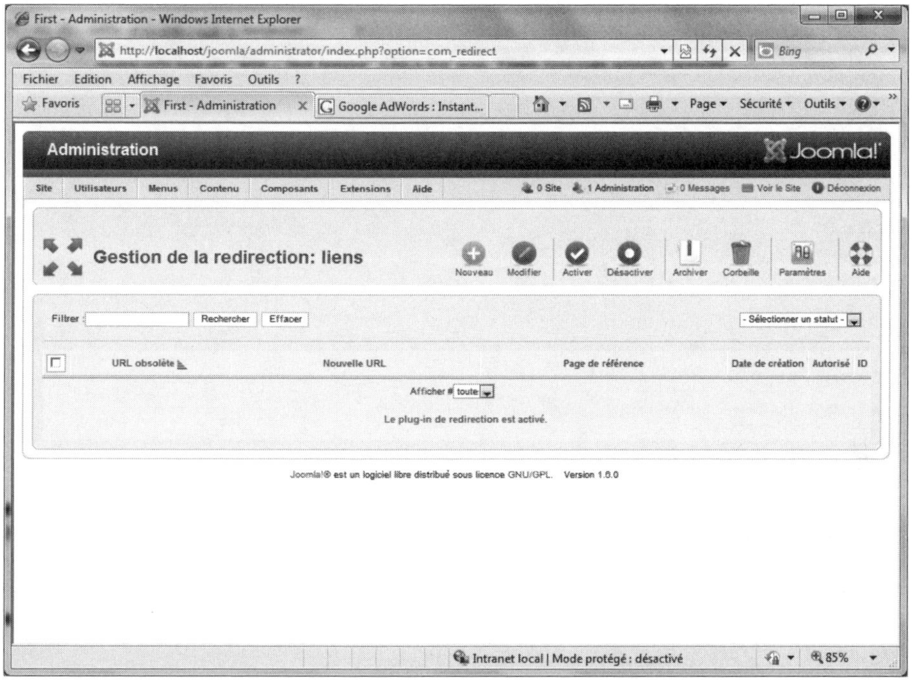

Figure 11.6 : La gestion de la redirection.

Chapitre 12

Étendre les fonctionnalités de Joomla

Dans ce chapitre :

- Découvrir en quoi les modules, les composants et les *plug-ins* diffèrent.
- Utiliser le site des extensions Joomla.
- Sélectionner et télécharger la bonne extension.
- Installer une extension.

L'une des fonctionnalités les plus intéressantes de Joomla est sa capacité d'extension. Bien sûr, Joomla est très puissant dans sa version de base mais toute une communauté s'est spécialisée dans la création d'extensions pour ce logiciel, d'ailleurs conçu pour être étendu. Des centaines d'extensions sont disponibles, dont de nouveaux éditeurs, des jeux qui peuvent être affichés dans une page Web, des générateurs de plans de site et des paniers d'achats.

Ce chapitre traite des extensions dans le détail. Nous abordons de nombreux aspects des extensions Joomla dans les Chapitre 7, 8 et 9 mais ce chapitre se concentre tout spécialement sur celles que la communauté des utilisateurs de Joomla a créées.

Aperçu des plug-ins, composants et modules

Il existe trois types d'extensions Joomla : les modules, les composants et les *plug-ins*.

Les nouveaux utilisateurs de Joomla s'y perdent toujours, ce qui est bien compréhensible ; ces types d'extensions sont plus ou moins confondus, surtout dans la communauté des développeurs de Joomla. Pour compliquer la situation, les extensions Joomla peuvent consister en des mélanges de modules, de composants et de *plug-ins*.

Dans les sections suivantes, nous allons vous aider à faire la différence.

Les modules

La différence entre les modules et les composants est assez facile à saisir si vous vous prenez le temps de comprendre ce pour quoi ces deux éléments sont conçus. Dans cette section, nous passons en revue les éléments fondamentaux qui distinguent les modules des composants.

Les modules réalisent une tâche spécifique. Généralement, un module est utilisé pour afficher une petite quantité d'informations discrètes. Ils peuvent aussi servir pour un type ciblé de saisie. Les modules Identification et Recherche (Search) sont d'excellents exemples. Les modules s'affichent généralement le long des bordures d'une page Web, comme nous l'avons vu dans le Chapitre 7. La seule fois où un module peut figurer dans l'espace principal d'un site Web est lorsqu'il est assigné à un emplacement personnalisé et que vous utilisez le *plug-in* Contenu – Chargement de module pour charger le module dans un article.

Les composants sont différents. Représentez-vous les composants comme des applications à part entière, conçues pour travailler dans le cadre de Joomla. Les composants affichent leurs informations dans l'espace principal d'un site Web Joomla, situé au centre de la plupart des pages Web Joomla. Leur fonctionnalité est généralement bien plus compliquée que celle des modules puisque les modules sont conçus pour exécuter une tâche ou fonction tandis que les composants peuvent être utilisés pour plusieurs tâches ou du moins des tâches plus complexes que celles que peut supporter un module. De plus, les composants disposent généralement d'une interface de gestion plus conséquente, accessible depuis l'administration du site.

Voici les principales distinctions entre modules et composants :

- **Les modules affichent généralement leur contenu à la périphérie d'une page**. Une page Web Joomla contient généralement de nombreux modules et un seul composant.

  Par exemple, sur la Figure 12.1, les modules Breadcrumbs, Articles Archivés, Articles les plus lus, Syndicate Feeds, Qui est en ligne ? et À propos de Joomla! figurent sur le côté gauche de la page. En revanche, le composant trône au centre de la page et affiche le contenu actuel de la page.

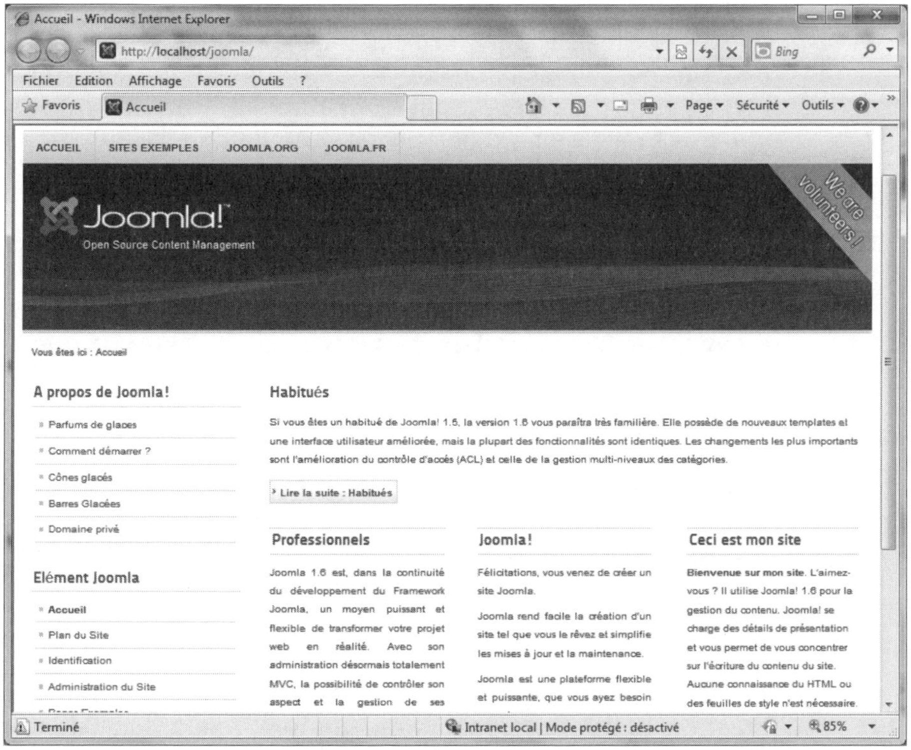

Figure 12.1 : Des modules et un composant dans une page Joomla typique.

- **Les modules autorisent peu ou pas de saisie**. Un module classique est en lecture seule (comme le module Qui est en ligne ?) ou ne permet de saisir que peu de données (comme le module Identification). Un composant peut accepter toutes sortes de saisies, des articles soumis aux commentaires d'utilisateurs dans un forum.

- **Les modules disposent d'une interface d'administration simple**. Vous pouvez gérer un module *via* le gestionnaire de modules, lequel ne vous permet généralement de modifier qu'un nombre limité de paramètres, tels que l'endroit où le module doit apparaître sur la page. À l'inverse, un composant peut disposer d'une interface de gestion très complexe, avec de nombreux onglets et écrans.

Travailler avec les composants

Les composants ont plus d'impact sur le site que les modules. Alors que les modules assurent des tâches spécifiques, comme afficher la liste des personnes connectées, les composants accomplissent des tâches plus générales, comme offrir aux utilisateurs du site la possibilité de créer, de modifier, de gérer et d'afficher des articles.

Un composant occupe souvent le centre de la page Web, affichant les articles ou une carte du site, par exemple. En fait, les composants sont des applications qui présentent le contenu d'une page.

Composants et modules peuvent travailler ensemble. Le module Recherche en est un exemple. Vous saisissez le terme que vous recherchez dans le module et les résultats s'affichent dans un composant.

Les plug-ins

Les *plug-ins* sont les extensions Joomla les plus puissantes, celles qui vous donnent le plus de contrôle sur les fonctionnalités de votre site Joomla.

Les *plug-ins* occupent une fonction spécifique. Cette fonction peut être complexe, comme celle d'éditeur WYSIWYG permettant aux visiteurs du site d'entrer des commentaires directement dans la page Joomla qu'ils viennent de lire ou plus simple, comme la création automatique de miniatures pour des articles. Dans la plupart des cas, les *plug-ins* travaillent en arrière-plan de votre site Joomla. L'implémentation d'un *plug-in* dans votre site permet d'étendre ou de développer les fonctionnalités fondamentales de Joomla. La recherche illustre parfaitement cette extension de fonctionnalité. Si vous ajoutez un nouveau composant comme un panier d'achat virtuel à votre site, la recherche de Joomla est incapable de trouver un produit dans votre boutique en ligne. En revanche, si vous ajoutez un *plug-in* qui étend la capacité de recherche à votre panier d'achat, les utilisateurs peuvent lancer des recherches dans votre boutique et le contenu de vos articles Joomla. Les *plug-ins* peuvent se baser sur le site ou sur l'administration d'un site Joomla. Certains *plug-ins* d'administration disposent d'interfaces de gestion très complexes.

Vous pouvez utiliser de nombreux *plug-ins* dans Joomla. Il suffit de les installer de la même manière que les modules et les composants.

Rechercher des extensions pour Joomla

La principale source d'extensions pour Joomla est le fameux Joomla Extensions Directory, souvent appelé le JED. Le JED est disponible sur `http://extensions.joomla.org`.

TRUC

Vous pouvez aussi accéder au site d'extensions Joomla à partir de `www.joomla.org` en cliquant sur le lien Extensions dans la barre de navigation horizontale de la page d'accueil du site.

Au moment où nous écrivons ces lignes, il n'existe pas moins de 6200 extensions à télécharger sur ce site. Ce qui fait aussi l'intérêt du site, c'est que chaque extension est notée par ses utilisateurs. Si vous rencontrez une extension dont la note est de quatre étoiles ou plus et qui a fait l'objet de nombreux votes, cela signifie que beaucoup utilisateurs l'ont appréciée. En revanche, si vous tombez sur une extension qui a fait l'objet de nombreux votes et qui n'a aucune étoile, ne l'utilisez pas !

Utiliser la zone de recherche

Comment trouver de bonnes extensions sur le site des extensions Joomla ? Généralement, lorsque vous visitez le site, vous avez en tête un certain type d'extension et vous pouvez saisir ce que vous cherchez dans la zone de recherche. La Figure 12.2 vous montre les résultats d'une recherche pour des jeux, qui renvoie 134 résultats. Cliquez sur un résultat pour ouvrir la page de l'extension qui affiche une description détaillée de l'extension et des avis d'utilisateurs. Si vous

Figure 12.2 : Rechercher sur le site des extensions Joomla.

êtes toujours convaincu que c'est la bonne extension, téléchargez-la pour l'installer sur votre site.

Consulter par catégories

Vous pouvez aussi consulter les extensions par catégories si vous savez quel type d'extension vous recherchez. Voici les catégories d'extensions :

- Access & Security
- Administration
- Ads & Affiliates
- Calendars & Events
- Clients & Communities (
- Communication

- Contacts & Feedback
- Content Sharing Core Enhancements
- Directory & Documentation
- e-Commerce
- Editing
- Extension Specific
- Financial
- Hosting & Servers
- Languages
- Living
- Maps & Weather
- Migration & Conversion
- Miscellaneous
- Mobile
- Multimedia
- News Display
- News Production
- Photos & Images
- Search & Indexing
- Site Management
- Social Web
- Sports & Games
- Structure & Navigation
- Style & Design
- Tools
- Vertical Markets

Si vous avez un certain type d'extension en tête, il est souvent plus facile de parcourir ces dernières par catégories.

Naviguer en suivant les liens

Une autre solution pour trouver de bonnes extensions consiste à suivre les liens qui apparaissent sur le côté gauche de toute page du JED :

- New Extensions (nouvelles extensions).
- Recently Updated
- Most Favored
- Editor's Pick
- Popular Extensions
- Top Rated
- Most Rated
- Most Reviewed

En pratique, les pages Editor’s Pick, Popular Extensions et Top Rated ont beaucoup d’extensions en commun : ce sont les favorites du moment. De plus, les pages Popular Extensions et Top Rated ne recensent que 100 extensions par catégorie, ce qui semble peu quand on sait que plus de 6200 extensions sont disponibles.

Une fois que vous avez trouvé plusieurs extensions qui répondent à vos critères de recherche, comment vous décider pour choisir la bonne ? Nous allons vous montrer comment procéder dans la section suivante.

Choisir une extension

La Figure 12.3 vous montre un exemple de liste d'extensions ; cette fois, pour Akeeba Backup. Le logo de l’extension, situé à droite de la liste, la distingue des milliers d’autres extensions disponibles en téléchargement. Chaque liste contient d’autres informations importantes comme le nombre d’étoiles que les utilisateurs ont attribué à

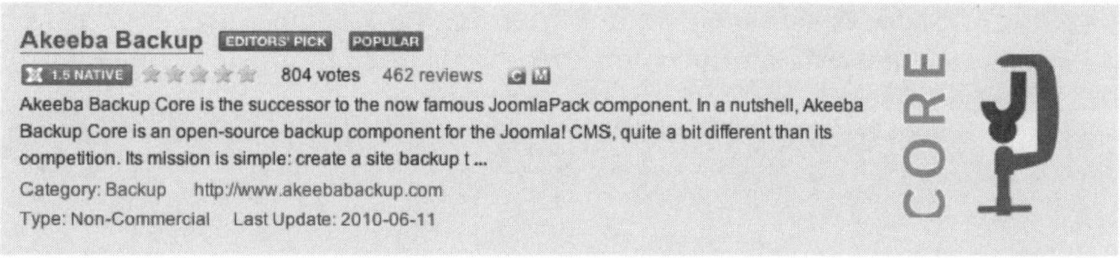

Figure 12.3 : Une liste d'extensions.

l'extension, un lien vers le site Web du développeur (une ressource intéressante pour en savoir plus sur l'extension avant de la télécharger) et la version de Joomla pour laquelle l'extension est conçue. Comment savoir quelle extension est compatible avec votre installation Joomla ? C'est le sujet de la section suivante.

Sélectionner la bonne plateforme

Notez l'icône située près des étoiles sur la Figure 12.3 : 1.5 Native. Cette icône indique que l'extension est *native* ; c'est-à-dire qu'elle est complètement supportée par Joomla 1.5. Vous pouvez aussi rencontrer un bouton indiquant qu'une extension est Legacy. Ceci signifie que l'extension, initialement conçue pour Joomla 1.0, fonctionne aussi dans Joomla 1.5.

À l'heure où nous écrivons ce livre, il existe quatre types de plateformes pour les extensions Joomla :

- **1.6 Native :** fonctionne dans Joomla 1.6 (peu nombreuses à l'écriture de ce livre).
- **1.5. Native :** fonctionne dans Joomla 1.5.
- **1.5 Legacy (Joomla 1.0 extension) :** fonctionne dans Joomla 1.5 en mode legacy.
- **1.0 Native :** fonctionne dans Joomla 1.0.

Quelle que soit la version de Joomla que vous utilisez, nous vous recommandons d'utiliser des extensions natives pour votre installation. Par exemple, si vous utilisez Joomla 1.5, votre premier choix devrait se porter sur des extensions natives pour 1.5 ; les extensions décrites comme natives pour 1.0 ne fonctionneront pas. Les extensions 1.5 legacy peuvent fonctionner en mode legacy.

TRUC

Pour activer le mode legacy dans Joomla 1.5, sélectionnez Extensions/ Gestion des plug-ins dans n'importe quelle page d'administration pour accéder à la gestion des plug-ins puis recherchez le *plug-in* System - Legacy, désactivé par défaut. Cliquez sur l'icône qui se trouve dans la colonne Activé de ce *plug-in* pour que la croix rouge se transforme en une encoche verte.

Savoir de quoi il s'agit

Des icônes spécifiant les éléments inclus dans l'extension figurent près du nombre d'avis dédiés à l'extension. La liste pour l'extension Akeeba Backup (référez-vous à la Figure 12.3) contient deux de ces icônes : C (composant), M (au moins un module). D'autres extensions peuvent contenir les icônes P (au moins un plug-in), L (différentes langues) et S (spécial, code spécifique à une extension).

Si vous recherchez une extension qui est un module, recherchez donc les entrées qui ne mentionnent que l'icône M. Si vous recherchez un composant, recherchez l'icône C et ainsi de suite.

Consulter les évaluations

Au-dessus de la description de l'extension, vous trouvez la notation sous forme d'étoiles, le nombre de votes et le nombre d'avis. Le texte signalant les avis est un lien : cliquez dessus pour visualiser les avis des utilisateurs sur cette extension.

Les avis des utilisateurs constituent l'un des aspects les plus intéressants du site des extensions Joomla. Prenez le temps de lire les commentaires des utilisateurs pour savoir si l'extension est adaptée à vos besoins. Comprendre les avantages et les inconvénients d'une extension peut vous éviter bien des problèmes.

Lorsque vous avez trouvé une extension qui semble adéquate, cliquez sur le bouton Download dans la liste pour la télécharger sur votre ordinateur. Cependant, lisez tout d'abord la section suivante pour quelques informations importantes.

Télécharger une extension Joomla

Supposons que vous ayez construit votre site et que vous vouliez vous assurer que votre travail est protégé. Pour cela, vous avez trouvé une extension qui vous permet de sauvegarder efficacement toutes les informations de votre site. Maintenant, tout ce qu'il vous reste à faire, c'est de la télécharger.

Pour télécharger une extension depuis le site des extensions Joomla, suivez ces étapes :

1. **Dans la page qui contient la liste des extensions, cliquez sur le lien de l'extension souhaitée (voir la Figure 12.3).**

   Vous basculez dans une page du site du développeur de l'extension qui contient la liste des fichiers disponibles au téléchargement pour cette extension. Dans la Figure 12.4, vous pouvez voir Akeeba Backup (une extension compatible avec Joomla 1.6).

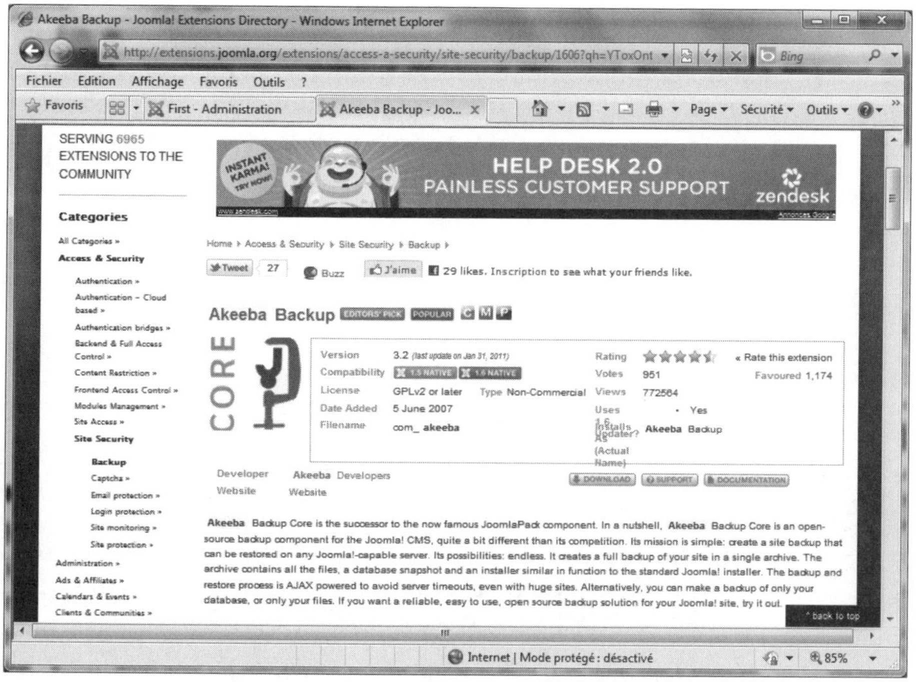

Figure 12.4 : Les fichiers d'une extension sur le site Web d'un développeur.

2. **Cliquez sur le lien du pack que vous voulez télécharger.**

   Pour cet exercice, sélectionnez Akeeba Backup Core.

3. **Cliquez sur le lien ou le bouton de téléchargement.**

   Votre navigateur affiche une boîte de dialogue de téléchargement. Si vous utilisez Internet Explorer ou Firefox, une barre de sécurité peut s'afficher en haut de la fenêtre du navigateur, bloquant le téléchargement pour des raisons de sécurité. Effectuez un clic droit sur la barre de sécurité et sélectionnez Télécharger le fichier dans le menu contextuel.

4. **Enregistrez l'archive de l'extension sur votre disque dur.**

   Si vous téléchargez un fichier de module, le nom du fichier commence par mod_.

Pour que Joomla installe la nouvelle extension, le fichier doit être au format ZIP. Pour ceux qui utilisent OS X comme système d'exploitation, l'archive peut être automatiquement décompressée à la fin du téléchargement. Pas de panique : si tel est le cas, effectuez un clic droit sur le fichier décompressé et compressez-le une nouvelle fois.

Maintenant que vous avez téléchargé le fichier de l'extension, vous pouvez l'installer. Dans les sections suivantes, nous allons installer trois types d'extensions : des modules, des composants et des *plug-ins*.

Installer un composant

Pour installer un composant dans Joomla, suivez ces étapes :

1. **Sélectionnez Extensions/Gestion des extensions dans une page d'administration.**

   La gestion des extensions s'ouvre.

2. **Dans la section Archive à transférer, cliquez sur le bouton Parcourir pour trouver et sélectionner le fichier du composant sur votre disque dur.**

   Le nom de fichier s'affiche sans la zone de texte Archive.

3. **Cliquez sur le bouton Charger & installer.**

   Joomla charge et installe le fichier. À la fin de l'opération, un message indique que l'installation est réussie.

Une fois que le composant est installé, un message de succès s'affiche. Si vous êtes du genre à ne pas avoir confiance, vérifiez par vous-même si l'installation a bien fonctionné.

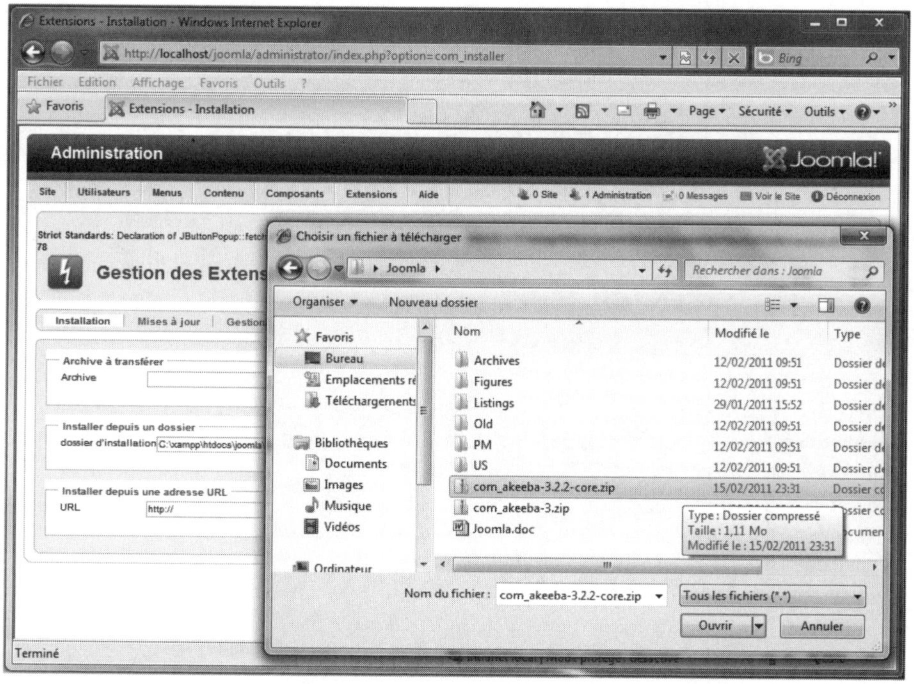

Figure 12.5 : Sélectionner une extension téléchargée.

1. **Dans la gestion des extensions, cliquez sur l'onglet Gestion pour ouvrir la page Gestion des extensions : Gestion.**

2. **Entrez le nom de la nouvelle extension que vous recherchez dans la zone de recherche située dans l'angle supérieur droit de la page. Cliquez sur le bouton Rechercher.**

   Pour cet exercice, le nom de l'extension est Akeeba. Comme le montre la Figure 12.6, le nouveau composant est bien présent.

N'OUBLIEZ PAS

Le processus d'installation des extensions est identique à celui des templates, traités dans le Chapitre 9. Il suffit de sélectionner Extensions/Gestion des extensions dans une page d'administration pour installer des templates, des modules, des composants et des *plug-ins*.

Maintenant que votre composant est installé, vous voulez sans doute l'utiliser et l'adapter à vos besoins. Vous devez donc jeter un œil à la configuration du composant.

Pour configurer un nouveau composant, agissez comme suit :

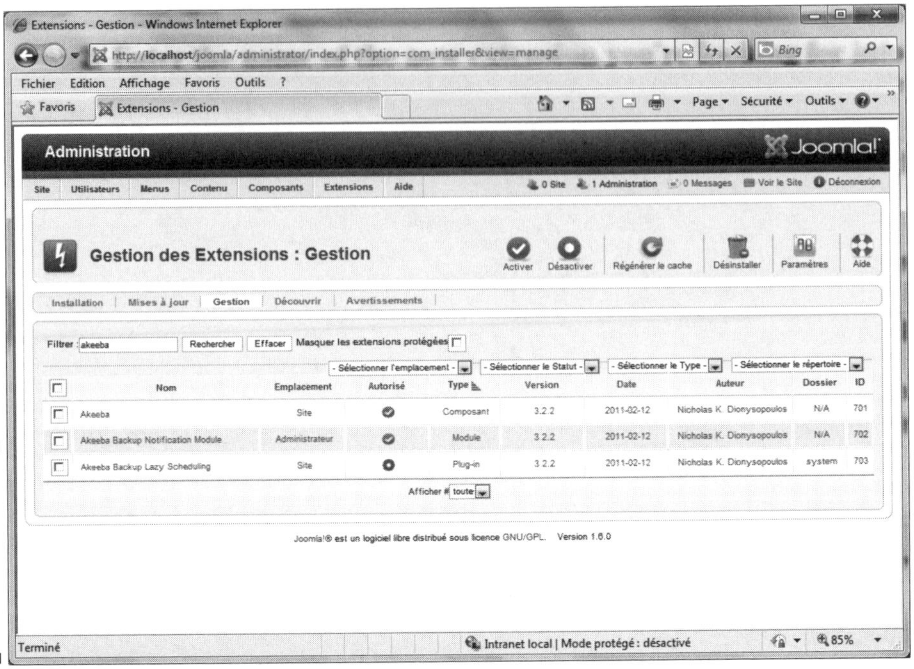

Figure 12.6 : Localiser un nouveau composant dans la gestion des extensions.

1. **Sélectionnez Composants/*nom*, où *nom* est le composant, pour ouvrir la page de configuration.**
2. **Modifiez tous les paramètres souhaités.**

Notez que tous les composants n'ont pas besoin d'être configurés. Grâce aux efforts des développeurs de la communauté Joomla, beaucoup de composants sont prêts à être utilisés dès qu'ils sont installés.

Trouver et installer un module

Quelle que soit la fonctionnalité que vous voulez ajouter à votre site Joomla, vous allez sans doute trouver le module capable de réaliser le travail. En ajoutant des modules dans votre installation Joomla, vous intégrez des fonctions supplémentaires dans votre site qui peuvent jouer un rôle important dans la fidélisation des visiteurs de votre site.

Pour trouver et installer un module, respectez ces étapes :

1. **Rendez-vous sur le site des extensions Joomla (`http://extensions.joomla.org`).**

2. **Utilisez les méthodes décrites dans la section « Rechercher des extensions pour Joomla », plus tôt dans ce chapitre, pour trouver le module dont vous avez besoin.**
3. **Téléchargez le module sur votre disque dur.**
4. **Sélectionnez Extensions/Gestion des extensions.**

   La gestion des extensions s'ouvre.
5. **Dans la section Archive à transférer, cliquez sur le bouton Parcourir pour trouver et sélectionner le fichier du module sur votre disque dur.**
6. **Cliquez sur le bouton Charger & Installer.**

   Joomla installe le module et l'ajoute dans l'onglet Gestion des extensions : Gestion.

Installer un plug-in

Comme vous pouvez vous y attendre, vous installez des *plug-ins* comme vous installez des modules et des composants. Suivez ces étapes :

1. **Trouvez et téléchargez le fichier du *plug-in* sur le site des extensions Joomla en utilisant les techniques décrites plus tôt dans ce chapitre.**
2. **Sélectionnez Extensions/Gestion des extensions dans une page d'administration pour ouvrir la gestion des extensions.**
3. **Dans la section Archive à transférer, cliquez sur le bouton Parcourir pour trouver et sélectionner le fichier du *plug-in* sur votre disque dur.**
4. **Cliquez sur le bouton Charger & Installer.**

   Joomla installe le *plug-in*.

NOTE TECHNIQUE

Les procédures pour configurer et utiliser le *plug-in* après installation dépendent du *plug-in* que vous avez installé ; référez-vous à la documentation du *plug-in* pour plus de détails. Par exemple, si vous avez installé un nouvel éditeur, vous devez le configurer dans la page de gestion des *plug-ins* de Joomla et non dans la gestion des extensions.

Comme vous pouvez le constater, les extensions de Joomla vous sont d'une grande utilité et des centaines d'entre elles sont disponibles gratuitement. Nous ne saurions trop vous recommander d'apporter votre soutien aux développeurs en leur faisant un don si vous trouvez leurs extensions utiles. Ce faisant, vous contribuez à ce que de nouvelles extensions soient sans cesse créées !

Se simplifier la vie : packs d'installation

Impossible de critiquer l'incroyable flexibilité et capacité d'extension que quelques extensions bien choisies peuvent apporter à votre site Joomla. Malheureusement, impossible aussi de nier que l'installation d'extensions Joomla peut être pénible. Pour remédier à cela, les versions récentes de Joomla, dont Joomla 1.6, offrent la possibilité aux développeurs de fournir plusieurs éléments dans un pack d'installation. Ainsi, plutôt que de devoir télécharger plusieurs modules, composants et *plug-ins* séparément, vous pouvez opter pour un seul pack d'installation incluant tous les modules, composants et plug-ins nécessaires pour qu'une extension fonctionne.

Cependant, tous les développeurs n'ont pas encore opté pour cette solution. Mais comme la simplicité d'utilisation est un argument de vente déterminant pour tout logiciel, nul doute que les packs d'installation vont être de plus en plus nombreux ces prochains temps.

Cinquième partie

Les dix commandements

« Tu vois ? J'ai créé un petit personnage diabolique qui parcourt notre site Web caché derrière les bannières publicitaires. Sur la dernière page, la rencontre avec notre logo lui provoque un choc non létal qui le renvoie sur la page d'accueil. »

Cette partie du livre, *Les dix commandements*, figure dans tous les livres de la collection Pour les Nuls. Ici, nous allons passer en revue les dix meilleures extensions de Joomla en indiquant où les récupérer. Nous allons aussi présenter dix manières de trouver de l'aide sur Joomla, du site d'assistance officiel Joomla aux groupes d'utilisateurs et dix excellentes sources de templates pour Joomla. Pour finir, nous pointons dix sites sur lesquels vous pouvez trouver des didacticiels Joomla.

Chapitre 13

Retour en arrière : dix super extensions pour Joomla 1.5

Dans ce chapitre :

- Ouvrir une boutique en ligne.
- Reproduire une aventure.
- Joindre des fichiers de contenu.
- Poster un calendrier d'évènements.

L'une des fonctionnalités les plus puissantes et l'un des aspects les plus séduisants de Joomla, c'est que vous pouvez l'étendre facilement à l'aide de templates, modules, composants et *plug-ins* téléchargeables. Dans ce chapitre, nous présentons les dix meilleures extensions Joomla, toutes natives pour Joomla 1.5. Elles sont disponibles sur le site des extensions Joomla, `http://extensions.joomla.org` et la plupart sont gratuites. Si une extension n'est pas gratuite, il reste du moins possible de l'utiliser durant une période d'essai, généralement 30 jours.

Joomla est un système de gestion de contenu très puissant dans sa version de base mais il peut utiliser des éléments supplémentaires. Jetez un œil aux extensions proposées dans ce chapitre ; vous en trouverez peut-être qui conviendront parfaitement à votre site (pour plus d'informations sur l'installation des extensions, référez-vous au Chapitre 12).

Stop ! Pourquoi abordons-nous les extensions pour Joomla 1.5 dans un livre dédié à Joomla 1.6 ? Pour être honnête, nous n'avons pas vraiment le choix. Le développement logiciel avance à une vitesse impressionnante et pour que ce livre soit prêt en même temps que Joomla 1.6, nous avons dû l'écrire alors même que l'équipe de développement concevait la nouvelle version du SGC. Ainsi, comme la plupart des extensions disponibles pour Joomla 1.5 ne sont pas encore mises à jour, elles ne peuvent pas figurer pas dans ce livre. Même si nous ne pouvons pas prévoir quelles seront les extensions pour Joomla 1.6 les plus appréciées par la communauté Joomla dans les mois à venir, nous vous présentons les extensions les plus pratiques et mieux ficelées de la dernière version du SGC. Nul doute que la plupart des extensions 1.5 présentées dans ce chapitre seront mises à jour pour fonctionner avec la version 1.6 de Joomla.

TRUC

Pensez-y à deux fois avant de télécharger et d'installer une extension avec moins de quatre étoiles. Si elle a moins de quatre étoiles, lisez les commentaires pour comprendre le problème et voir s'il s'applique à votre cas.

N'OUBLIEZ PAS

Espérons qu'à l'heure où vous lisez ce livre, vous disposez de tonnes d'extensions Joomla 1.6. Comme nous l'avons évoqué dans le Chapitre 12, vous devriez utiliser des extensions natives pour Joomla 1.6 (en supposant que vous utilisez Joomla 1.6). Toutes les extensions de cette catégorie sont signalées par une icône « 1.6 native » sur le site des extensions.

VirtueMart

`http://extensions.joomla.org/component/option,com_mtree/task,viewlink/link_id,129/Itemid,35/`

VirtueMart est un système complet, voire complexe, de boutique en ligne qui affiche votre boutique et votre catalogue et qui comprend un panier d'achat. Vous pouvez l'utiliser pour gérer un nombre illimité de catégories, de produits, de commandes, de promotions, de groupes d'acheteurs et de clients individuels.

VirtueMart est très connu dans la communauté Joomla parce qu'il vous permet d'intégrer une boutique en ligne dans un site Joomla. Ses partisans sont nombreux et ses détracteurs le sont tout autant.

Au moment où nous écrivons ces lignes, VirtueMart bénéficie de 4 étoiles et de 460 avis d'utilisateurs. Quelques personnes trouvent qu'il est génial ; d'autres pensent qu'il est complexe et bogué. Lisez les commentaires pour plus d'informations.

Module ou plug-in Google Maps

http://extensions.joomla.org/extensions/maps-a-weather/maps-a-locations/maps/8399?qh=YToxOntpOjA7czoxMDoiZ29vZ2xlbWFwcyI7fQ%3D%3D

En quelques années, Google n'a pas seulement modifié la recherche sur Internet mais a aussi simplifié les tâches hors ligne. Par exemple, Google Maps est une solution pratique pour trouver des itinéraires, mesurer des distances, tester le terrain entre deux points géographiquement éloignés ou localiser un restaurant en ville sans jamais quitter son ordinateur. Grâce à cette extension géniale, vous pouvez proposer la fonctionnalité Google Maps aux visiteurs de votre site. Dans un souci de flexibilité, le module Google Maps est aussi disponible sous forme de *plug-in* ! Que demander de plus ?

Joom!Fish

www.joomfish.net/

Hormis la barrière des langues et quelques pays qui gèrent et interceptent le trafic Web, il n'existe aucune limite pour visiter votre site Joomla. Le monde entier peut y accéder ! Même si Joom!Fish ne peut pas détruire les remparts construits par des régimes injustes qui enfreignent la libre circulation des informations, cette extension accomplit un travail formidable pour que les pages soient compréhensibles par tous les lecteurs du monde en régionalisant et gérant le contenu de votre site. Lorsque Joom!Fish est installé et configuré sur votre site, les utilisateurs peuvent lire votre contenu dans un nombre important de langues, à condition que vous disposiez des outils linguistiques pour le traduire auparavant. Cette extension est un plus pour tous ceux qui prévoient de créer un site à visée internationale.

JCE Editor

www.joomlacontenteditor.net/

JCE est un éditeur WYSIWYG pour Joomla très populaire, basé sur TinyMCE de Moxiecode. La facilité d'utilisation exceptionnelle de JCE est due au fait que son interface ressemble fortement à celle des traitements de texte les plus utilisés de nos jours. L'installation par défaut de JCE inclut un éditeur de code avancé, un correcteur et une gestion avancée des images, des médias et des fichiers. Il supporte aussi les plug-ins pour vous permettre de personnaliser l'éditeur en fonction de vos besoins. L'éditeur est gratuit mais certains des suppléments les plus populaires sont payants.

Attachments for content articles

http://extensions.joomla.org/extensions/directory-a-documentation/downloads/3115

Quelquefois les articles de votre site peuvent ne pas être complets. C'est là que l'extension Attachments for content articles sait se rendre utile. Si vous disposez de nombreux fichiers auxquels vous voulez que les visiteurs de votre site aient accès, cette extension peut vous intéresser. Comme son nom l'indique, Attachments for content articles vous permet de joindre des fichiers, que ce soient des images ou des documents PDF, au contenu que vous publiez sur votre site. Avec cinq étoiles et des avis d'utilisateurs convaincus par sa facilité d'utilisation, Attachments for content articles a tout pour plaire.

Akeeba Backup Core

http://extensions.joomla.org/extensions/1606/details

Akeeba Backup Core est si pratique qu'il devrait être fourni avec l'installation par défaut de Joomla. Cette extension vous permet de sauvegarder et de restaurer votre site facilement.

Akeeba Backup est particulièrement utile pour les sites volumineux et complexes. Que faire si votre base de données est corrompue ? L'extension archive tous les fichiers de votre site et effectue une capture de la base de données. Son programme d'installation est basé sur celui de Joomla.

Projectfork

`http://projectfork.net/`

Même si son nom fait penser à une mission top secrète, Projectfork est peut-être l'une des meilleures solutions logicielles de gestion de projet. Dotée de beaucoup de fonctionnalités identiques à celles de programmes onéreux comme Microsoft Project, l'extension Projectfork offre aux gestionnaires de projet et à leurs équipes un grand nombre de solutions telles que des calendriers de groupe, des outils de filtrage des tâches très puissants, un suivi horaire, un système de gestion de fichier et un tableau d'affichage électronique. Avec cette extension, vous êtes sûr d'être dans les temps, quel que soit le projet sur lequel vous travaillez.

hwdVideoShare

`http://hwdmediashare.co.uk/`

Pourquoi est-ce que YouTube aurait l'exclusivité ? Avec hwdVideoShare, vous pouvez transformer votre site Joomla en un outil puissant de gestion et d'affichage vidéo. hwdVideoShare inclut de nombreuses fonctionnalités mettant à disposition de vos utilisateurs différentes méthodes pour télécharger des vidéos, un système de notation des vidéos et un système de contrôle de contenu inapproprié pour ceux qui aiment faire les choses bien.

Phoca Gallery

`http://extensions.joomla.org/extensions/photos-a-images/photo-gallery/3150?qh=YTozOntpOjA7czo1OiJwaG9jYSI7aToxO3M6NzoiZ2FsbGVyeSI7aToyO3M6MTM6InBob2NhIGdhbGxlcnkiO30%3D`

Phoca Gallery offre aux administrateurs un moyen plaisant de fournir aux visiteurs de leur site une galerie photo pratique et agréable à parcourir. Avec ses nombreux modèles de diaporamas à personnaliser pour votre site et sa grande variété de puissants plug-ins, Phoca Gallery est une extension très intéressante. Outre les riches fonctionnalités, les développeurs de Phoca Gallery vont plus loin : au moment où nous écrivons ce livre, une version bêta de l'extension, compatible avec Joomla 1.6, est disponible.

JEvents Events Calendar

`http://extensions.joomla.org/component/option,com_mtree/task,viewlink/link_id,95/Itemid,35/`

JEvents est une autre extension que Joomla aurait pu intégrer dès le départ. JEvents vous permet de poster un calendrier d'événements dans votre site. Cette puissante extension peut afficher des motifs répétés d'événements ainsi que des événements ponctuels dans différents formats. Vous pouvez aussi catégoriser les événements et personnaliser les vues du calendrier pour afficher quelques-unes ou toutes les catégories. Si vous gérez un site communautaire ou basé sur un groupe, comme un tableau d'affichage électronique pour une équipe de foot, JEvents peut être un outil intéressant pour que tous les membres soient toujours bien informés.

Chapitre 14

Dix manières d'obtenir de l'aide sur Joomla

Dans ce chapitre :

- Consulter l'aide et les sites wiki.
- Poser des questions dans les forums.
- Rejoindre la communauté Joomla.
- Télécharger les manuels.

C'est absolument incontestable : Joomla peut se révéler très complexe. Heureusement, vous disposez de toutes sortes de moyens pour obtenir de l'aide sur Joomla. Ce chapitre vous donne tous les détails sur ces ressources.

Jetez un œil sur tous ces sites et documents en ligne. Même si vous n'avez pas besoin d'aide, ils sont très pratiques pour vous introduire dans la communauté Joomla.

Vous pouvez aussi consulter un moteur de recherche au sujet d'un sujet particulier relatif à Joomla. Par exemple, voulez-vous trouver un hébergeur qui autorise Joomla ? Au moment où nous écrivons ces lignes, une recherche Google sur *Joomla hosting* renvoie environ 14 millions de résultats.

Le site d'aide de Joomla

`http://help.joomla.org/`

Le site d'aide officiel de Joomla est un site dans lequel vous pouvez effectuer des recherches sur la plupart des questions relatives à Joomla, en commençant par les pré-requis de l'installation, un forum et les guides d'installation et de mise à jour.

Le wiki officiel de la documentation de Joomla

`http://docs.joomla.org`

Ce site Wikipédia, qui est constamment mis à jour avec de nouvelles informations, est le site de documentation officiel de Joomla. Vous pouvez y effectuer des recherches et c'est une excellente ressource. Si vous êtes débutant, consultez Absolute Débutants Guide to Joomla! sur `http://docs.joomla.org/Débutants`. Pour les utilisateurs plus avancés, le site offre des liens vers des informations destinées à trois groupes d'utilisateurs différents : administrateurs, concepteurs Web et développeurs. En utilisant ces liens comme points de départ, vous accédez plus facilement à l'aide et aux conseils souhaités.

Les forums de Joomla

`http://forum.joomla.org/`

Vous recherchez une réponse que vous ne trouvez pas dans ce livre ou sur le site d'aide de Joomla ? Vous pouvez poser votre question dans les forums de Joomla qui sont énormément fréquentés par des utilisateurs de tous niveaux. Certains utilisateurs viennent pour chercher de l'aide, d'autres pour en offrir. Comme nous l'avons déjà mentionné dans ce livre, vous allez découvrir et pourrez apprécier le sens de la communauté de Joomla quand vous communiquerez avec les autres utilisateurs. Cependant, avant de pouvoir poser des questions ou y répondre, vous devez vous identifier en tant que membre du forum. Ensuite, vous pouvez parcourir les nombreux forums traitant de sujets tels que les extensions, la sécurité et l'installation. Si vous ne trouvez pas le sujet que vous recherchez, vous pouvez même lancer votre propre sujet pour pointer le problème rencontré. En peu de temps, vous allez obtenir plus de réponses que vous n'auriez pu imaginer.

Le portail de la communauté Joomla

`http://community.joomla.org`

Le portail de la communauté Joomla est un point de ralliement pour les utilisateurs et surtout les développeurs. Ici, vous pouvez trouver une liste des événements organisés autour de Joomla, découvrir comment contribuer à Joomla et plus encore.

Vous pouvez lire le magazine de la communauté Joomla sur ce site et consulter JoomlaConnect, qui collecte les informations sur Joomla dans le monde entier. De plus, vous pouvez trouver des blogs réalisés par des membres de l'équipe de Joomla qui indiquent les objectifs de Joomla.

Les groupes d'utilisateurs de Joomla

`http://community.joomla.org/user-groups.html`

Des dizaines de groupes d'utilisateurs de Joomla existent dans le monde. Pour trouver un groupe près de chez vous, consultez ce site qui fournit des liens vers les groupes d'utilisateurs partout dans le monde.

Les équipes de traducteurs de Joomla

`http://community.joomla.org/translations.html`

Joomla est installé dans de nombreux pays et existe en plusieurs langues. Ce site contient des liens vers les différentes équipes de traducteurs de par le monde qui sont chargés des versions de Joomla, du catalan au turc ainsi que de nombreux packs dans diverses langues vous aidant à localiser votre installation Joomla.

Les guides de démarrage rapide de Joomla

http://help.joomla.org

Quelle que soit la version de Joomla que vous utilisez, vous trouverez à cette URL un guide de démarrage rapide très sympathique. Au moment où nous écrivons ce livre, aucun guide de démarrage n'est disponible pour Joomla 1.6 mais, connaissant la volonté de la communauté Joomla de fournir les meilleurs manuels d'instruction pour leur SGC favori, son arrivée est inévitable. Généralement, les guides de démarrage rapide sont d'excellentes ressources pour les débutants. Ils traitent de l'installation, dont l'installation avec XAMPP et abordent des sujets tels que les menus, les templates et les modules.

Les vidéos de démarrage rapide de Joomla

http://help.joomla.org/ghop/feb2008/task167/index.html

Maintenant que Joomla 1.6 est disponible et vu le succès des vidéos de démarrage rapide de Joomla, nous sommes certains que de nouvelles vidéos pour Joomla 1.6 vont bientôt voir le jour. Vérifiez si des vidéos de démarrage rapide sont disponibles pour Joomla 1.6 en lançant une recherche dans un moteur de recherche.

Les tutoriaux de Joomla

http://www.joomlatutorials.com/

Ce site très intéressant fournit des astuces, des conseils et des informations sur l'installation et la maintenance de Joomla. Créé par le co-fondateur de Joomla, Brad Baker, ce site Web contient une mine de vidéos intéressantes qui vous aident à surmonter les obstacles que vous rencontrez.

Les débutants Joomla

http://docs.joomla.org/Joomla_1.6_Débutants

Autre site Wikipédia officiel de Joomla, Joomla Débutants est un site de documentation destiné aux débutants Joomla. Basé sur Joomla 1.6, ce site a pour objectif de devenir une ressource importante pour la communauté Joomla.

Chapitre 15

Dix super sites de templates pour Joomla

Les templates sont très importants dans Joomla. Joomla est livré avec quelques templates intégrés mais les utilisateurs s'en contentent rarement. Au lieu de cela, ils téléchargent et installent des templates depuis Internet. Le Chapitre 9 traite des templates et vous montre comment les installer dans Joomla et ce chapitre passe en revue dix sites de templates.

Tous les templates ne sont pas gratuits. Les sites gratuits sont les plus populaires mais comme vous pouvez vous y attendre, ne négligez pas les sites payants qui proposent souvent les templates les plus réussis et d'apparence la plus professionnelle.

N'OUBLIEZ PAS

Si vous utilisez Joomla 1.6, assurez-vous que le template que vous téléchargez est bien conçu pour Joomla 1.6.

SiteGround

`www.siteground.com/joomla-hosting/joomla-templates.htm`

SiteGround (voir la Figure 15.1) propose de nombreux templates pour Joomla et prétend être le plus gros site de templates pour Joomla. Ce site propose de nouveaux templates chaque semaine, alors consultez-le régulièrement. En plus de fournir des templates gratuits, SiteGround propose aussi un espace à bas prix pour héberger votre site Joomla.

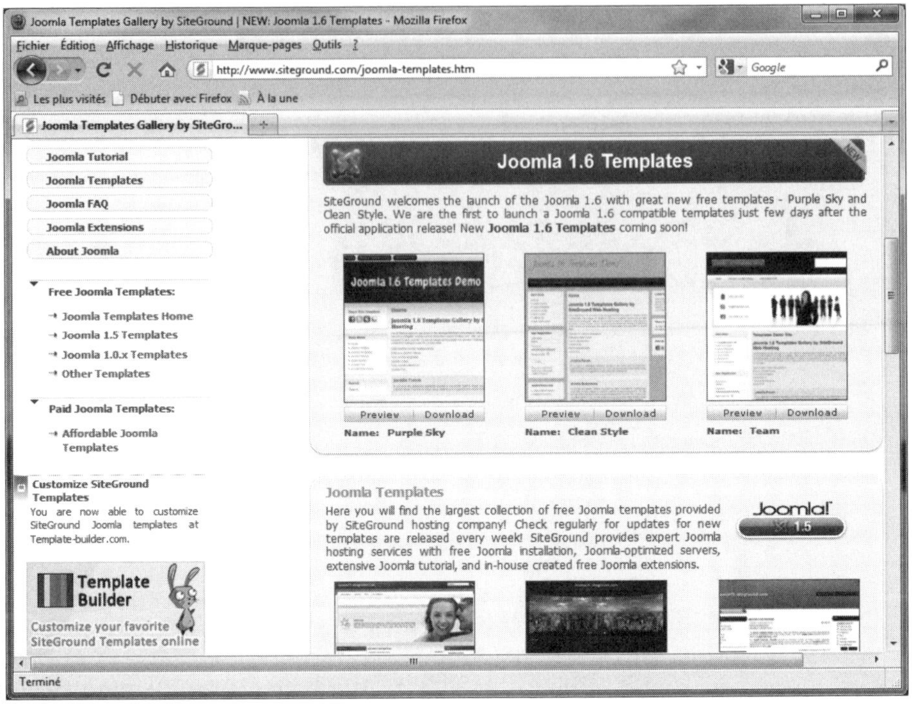

Figure 15.1 : SiteGround.

Joomla-Templates.com

`www.joomla-templates.com/`

Ce site est payant pour la plupart (il propose quelques templates gratuits) mais les templates sont abordables (généralement, 60 dollars pour un usage non exclusif). Si vous voulez un template que vous seul pouvez utiliser, le prix peut atteindre 850 dollars.

Joomla-Templates.com (voir la Figure 15.2) propose aussi des services de personnalisation et une galerie gratuite de cliparts.

Figure 15.2 : Joomla-Templates.com.

Joomlashack

`www.joomlashack.com/`

Joomlashack est un fournisseur réputé d'extensions, de leçons et de templates pour Joomla développés par des tiers. Ce site contient généralement de la bonne marchandise, payante ou gratuite.

Les templates de Joomlashack se distinguent des autres pour deux raisons :

- Ils sont conformes à la norme XHTML et même validés.
- Ils utilisent beaucoup de CSS plutôt que des tables HTML pour agencer les éléments.

Comme vous pouvez le voir sur la Figure 15.3, il est facile de naviguer sur ce site grâce aux liens clairs vers des templates gratuits et payants, au club de développeurs qui vous donne accès à tous les templates du site (c'est payant, bien sûr) et à la section sur l'entrainement en ligne.

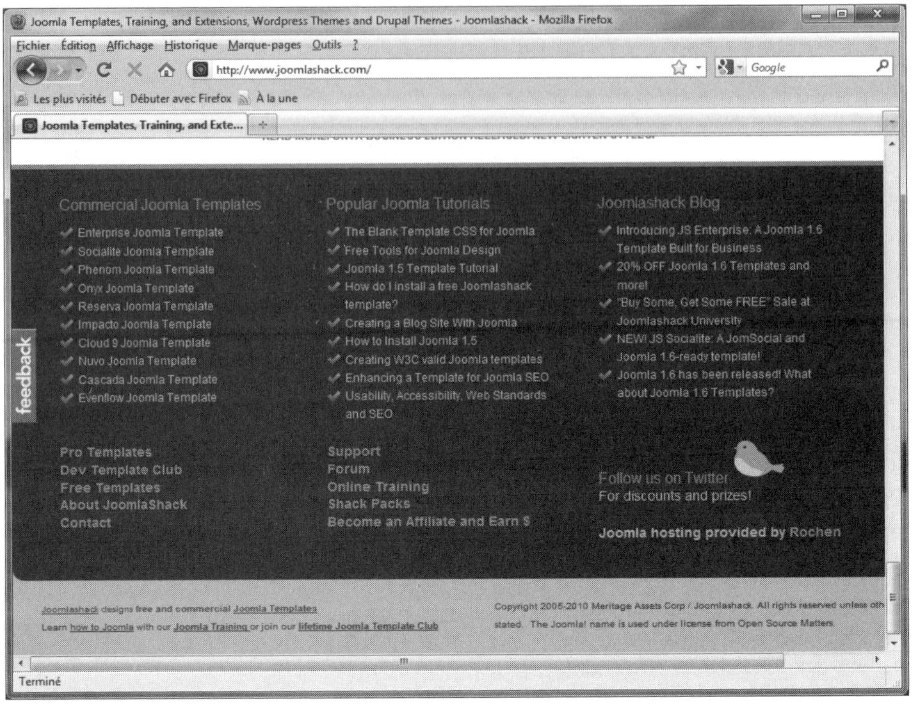

Figure 15.3 : La page d'accueil de Joomlashack.

Joomla24.com

`www.joomla24.com`

Joomla24.com est un site jumbo, qui prétend rassembler plus de 3100 templates gratuits. Cette revendication est peut-être fondée ; le site permet de soumettre des templates et les propose au téléchargement. Bien que cette pratique permette au site de disposer d'un vaste catalogue de templates, elle conduit à accepter des templates dont la qualité et la fiabilité varient grandement.

La Figure 15.4 vous montre des miniatures de quelques-uns des templates de Joomla24.com.

Comme les miniatures ne rendent pas service aux templates, vous pouvez visualiser un aperçu de n'importe quel template en cliquant sur le lien Live Preview, comme sur la Figure 15.5. En cliquant sur ce lien, vous ouvrez un site Joomla contenant des tas d'exemples qui vous permettent d'observer à quoi ressemble le template quand il est appliqué.

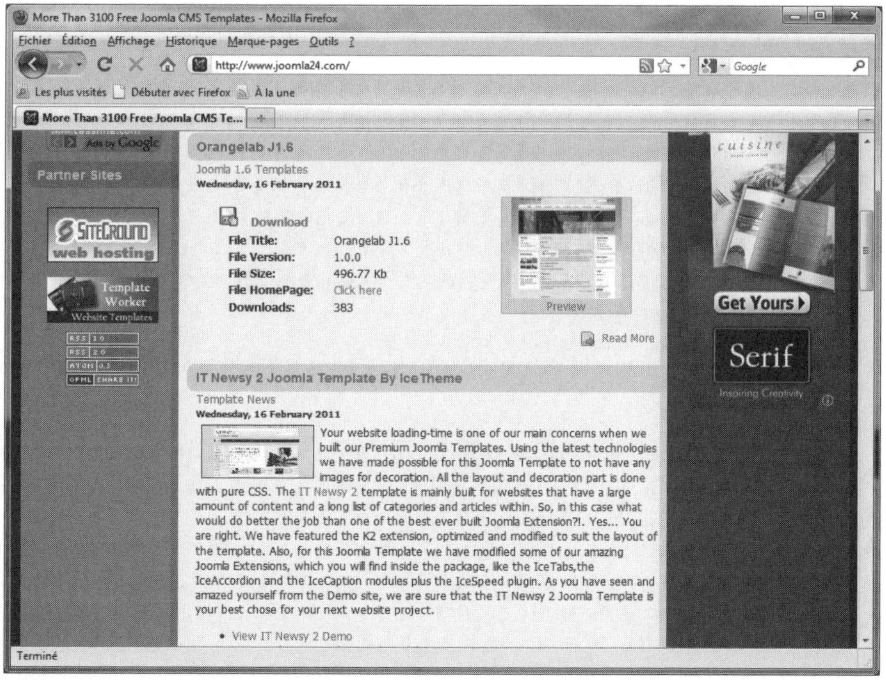

Figure 15.4 : Présentation générale des templates sur Joomla24.com.

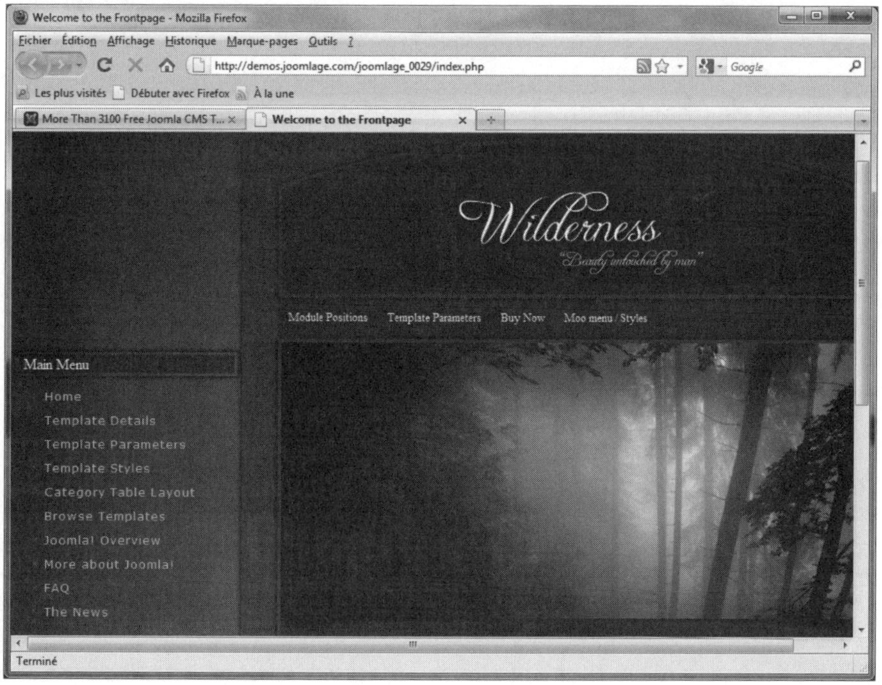

Figure 15.5 : Un exemple de template.

JoomlaShine

www.joomlashine.com/

JoomlaShine est spécialisé dans les templates de haute qualité, conçus dans un souci professionnel. Son offre principale du moment est JSN Epic 3.0, représentée sur la Figure 15.6. Ce template est totalement personnalisable, vous permettant de configurer les couleurs, les polices, les styles et d'autres paramètres depuis l'interface d'administration.

Ce site est aussi connu pour ses templates fonctionnant avec Adobe Flash.

TRUC

Même si c'est sympa d'insérer une vidéo Flash dans un site Web, renseignez-vous bien avant d'investir dans un template qui supporte le plug-in. Au moment où nous écrivons ce livre, il y a un grand mouvement vers HTML 5, une nouvelle méthode de compression vidéo qui demande moins de puissance. Ceci dit, l'insertion de contenu Flash dans votre site peut contribuer à ce que les visiteurs de votre site y reviennent.

Figure 15.6 : Le template Epic 3.0 de JoomlaShine.

JoomlaTP.com

`http://joomlatp.com/joomla-1.6-templates/`

JoomlaTP.com est un autre site recensant des templates qui distribue des templates gratuits et payants. La Figure 15.7 vous montre la page du site consacrée aux templates gratuits pour Joomla 1.6.

Figure 15.7 : Le site gratuit JoomlaTP.com.

Template Monster

`www.templatemonster.com/joomla-templates.php`

Template Monster commercialise des templates pour toutes sortes de packs logiciels, de WordPress à Drupal. Vous pouvez observer quelques-uns de ses templates pour Joomla sur la Figure 15.8. Ces templates coûtent aux alentours de 65 dollars pièce. Si vous voulez que votre site ait un aspect unique, vous pouvez aussi acheter les

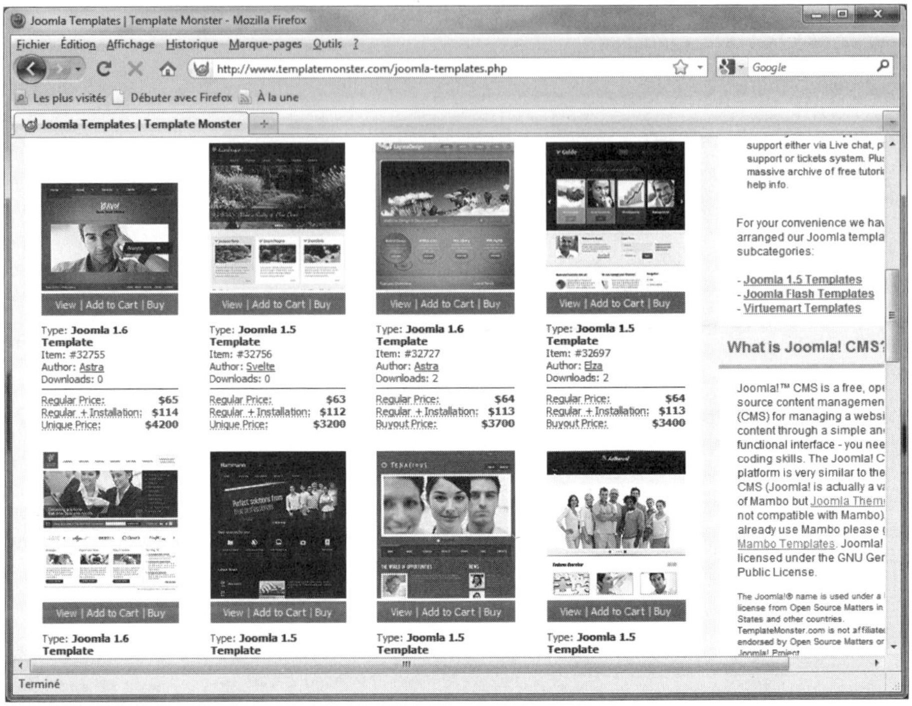

Figure 15.8 : Quelques templates pour Joomla sur Template Monster.

droits d'exclusivité de la plupart des templates du site. Dans ce cas, c'est beaucoup plus cher : en moyenne, plus de 3 000 dollars.

Best of Joomla

www.bestofjoomla.com/component/option,com_bestoftemplate/Itemid,46/

Le site Best of Joomla est très actif. Vous y trouvez des discussions sur Joomla et des ressources. Il classe ses templates, qui sont payants et de qualité professionnelle, par nombre de téléchargements, par popularité et ainsi de suite. Le site est souvent mis à jour alors n'hésitez pas à le consulter régulièrement pour visualiser les nouveaux templates disponibles.

Vous pouvez vous faire une meilleure idée de l'apparence d'un template en survolant sa miniature avec le pointeur de votre souris : une fenêtre pop-up s'ouvre, comme sur la Figure 15.9.

Figure 15.9 : Une fenêtre pop-up présentant un template.

JoomlArt.com

`www.joomlart.com/joomla`

JoomlaArt.com est un club qui permet à ses membres de télécharger et d'utiliser ses templates (vous pouvez utiliser les templates que vous avez téléchargés même si votre abonnement a expiré). La Figure 15.10 vous montre quelques templates proposés par le site.

Ce site propose deux types d'abonnement : gratuit ou payant. Comme vous pouvez vous y attendre, l'abonnement payant vous donne accès à plus de fonctionnalités. Ce site est aussi une ressource intéressante pour les templates Magento et Drupal.

Figure 15.10 : Les templates de JoomlArt.com.

Compass Designs

`www.compassdesigns.net`

Compass Designs héberge un blog sur Joomla, des informations sur Joomla et des templates pour Joomla payants, de qualité professionnelle (voir la Figure 15.11). Le site propose aussi quelques templates gratuits à ses utilisateurs enregistrés.

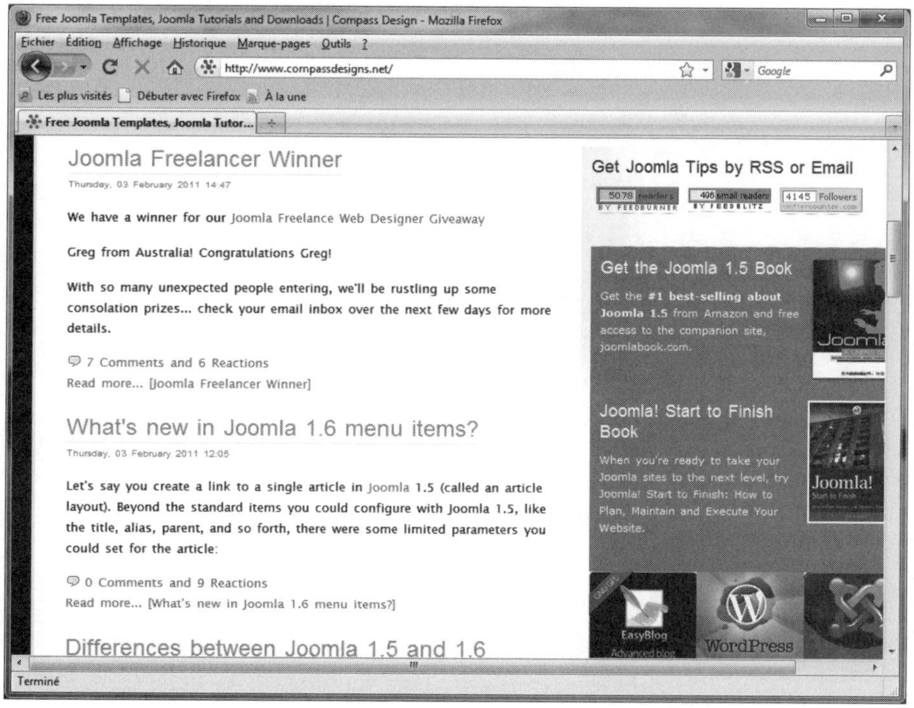

Figure 15.11 : Quelques templates de Compass Designs.

Index

H

I

J

L

M

N

O

P

Q

R

S

T

U

V

W

X